宁夏回族自治区“十三五”重点专业（群）项目成果

法学实训系列丛书

民事诉讼法典型案例导读

MIN SHI SU SONG FA DIAN XING AN LI DAO DU

肖进成◎编著

中国政法大学出版社

2018・北京

图书在版编目（CIP）数据

民事诉讼法典型案例导读/肖进成编著.—北京:中国政法大学出版社,2018.12
ISBN 978-7-5620-8739-7

Ⅰ.①民… Ⅱ.①肖… Ⅲ.①民事诉讼法－案例－中国－高等学校－教材 Ⅳ.①D925.105

中国版本图书馆CIP数据核字(2018)第281072号

出版者　中国政法大学出版社
地　址　北京市海淀区西土城路25号
邮寄地址　北京100088信箱8034分箱　邮编100088
网　址　http://www.cuplpress.com（网络实名：中国政法大学出版社）
电　话　010-58908586(编辑部) 58908334(邮购部)
编辑邮箱　zhengfadch@126.com
承　印　固安华明印业有限公司
开　本　720mm×960mm　1/16
印　张　13.25
字　数　210千字
版　次　2018年12月第1版
印　次　2018年12月第1次印刷
定　价　46.00元

出版说明

北方民族大学法学院法学专业2012年被确定为宁夏回族自治区重点建设专业，2015年被批准为宁夏回族自治区“十三五”重点建设专业，专业建设项目负责人为余成刚。为支持专业建设，自2016年开始，宁夏回族自治区教育厅按年度批准立项一批“十三五”重点建设专业（群）及子项目，其中，肖进成负责子项目“民事诉讼法典型案例导读”，本书是子项目成果，由法学专业建设项目经费资助出版。

目 录
CONTENTS

案例一

吕某英诉屯昌县乌坡镇乌坡卫生院追索抚恤金案[1]

【案情】

原告：吕某英，女，汉族，××××年×月×日出生，居住屯昌县南吕镇新东街×××号。

被告：屯昌县乌坡镇乌坡卫生院。

法定代表人：符某仁，该院院长。

原告吕某英的丈夫陈某是乌坡镇乌坡卫生院的国家退休干部，2006年2月份病故。原告认为按人薪发［1994］48号《人事部、财政部关于工资制度改革后事业单位工作人员死亡一次性抚恤金计发问题的通知》和琼人劳薪［1994］39号《海南省人事劳动厅海南省财政税务厅关于调整国家机关、事业单位工作人员死亡后遗属生活困难补助标准的通知》依法应享受抚恤金。按屯人劳保［2006］12号《屯昌县人事劳动保障局关于陈某同志病故后拨给抚恤金和遗属抚养补助费的通知》，原告应享受的抚恤金是12 160元（按原告吕某英的丈夫陈某10个月的档案工资计算）。按有关文件的规定原告吕某英的丈夫陈某应享有月档案退休工资是1216元，但原告吕某英的丈夫陈某在单位实领退休工资是198元。原告多次向被告屯昌县乌坡镇乌坡卫生院主张要求给付抚恤金12 160元，但遭到被告以种种借口无理拒绝。原告为了维护自己正当的合法权益，2006年6月1日提起民事诉讼，要求被告一次性拨付给原告抚恤金12 160元。

原审认为，原告提出给付抚恤金所依据的人薪发［1994］48号部门规章和琼人劳薪［1994］39号地方规章以及屯人劳保［2006］12号文件证明的是

［1］ 载天涯法律网：http://www.hicourt.gov.cn/theory/artilce_ list.asp? id=4523&l_ class=1.

一种行政管理法律关系，不是民法调整平等主体的民事法律关系，因此本案追索抚恤金纠纷不属于人民法院受理民事诉讼的范围。原告依据人薪发［1994］48号部门规章和琼人劳薪［1994］39号地方规章以及屯人劳保［2006］12号文件应享有的权益，应通过申诉的方式解决，即向被告的上级主管部门屯昌县卫生局申诉解决。依照《中华人民共和国民事诉讼法》（2007年）第108条第（四）项的规定，裁定：驳回原告吕某英的起诉。案件受理费50元，其他诉讼费248元，合计人民币298元，由原告吕某英负担。

宣判后，原告吕某英提起上诉称：1. 依法撤销原判；2. 严肃处理乌坡镇卫生院符某仁同志，有令无行有禁不止，自以为是卫生院院长权力了不起，欺生瞒死；3. 坚决制止，有权自立为王，种种借口推诿，地方有关文件批准盖章当儿戏。禁止"官不怕大只怕管"歪理；4. 由符某仁，乌坡卫生院承担本案的一切诉讼费用。

被上诉人乌坡卫生院答辩称：1. 一审裁定，认定事实清楚，适用法律正确，程序合法，应予以维持；2. 被答辩人提出以屯人劳保［2006］12号文件规定标准给付抚恤金，是没有法律依据和事实根据的；3. 上诉状仅将答辩人的法定代表人符某仁作为唯一的被上诉人，其主体是不适合的。为此，请求二审法院依法驳回上诉，维持原裁定。

二审法院经审理认为，依照《中华人民共和国行政诉讼法》(1989年）第12条第（三）项规定以及最高人民法院《关于执行〈中华人民共和国行政诉讼法〉若干问题的解释》第4条规定，当事人不服行政机关作为的涉及该行政机关公务员权利义务的行为向人民法院提起行政诉讼的，人民法院不予受理。本案中，屯昌县乌坡卫生院与退休干部陈某之间属于内部的管理与被管理的关系，不属于行政法上的行政机关与行政相对人的管理与被管理的关系。故上诉人吕某英以乌坡卫生院不发给抚恤金为由向人民法院提起诉讼，双方纠纷应属于内部管理的问题。故本案追索抚恤金纠纷不属于人民法院受理案件的范围，上诉人吕某英上诉理由不成立，不予支持，应予驳回。原审认定事实清楚，适用法律正确。依照《中华人民共和国民事诉讼法》(2007年）第154条之规定，裁定如下：驳回上诉，维持原裁定。二审案件受理费50元由上诉人吕某英负担。

【导读】

本案是因追索抚恤金而引发的诉讼，争议在于追索抚恤金是否属于民事诉讼主管。

一、基本知识：民事诉讼主管

（一）法院主管的概念

法院在民事诉讼中的主管，是指法院受理民事案件的权限范围，即确定法院与其他国家机关、社会组织之间关于民事纠纷处理权限的职权划分。凡属于人民法院主管的民事案件，当事人起诉又符合条件的，人民法院应依法受理，并适用民事诉讼法规定的程序予以审判；凡不属于人民法院主管的民事纠纷，人民法院无权受理。

确定民事诉讼的主管，也就是划定法院在民事诉讼中的受案范围，明确哪些纠纷属于法院民事审判权的范围，哪些纠纷不属于民事审判权的范围，其实质是确定人民法院审理民事案件的权限范围问题。主管的明确，有利于法院与其他机关组织之间在解决民事纠纷方面分工协作，有利于民事纠纷的及时、彻底解决，对于防止他们之间因职权不明而互相推诿或扯皮，保障法院正确、合法、及时地审理民事案件，保护当事人的合法权益，具有重要的意义。

（二）确定法院主管的标准和范围

《民事诉讼法》第3条规定："人民法院受理公民之间、法人之间、其他组织之间以及他们相互之间因财产关系和人身关系提起的民事诉讼，适用本法的规定。"在我国，主要以案件性质为确定法院主管的标准，以发生争议的实体法律关系是否属于民事关系为标准来划分民事诉讼主管的范围。

根据民事诉讼法及其他有关法律、法规的规定，人民法院主管的民事案件主要有以下几类：

第一类是由民法调整的平等权利主体之间因财产关系和人身关系发生纠纷而引起的诉讼。具体包括：①由民法调整的物权关系、债权关系、知识产权关系、人身权关系引起的诉讼。如财产所有权、用益物权、担保物权、合同、无因管理、不当得利、著作权、商标权、人格权、身份权等。②由婚姻法、继承法、收养法调整的婚姻家庭关系、继承关系、收养关系引起的诉讼。如离婚案件、追索抚养费案件、财产继承案件等。③由商法调整的商事关系引起的诉讼。如票据案件、股东权益纠纷案件、海商案件等。④由经济法调整的经济关系中属于民事性质的诉讼。如因污染引起的邻里关系案件等。在我国法律体系中，由于存在一个特殊的分支，就是既调整横向的平等主体之间法律关系，又调整纵向的不平等主体之间法律关系的经济法，这就使得受经济法调整的领域所产生的争议，只有那些发生于平等主体之间的纠纷，才能依法由人民法院受理。比如《房地产管理法》就是如此，作为房地产开发公司要想合法开发房地产，首先要征地并取得各种各样的报批手续，这一过程就是国家纵向管理过程中发生的问题，在这一过程中如果发生纠纷，则民事诉讼不能解决，人民法院不予受理；但是，开发公司在取得合法手续后，所进行的发包建楼，以及建好后销售或者出租房子的行为，则属于平等主体之间的法律关系，一旦出现争议，则纳入民事诉讼。因此，经济法调整的部分经济关系产生的争议由法院主管。

第二类是由劳动关系发生的纠纷。其中包括：①劳动法调整的用人单位与劳动者之间因劳动关系发生纠纷而引起的案件。②劳动者与用人单位之间没有订立书面劳动合同，但已形成劳动关系后发生的纠纷。③劳动者退休后，与尚未参加社会保险统筹的原用人单位因追送养老金、医疗费、工伤保险待遇和其他社会保险费用而发生的纠纷。

第三类是由其他法律调整的社会关系发生争议，法律明确规定依照民事诉讼程序审理的案件。其中包括：①选举法和《民事诉讼法》规定的选民资格案件。②《民事诉讼法》规定的宣告失踪或宣告死亡案件、认定公民无民事行为能力或限制行为能力案件和认定财产无主案件。③适用《民事诉讼法》中特别程序、督促程序、公示催告程序、企业法人破产还债程序审理的几类非民事权益争议案件。

（三）法院主管和其他组织主管的关系

解决民事争议的机构除人民法院以外，还包括行政机关以及仲裁机构和人民调解委员会等民间组织。由于法律并不对民事争议的主管范围给予面面俱到的规定，各个机构有时会争夺案件的主管权，有时会相互推诿自己主管的案件。我国处理法院与其他机关和社会组织之间主管民事纠纷相互关系所遵循的原则，为司法最终解决原则。

1. 法院与人民调解委员会

人民调解委员会是根据 2011 年 1 月 1 日实施的《人民调解法》设立的调

解民间纠纷的群众性组织。人民调解委员会在城市以居民委员会为单位，农村以村民委员会为单位建立。根据《人民调解法》第 2 条“本法所称人民调解，是指人民调解委员会通过说服、疏导等方法，促使当事人在平等协商基础上自愿达成调解协议，解决民间纠纷的活动”的规定，人民调解委员会调解的为一般的民间纠纷，为此，法院主管民事案件的范围远宽于人民调解委员会调解纠纷的范围。一般情况下，双方都同意由人民调解委员会调解的，由调解委员会调解。经人民调解委员会调解达成的调解协议，具有法律约束力，当事人应当按照约定履行。调解不成或者调解达成协议后反悔，当事人向法院起诉的，由法院主管。一方向调解委员会申请调解，另一方向法院起诉的，则由法院主管。对此需注意两点：其一，人民调解不是民事诉讼的必经阶段，即是否经过人民调解完全由当事人自行确定；其二，人民调解解决争议不具有法律效力，即当事人对经人民调解委员会主持达成的调解协议不服时，仍然可以向人民法院提起民事诉讼。

2. 法院与仲裁机构

（1）法院与仲裁委员会的关系。仲裁委员会是常设性仲裁机构，是独立、公正、高效地解决平等主体的公民、法人和其他组织之间发生的合同纠纷和其他财产权益纠纷的常设仲裁机构。一般在直辖市，省、自治区人民政府所在地的市设立，也可以根据需要在其他设区的市设立，不按行政区划层层设立。根据《仲裁法》第 2 条“平等主体的公民、法人和其他组织之间发生的合同纠纷和其他财产权益纠纷，可以仲裁”，第 3 条“下列纠纷不能仲裁：（一）婚姻、收养、监护、扶养、继承纠纷；（二）依法应当由行政机关处理的行政争议”的规定，仲裁委员会主管的范围是平等主体的公民、法人和其他组织之间发生的合同纠纷和其他财产权益纠纷，但婚姻、收养、监护、抚养和继承纠纷不属于仲裁主管的范围。因此，法院的主管范围同样比仲裁委员会宽。同时，《仲裁法》规定了或裁或审的体制，即如果双方当事人自愿达成仲裁协议，将合同纠纷和其他财产权益纠纷提交仲裁委员会仲裁，则排除了人民法院的管辖权。仲裁裁决作出后当事人就同一纠纷再向法院起诉的，法院不予受理。没有仲裁协议或者仲裁协议无效的，由法院主管。如果仲裁裁决被法院依法撤销或裁定不予执行，又未重新达成仲裁协议的情况下向法院提起民事诉讼，法院应当受理。

（2）法院与劳动争议仲裁委员会的关系。劳动关系中虽然也包含着财产关系，但这种财产关系与民法所调整的平等主体间的财产关系有所不同，劳动关系专门由劳动法来调整。为了解决劳动争议，我国设立了劳动争议仲裁委员会。劳动争议仲裁委员会不同于民间性质的仲裁委员会，是国家授权，依法独立处理劳动争议案件的专门机构，由劳动行政部门的代表、同级工会的代表、用人单位方面的代表组成劳动争议仲裁委员会按照统筹规划、合理布局和适应实际需要的原则设立。省、自治区人民政府可以决定在市、县设立；直辖市人民政府可以决定在区、县设立。直辖市、设区的市也可以设立一个或者若干个劳动争议仲裁委员会。劳动争议仲裁委员会不按行政区划层层设立。

2008 年 5 月 1 日起施行的《劳动争议调解仲裁法》第 2 条规定劳动争议仲裁委员会主管以下案件："（一）因确认劳动关系发生的争议；（二）因订立、履行、变更、解除和终止劳动合同发生的争议；（三）因除名、辞退和辞职、离职发生的争议；（四）因工作时间、休息休假、社会保险、福利、培训以及劳动保护发生的争议；（五）因劳动报酬、工伤医疗费、经济补偿或者赔偿金等发生的争议；（六）法律、法规规定的其他劳动争议。"对上述劳动争议案件，一般情况下，我国实行劳动争议仲裁前置、一裁两审的体制，即只有劳动争议的当事人对劳动争议仲裁委员会作出的仲裁裁决不服的，在收到裁决书之日起 15 日内才能向人民法院起诉。

同时，根据《劳动争议调解仲裁法》第 47 条"下列劳动争议，除本法另有规定的外，仲裁裁决为终局裁决，裁决书自作出之日起发生法律效力：（一）追索劳动报酬、工伤医疗费、经济补偿或者赔偿金，不超过当地月最低工资标准十二个月金额的争议；（二）因执行国家的劳动标准在工作时间、休息休假、社会保险等方面发生的争议"；第 48 条"劳动者对本法第四十七条规定的仲裁裁决不服的，可以自收到仲裁裁决书之日起十五日内向人民法院提起诉讼"的规定，劳动争议仲裁委员会对上述劳动争议的仲裁裁决，只有当劳动者不服时才可以向人民法院起诉，否则，实行一局终裁，人民法院无权主管。同时，根据《劳动争议调解冲裁法》第 49 条"用人单位有证据证明本法第四十七条规定的仲裁裁决有下列情形之一，可以自收到仲裁裁决书之日起三十日内向劳动争议仲裁委员会所在地的中级人民法院申请撤销裁决：（一）适用法律、法规确有错误的；（二）劳动争议仲裁委员会无管辖权的；

（三）违反法定程序的；（四）裁决所根据的证据是伪造的；（五）对方当事人隐瞒了足以影响公正裁决的证据的；（六）仲裁员在仲裁该案时有索贿受贿、徇私舞弊、枉法裁决行为的。人民法院经组成合议庭审查核实裁决有前款规定情形之一的，应当裁定撤销。仲裁裁决被人民法院裁定撤销的，当事人可以自收到裁定书之日起十五日内就该劳动争议事项向人民法院提起诉讼”的规定，如果用人单位有证据证明第 47 条规定的仲裁裁决有第 49 条所规定的 6 种情形之一的，可以向作出该裁决的劳动争议仲裁委员会所在地的中级人民法院申请撤销。如果劳动者不服向基层人民法院提起诉讼的同时，用人单位也可向中级人民法院申请撤销仲裁裁决。

根据最高人民法院 2010 年 9 月 13 日发布《关于审理劳动争议案件适用法律若干问题的解释（三）》（法释［2010］12 号）第 15 条的规定以采取诉讼程序吞并仲裁裁决撤销程序为宜，中级人民法院应不予受理。已经受理的，应裁定终结诉讼。基层人民法院审理案件时，对用人单位的抗辩应一并处理。

4. 法院与其他行政机关的关系

其他行政机关是指乡镇人民政府以外的行政机关。在其职权范围内处理部分民事权益纠纷，处理的方式包括行政调解、行政裁决和行政仲裁。

法院与行政机关对民事争议的主管关系主要有两种类型：

一种类型是完全由特定行政机关主管，法院不作为民事案件主管。这种类型又有两种情形：其一，行政机关的处理是最终解决。如商标注册人对他人已经注册的商标提出争议，其他人对注册商标人已注册的商标提出争议，由工商行政机关内设立的商标评审委员会处理，该委员会作出的裁决是最终裁决，当事人不得再向法院提起诉讼；其二，行政机关的处理非最终解决，当事人不服可以提起诉讼，但作为行政案件主管。这主要是指自然资源权属的民事纠纷。如根据《草原法》的规定，单位之间、个人之间以及单位与个人之间发生的草原所有权或使用权的争议，由乡级、县级或县级以上人民政府处理，当事人对有关人民政府处理不服的，可以在接到通知之日起一月内向法院起诉。《森林法》《土地管理法》等资源法中也作了相同的规定。

另一种类型是法院与行政机关并行主管，包括以下几种类型：其一，法院主管优先，一方申请行政机关处理，另一方提起诉讼的，由法院主管；其二，双方当事人均请求行政机关处理的，由行政机关主管，但行政机关的处理要受司法最终解决原则的支配，行政机关的处理不是最终处理，当事人不服的，一般仍可以提起诉讼；其三，行政机关的处理行为属于行政行为性质，当事人不服处理提起诉讼的，属于行政诉讼的主管范围。行政机关处理民事争议的方式包括调解、仲裁、裁决，前两种为非行政行为性质，后一种具有行政行为性质；其四，行政机关的处理行为为非行政行为性质，当事人不服提起诉讼的，不属于法院行政诉讼主管范围。非行政行为性质的处理行为是指行政机关对民间争议的居间调解行为或依法进行的行政仲裁行为；其五，当事人不服行政机关居间调解提起诉讼的，属于法院主管民事诉讼的范围，如《著作权法》第48条的规定，著作权侵权纠纷可由著作权行政管理部门调解，调解达不成协议或达成协议后一方反悔的，当事人可向法院起诉，这一类诉讼为民事诉讼；其六，当事人不服行政机关仲裁裁决提起诉讼的，是否属于法院民事诉讼主管的范围，要依据行政仲裁与民事诉讼的关系而定。凡法律规定先裁后审的，属于民事诉讼主管范围；凡法律规定或裁或审的，当事人无权提起诉讼，法院也不得作为民事案件受理。前者如劳动仲裁，后者如著作权合同纠纷仲裁。

综上分析，在把握法院受理民事案件范围的问题时，应当注意以下几个问题：

第一，应当明确当事人发生争议的内容，是否为法律所规定的权利义务之争。有些争议虽然存在，但不涉及法律上的权利义务的内容，比如单位根据其内部的管理规定对职工考核、职级、职称评定、分房等所产生的争议，就不属于法院的受案范围。

第二，规定法院受理民事案件范围的法律依据包括实体法律、程序法律和全国人大常委会法律解释及最高人民法院相关的司法解释。

第三，在确定某一民事案件是否属于法院受理的范围时，还应当注意法律是否规定此类案件为某一机构或机关处理的范围、是否有由其他部门预先处理程序前置的规定、当事人是否协议选择其他机关、机构处理等，例如：因劳动关系发生纠纷，协商、调解不成，可以向劳动争议仲裁委员会申请仲裁，对于仲裁裁决不服的，当事人可以依照《民事诉讼法》的规定向人民法院起诉。劳动争议案件，不经过劳动仲裁委员会的仲裁，人民法院不予受理；对于属于仲裁范围的民事纠纷，当事人可以协议选择仲裁，一旦选择仲裁，当事人应当将纠纷提交选定的仲裁委员会进行仲裁，仲裁裁决作出即生效。除非仲裁裁决被人民法院裁定不予执行或撤销，当事人不得再行起诉。

第四，在处理法院与其他机构受理民事案件冲突时，应当本着以下两个原则解决：其一，尊重当事人的选择。比如合同纠纷，当事人可以选择法院解决，也可以选择仲裁机关处理，若当事人选择了仲裁机关，就排除了法院的解决；其二，遵守司法最终解决的原则。对于法院与其他机关、机构均可解决的纠纷，一方当事人要求法院解决，一方要求其他机构解决，应当由法院主管（法律有强制规定的除外）。当事人选择其他机构处理后，当事人认为处理不公，还可以诉请法院解决（仲裁除外）。

二、本案评析

本案是因追索抚恤金而引发的诉讼，争议在于追索抚恤金是否属于民事诉讼的主管，即是否属于民事诉讼的受案范围。如果属于民事诉讼的主管，人民法院应当受理（立案登记），如果不属于民事诉讼的主管，则不予受理。

抚恤金主要是指根据法律法规的规定，由国家发给因公牺牲、病故或伤残的军人、国家工作人员、参战民兵，因抢险救灾被追认为烈士的民工等家属或本人的生活上和精神上的抚慰金专用费用。迄今为止我国立法机关没有对抚恤金进行民事法律规范。只是立法机关通过法律法规等规范性文件确定一些行政机关代表国家给予符合法律法规规定条件的特定人群发放一定的抚恤金。从而使发放抚恤金成为一些行政机关的职责，如民政部门。当这些行政机关对符合条件的人不履行给付抚恤金时，往往被认为不履行法定职责被提起行政诉讼。我国《行政诉讼法》也规定公民认为行政机关没有依法发给抚恤金的可以提起行政诉讼。因此依法享受抚恤金的当事人，对于行政机关不依法发放抚恤金时，可以通过行政诉讼来维护其权益。后来颁布的规章及地方规范性文件把承担给付抚恤金的对象扩大到事业单位，规定这些事业单位对符合规章规定条件的本单位职工或家属承担给付抚恤金的义务。

追索抚恤金是否属于民事受案范围，实践中有两种不同的观点。

观点之一：基于人薪发［1994］48号部门规章和琼人劳薪［1994］39号省级政府规章的规定，原告应依法享受抚恤金。按屯人劳保［2006］12号文件原告应享受的抚恤金数额是12 160元。这些规范性文件确定了被告应给付原告抚恤金的义务。被告应给付的抚恤金12 160元，对原告而言这是一种应享有的民事权益。法院是化解纠纷的机构，对于当事人的诉讼请求，没有理由不给予民事法律救济，应当受理裁判。

观点之二：基于行政规章及根据该规章制作的相关规范性文件而产生的原告与被告之间追索抚恤金纠纷是一种企业内部行政管理法律关系，而不是民法意义上的平等主体的民事法律关系，因此不属于民事法律规范调整的范围，所以不属于民事受案范围。

笔者同意上述第二种观点，即追索抚恤金不属于民事诉讼的主管，理由如下：

第一，如果法院认为本案中原告提供的规章及根据该规章制作的相关规范性文件可以确认当事人的民事权利和义务，因此判决支持原告的诉讼请求，即支持原告要求按国家标准发放抚恤金，那么根据原告提供的这些规章及根据该规章制作的相关规范性文件的规定，原告可以起诉主张被告补发原告吕某英的丈夫陈某生前应享有月档案退休工资（也即国家标准工资 1216 元）与实际发放退休工资 198 元的差额，那是一笔不小的数额。同时该单位其他退休职工以及在职职工也纷纷主张补发应享有档案工资与实际发放工资的差额，那将会出现作为事业单位实行企业管理的被告陷入瘫痪状态。再有该规章调整下的其他事业单位的退休职工以及在职职工都纷纷主张补发应享有档案工资与实际发放工资的差额，那么这些事业单位由于无力支付职工工资而被迫停业关门，那么社会将会出现秩序大混乱的状态，因此这些规章的存在和法院的判决也就失去了意义——不能起到规范社会行为和维护社会秩序的作用。

第二，如果本案依据原告提供的规章及根据该规章制作的相关规范性文件判决支持原告的诉讼请求，那么这个判决对社会具有指引作用，追索抚恤金成为一种民法上的民事权利，其他企业、事业单位的职工死亡后，家属纷纷到法院起诉主张给付抚恤金，而其他部门并没有相应的规章对抚恤金作出规定，法院又不能以本案中特定行政管理区域的规章作为判决依据，因为规章只能在制定机关管辖的行政区域内有效，跨越区域应当无效，那么法院进行这类纠纷实体判决时将会出现无所适从的状态。

第三，根据我国《行政诉讼法》规定，公民认为行政机关没有依法发给抚恤金的可以提起行政诉讼。因此，如果把追索抚恤金引入民事受案裁判范围，一些可以提起追索抚恤金行政诉讼的当事人不服行政诉讼的判决时，又向人民法院提起民事诉讼，往往会产生同一纠纷相冲突的判决。[1]

---

〔1〕 邓贤毅："追索抚恤金不属于民事受案范围"，载《特区法坛》2007 年第 1 期。

案例二

山西省电影公司诉临汾市广播电视局侵权纠纷案〔1〕

【案情】

1995年10月16日，山西省电影公司与中国电影公司在北京签订《进口影片票房分账发行放映合同》，中国电影公司赋予山西省电影公司进口影片《霹雳火》的发行放映权，许可日期为1995年10月25日至1995年11月10日，许可范围包括临汾市电影公司下属两个电影院在内的山西省15家电影院。1995年10月25日，山西省电影公司与临汾市电影公司签定了《霹雳火》影片上交发行收入协议。协议约定，临汾市电影公司必须完成票房收入160 000元，违者赔偿对方经济损失。临汾市电影公司接受授权后，即对《霹雳火》影片进行大力宣传，就在宣传之际，临汾市广播电视局下属电视台未经许可，擅自将《霹雳火》录像带予以播放。致使临汾市电影公司放映《霹雳火》的票房收入仅仅为30 051.92元，远远不够其应当依协议上交山西省电影公司的160 000元。

山西省电影公司遂诉于临汾市中级人民法院，请求法院责令被告山西省临汾市广播电视局承担侵权责任，公开赔礼道歉，赔偿损失100 000元，交付报酬200 000元，诉讼费由被告承担。

被告山西省临汾市广播电视局辩称：我们播出的录像带与原告所称之《霹雳火》影片的电影发行权、放映权是不相同的两个概念；我们播放《霹雳火》未有丝毫盈利，不构成侵权；且临汾市电视台播放的《霹雳火》是从原告山西省电影公司在临汾市的录像制品经营部门租赁的，手续齐全，并无违法。我们不知道也未有任何迹象表明，原告对《霹雳火》在诉讼前拥有发行

〔1〕 载找法网：http://china.findlaw.cn/info/case/dqal/332305.html.

权、放映权。另外，原告主体不合格，其诉讼请求不能成立。

临汾市中级人民法院经审理认为：1. 原告山西省电影公司依据委托合同依法享有《霹雳火》电影作品的许可使用权和获得报酬权，具有诉讼主体资格；2. 被告山西省临汾市广播电视局未经许可，违反音像制品管理规定，擅自在其下属电视台予以播放，直接侵犯了原告享有《霹雳火》电影作品的许可使用权和获得报酬权，造成了原告发行收入锐减的客观事实；3. 被告人以其播放的《霹雳火》录像带与电影胶片非同一概念而否认侵权的理由不能成立，根据《著作权法》的有关规定，侵权行为的客体必须是正在受到著作权法保护的权利，而不是作品本身的载体，被告以不同载体回避侵权事实的成立没有法律依据；4. 被告以其未以营利为目的即未成侵权来辩解，理由不能成立。因为《著作权法》第 45 条所列举的几类侵权行为中，无一依据侵权行为人的盈利状况；5. 经查明，嘉禾电影（香港）有限公司投放于中国市场的仅仅是《霹雳火》影片的电影拷贝，未以其他载体形式向中国大陆市场投放，当然也包括录像制品，被告租赁他人录像带在公众场合予以播放，违反音像制品管理规定，其行为显属违法。据此，临汾市中级人民法院根据《中华人民共和国著作权法》第 45 条，《中华人民共和国著作权法实施条例》第 35 条、第 37 条之规定，判决如下：（一）由被告山西省临汾市广播电视局向原告山西省电影公司赔礼道歉；（二）被告山西省临汾市广播电视局赔偿原告山西省电影公司损失 9 万元，并支付报酬 1 万元，共计 10 万元。判决生效后一个月内支付。

一审判决后，被告山西省临汾市广播电视局以山西省电影公司不具备诉讼主体资格，录像带是从临汾市电影公司音像部合法租赁，一审判决掐头去尾，故意偏袒被上诉人及赔偿损失数额依据不足为理由，向山西省高级人民法院提起上诉。

山西省高级人民法院经审理认为，一审判决认定事实清楚。经调解，双方当事人自愿达成协议：（一）临汾市广播电视局承认放映《霹雳火》属侵权行为，并表示接受教训，保证以后不发生此类事件；（二）临汾市广播电视局补偿山西省电影公司 7 万元，赔偿 1 万元，共计 8 万元。

【导读】

本案体现了民事诉讼法的基本原则：处分原则和调解原则。

一、基本知识——民事诉讼法的基本原则

民事诉讼法基本原则是在审理解决民事案件的整个过程中和在民事诉讼的主要阶段上起着指导作用的准则。体现民事诉讼法的立法指导思想和精神实质，对民事诉讼法具有普遍指导意义。中国民事诉讼法规定的基本原则有：民事案件审判权由人民法院行使原则；人民法院依法对民事案件独立审判原则；以事实为根据，以法律为准绳原则；对诉讼当事人适用法律一律平等原则；两审终审原则；公开审判原则；回避原则；合议原则；以民族语言文字进行诉讼原则；人民检察院对民事审判实行法律监督原则；民族自治地方制定变通或补充规定原则；保证诉讼当事人平等地行使诉讼权利原则；辩论原则；处分原则；支持起诉原则；着重调解原则；巡回审理，就地办案原则；人民调解原则。基本原则可分为宪法和法院组织法规定的原则和民事诉讼法特有的原则。

（一）民事诉讼基本原则的特征和功能

1. 特征

民事诉讼法的基本原则，是民事诉讼本质和规律以及立法者所奉行的诉讼政策的集中体现。其内在本质属性包括两个方面：内容的根本性和效力的贯彻始终性。这种本质属性决定了基本原则在民事诉讼法律体系中的基础地位，同时也是基本原则区别于民事诉讼法的具体制度和具体规范而显现其自身的特征：

（1）规范性。人们一般认为，基本原则是抽象的、不确定的，只有指导性，没有具体的操作性，其本身不是法律规范，因而不具有规范性。笔者认为，基本原则是关于民事诉讼根本性问题的规定，并以法律条文的形式表示出来，是国家关于民事诉讼指导思想的条文化，它本身是一种诉讼法律规范，规范整个诉讼程序。不应把它仅仅理解为理论抽象。否则，基本原则就失去了调整作用。没有这种规范性也就没有普遍的约束力。当然，相对于具体规范而言，基本原则比较抽象、概括，是原则性规范。具体规范更具体，操作性更强。

（2）概括性。基本原则是民事诉讼性质、特点及其规律的全面综合反映，其效力贯穿民诉的始终，具有高度的概括性和涵盖力。其具体操作性相对较弱，是一种具有导向性的普遍使用的诉讼规范，它是高度概括法院与当事人

之间关系的准则，而不只是局限于某一个具体行为的规范。这是民事诉讼法基本原则具有宏观指导意义的原因之一。

（3）基础性。作为基本原则的规范必须是民事诉讼法中的最基本的规范，是制定民事诉讼法的基本制度和具体程序规范的基础，是最高人民法院制定司法解释的基础。所有民事诉讼法的具体规范都不能与基本原则相抵触，否则，应予已修改或废止。

（4）稳定性。基本原则集中反映了民事诉讼的内在本质和原理，是构建民事诉讼规则体系的支点和基础，具有相对稳定的内容和形式，具体规则是基本原则的贯彻和体现。同时，由于基本原则涉及民事诉讼的根本问题，因此也可以说，基本原则是民事诉讼的“基本骨架”，具有相对的稳定性。

2. 功能

（1）民事诉讼基本原则对具体规范的设定具有引导功能。社会总是处于不断变化之中，社会关系必然也会随着社会的变化而发展，法律不可能将未来可能发生的种种现象都不无遗漏地加以规定和表述。在成文法国家，法律总是要定期修改、调整和不断完善。民事诉讼基本原则与民事诉讼法的具体制度规范是一个有机的统一体，从诉讼目的、指导思想到具体制度规范的桥梁是民事诉讼基本原则。民事诉讼基本原则为民事诉讼法局部修改和调整提供了基础和依据。

（2）民事诉讼基本原则能为法院处理案件提供法律依据。一般来说，在民事诉讼中，只有具体的诉讼制度和规则、规范才具有可能操作性，因而民事诉讼基本原则并不能在具体案件中直接适用。但是，由于民事诉讼的具体制度和规范使用的条件和情况特定，而社会生活又是千变万化的，在诉讼实践中经常会出现一些新的、特殊的情况，从而使得民事诉讼基本原则有必要直接加以适用。比如，如果将一些具体制度规范应用于某些疑难复杂案件将会导致明显的司法不公，民事诉讼基本原则就可以作为司法裁判的根据应用于这些案件；当民事诉讼立法出现空白，而实践中出现的问题在现有的法律规范中找不出解决的根据时，概括性强、相对抽象的基本原则可以弥补立法上的漏洞和不足，根据基本原则的精神解决程序问题，为法院处理案件提供法律上的依据和思想上的指导。

（3）民事诉讼基本原则是现代民事理念的宣示。民事诉讼基本原则是人类民事诉讼程序理念的集中体现，是民事诉讼基本原理、基本价值和基本精神的反映，通过对民事诉讼制度、程序规则和具体规范的精神渗透，在民事诉讼的实践中下意思的传播诉讼理念，比起庞杂的具体制度和规则，民事诉讼基本原则能更好地成为现代诉讼理念的传播器。

（二）处分原则

《民事诉讼法》第 13 条规定的处分原则，是指民事诉讼当事人有权在法律规定的范围内，处分自己的民事权利和诉讼权利。处分即自由支配，对于权利可行使，也可以放弃。

在民事诉讼中，当事人处分的权利对象多种多样，但无非两大类：一是基于实体法律关系而产生的民事实体权利；二是基于民事诉讼法律关系所产生的诉讼权利。对实体权利的处分主要表现在三个方面：第一，诉讼主体在起诉时可以自由地确定请求司法保护的范围和选择保护的方法。在民事权利发生争议或受到侵犯后，权利主体有权决定自己请求司法保护的范围。不仅如此，权利主体还可以在一定程度上自行选择所受保护的方法。例如，在侵害财产所有权的纠纷中，被损害者有权就全部损害提出赔偿要求，也有权以部分损害的赔偿作为诉讼标的；同时，有权请求返还原物，也有权要求侵权人作价赔偿。第二，诉讼开始后，原告可以变更诉讼请求，即将诉讼请求部分或全部撤回，代之以另一诉讼请求；也可以扩大（追加）或缩小（部分放弃）原来的请求范围。第三，在诉讼中，原告可全部放弃其诉讼请求，被告可部分或全部承认原告的诉讼请求；当事人双方可以达成或拒绝达成调解协议；在判决未执行完毕之前，双方当事人随时可就实体问题自行和解。

诉讼权利是当事人处分的另一重要对象，诉讼权利虽然属于程序意义上的权利，但往往与实体权利有关，当事人对实体权利处分，一般是通过对诉讼权利的处分而实现的。对诉讼权利的处分主要体现在以下几个方面：

（1）诉讼发生后，当事人可依自己的意愿决定是否行使起诉权。目前，立法在起诉方面仍然采取当事人“不告不理”的做法。因此，当事人在其实体权利受到侵犯或就某一实体权利与他人发生争议时，是否诉诸法院，由当事人自行决定。只有在当事人起诉的情况下，诉讼程序才能开始，法院既不强令当事人起诉，更不能在当事人不起诉的情况下主动进行审理。

（2）在诉讼过程中，原告可以申请撤回起诉，从而要求人民法院终止已经进行的诉讼，也就是放弃请求法院审判、保护的诉讼权利。被告也有权决定是否提出反诉来主张自己的实体权利，借以对抗原告的诉讼请求。当事人双方都有权请求法院进行调解，请求以调解方式解决纠纷；当事人还能够依其意愿决定是否行使提供证据的权利。当事人双方都有权进行辩论，承认或否认对方提出的事实。

（3）在一审判决作出后，当事人可以对未生效的判决提起上诉或不提起上诉；对于已生效的判决或调解书认为确有错误时，当事人有权提出申请，请求再审，由法院决定是否再审；对生效判决或者其他具有执行力的法律文书享有权利的当事人，有权决定是否申请强制执行。

（4）在执行过程中，申请执行人可以撤回其申请，这种撤回申请的处分行为不影响其实体权利的继续存在。

需要注意的是，我国民事诉讼中当事人的处分权不是绝对的，我国法律在赋予当事人处分权的同时，也要求当事人不得违反法律规定，不得损害国家的、社会的、集体的和公民个人的利益，否则，人民法院将代表国家实行干预，即通过司法审判确认当事人某种不当的处分行为无效。我国民事诉讼中的国家干预原则具体体现为人民法院的监督，这是处分原则的题中之意和另一个方面的重要内容。

（三）调解原则

1. 调解原则的概念

调解原则是我国民事诉讼法独有的一项基本原则，在我国民事诉讼法律体系中占有相当重要的地位。法院调解，又称诉讼中的调解，是以当事人行使诉权为基础，以当事人意思自治为条件，以当事人依法行使处分权为内容的一项诉讼制度。即在民事诉讼中，双方当事人在法院审判人员的主持和协调下，就发生争议的民事权利义务关系自愿进行协商，并达成协议，从而解决纠纷的诉讼活动。《民事诉讼法》第93条规定："人民法院审理民事案件，根据当事人自愿的原则，在事实清楚的基础上，分清是非，进行调解。"该条的规定，确立了法院调解的原则，既是法院调解的依据，也是法院调解应当遵循的准则。法院的调解充分表现了公权力和私权利有机的结合，一方面，法官作为中立的第三人介入调解过程，使调解达成的协议具有一定的强制力，另一方面，调解协议的产生又是双方当事人合意的结果，使调解协议有利于当事人的接受。同审判比较而言，调解具有其独特的司法救济价值。

根据法院调解在开庭审理前进行还是在开庭审理过程中进行，可以把法院调解分为庭审前的调解和庭审中的调解两种。庭审前的调解是在诉讼初始阶段，被告应诉答辩之后，开庭审理前进行的调解。庭审中的调解是在民事案件开庭审理过程中进行的调解。

2. 法院调解的特征

（1）法院调解，是双方当事人在人民法院审判人员主持下进行的，由此达成的协议，是人民法院的审判职能活动同当事人的处分行为相结合的结果。对当事人而言，法院调解是当事人通过友好协商而处分实体权利和诉讼权利的一种表现，对法院而言，法院调解是法院审判人员在充分尊重当事人行使处分权的基础上解决民事纠纷的一种职权行为，是法院行使审判权的一种方式。

（2）法院调解，是按照《民事诉讼法》规定的程序进行的一种诉讼活动，它又是人民法院审结案件的一种方式。人民法院制作的生效调解书，与法院的判决书具有同等法律效力，具有给付性内容的判决，一方不履行义务，对方当事人可以申请法院强制执行。

（3）调解贯穿于各个审判阶段，在审理前的准备阶段，如果事实清楚，可以进行调解；在开庭审理中，直至辩论终结作出判决前，也可以进行调解。不论是第一审程序，还是第二审程序、再审程序；不论是按普通程序，还是按简易程序审理的案件，只要是能够调解的案件，人民法院都可以进行调解。在案件审理过程中，能够用调解方式解决的，尽量用调解解决，但不能“久调不决”，调解不成的，应当及时判决。

（4）法院调解必须始终建立在双方当事人自愿的基础之上，不论是开始的庭前调解、庭审中的调解，还是最终以达成调解协议的方式结束诉讼，也不论在程序上还是实体上，都要符合法律的规定，都必须得到双方当事人的同意和认可。既不能采用故意拖延诉讼的方式来强迫当事人接受调解，也不能为了调解结案而放任当事人达成违反法律规定的调解协议。

3. 法院调解的原则

法院调解的原则，是指人民法院在进行调解时应遵循的行为准则。依照《民事诉讼法》第93条、第96条的规定，法院调解应当遵守自愿原则、合法原则和查明事实、分清是非原则。

（1）自愿原则。调解自愿原则，就是人民法院调解活动的进行和调解协议的达成，必须以当事人的自愿为前提，并且建立在当事人自愿的基础之上。在法院调解的原则中，自愿原则居于核心地位，具有特殊的重要性。调解自愿原则包括两个方面：一是在程序上，是否以调解的方式解决纠纷，须当事人自愿，即法院进行调解活动要取得双方当事人的同意，要以双方自愿为前提，如果有一方不愿调解解决纠纷，人民法院不能强迫其接受调解；二是在实体上，是否达成调解协议，须尊重当事人的意愿。即调解协议的内容应当由当事人自愿达成，应当反映当事人的真实意愿。法院不得以任何方式强迫当事人达成调解协议。

（2）合法原则。合法原则，是指法院调解在程序上要遵循法律程序，形成的调解协议不可违反法律规定的原则。具体要求：

第一，人民法院进行调解活动，程序上要合法。调解与判决相比，在程序上存在很大的灵活性，而且《民事诉讼法》中也并未规定独立的调解程序，但这绝不是说要求调解在程序上合法意义不大，绝不是说调解可以任意违反法定程序，可以削弱对当事人的程序保障。相反，人民法院的调解活动应当按照法定的程序进行，法院调解的组织，调解的方式、步骤，调解协议的达成和调解书的送达等均应符合《民事诉讼法》的规定。当事人不愿进行调解或不愿继续进行调解的，不应强迫当事人进行调解；调解未成的，不应久调不决，而应及时判决，更不能单纯地为追求调解结案率而强迫调解等。

第二，人民法院进行调解，调解协议内容应当不违反法律规定，尤其是不得违反实体法禁止性规定，不得违反社会公序良俗，不能损害第三人合法权益。因此，人民法院在对当事人达成的调解协议进行审查或主动提出调解方案时，应当考虑实体法的相关规定，使调解协议的内容尽量与实体法的要求相一致。

第三，查明事实、分清是非原则。查明事实、分清是非原则是指法院调解应当在事实已经基本清楚、当事人之间的权利义务关系已经基本明了的基础上进行。查明事实、分清是非是法院调解的基础，是“以事实为根据，以法律为准绳”原则在调解中的贯彻实施，既是调解工作进行的前提，也是调解顺利开展的根本保证。只有基本的事实清楚、是非分明后，双方达成的协议，才能让当事人自觉地履行。这就要求审判人员在主持调解过程中必须查明案件基本事实，分清双方争议的是非曲直，明确当事人各自的责任，然后确定双方当事人的权利义务。

3. 法院调解的范围

法院调解的范围非常广泛，除了没有调解可能或者没有条件进行调解或者当事人明确表示不同意调解的以外，其他一切属于民事权利义务争议引起的民事案件都可用调解方式加以解决。但是，也不是所有的民事案件都可以调解。最高人民法院《关于适用〈中华人民共和国民事诉讼法〉的解释》（以下简称《民诉法解释》）第143条明确规定："适用特别程序、督促程序、公示催告程序的案件，婚姻等身份关系确认案件以及其他根据案件性质不能进行调解的案件，不得调解。"根据该条的规定，以下案件不得调解：

（1）适用特别程序。特别程序案件包括选民资格案件，宣告失踪、宣告死亡案件，认定公民无民事行为能力、限制民事行为能力案件，认定财产无主案件。特别程序是人民法院对非民事权益冲突案件的审理程序。适用特别程序审理的案件，其目的不是解决双方当事人之间的民事权益冲突，而是确认某种法律事实是否存在，权利状态的有无或公民是否享有某种资格，能否行使某种权利。如选民资格案件，是确认公民是否享有政治上的权利；认定公民无民事行为能力、限制民事行为能力案件，是确认公民是否具有从事某种民事法律行为的能力或资格。所以，这类案件不适用调解。

（2）督促程序。督促程序是指人民法院根据债权人的申请，向债务人发出支付令，催促债务人在规定的期间内向债权人清偿债务的法律程序。因督促程序是一种非讼程序，无须开庭审理，当事人不当面对质，也不能适用调解。

（3）公示催告程序的案件。公示催告程序，是指人民法院根据申请人的申请，以公示的方法，告知并催促不明确的利害关系人在一定期限内申报权利，到期无人申报权利的，则根据申请人的申请依法作出除权判决的程序。公示催告程序是非讼程序，其发生不是基于当事人的起诉，而是基于当事人的申请，案件无明确相对人，不适用调解。依据《民事诉讼法》的规定，这类案件都是基于特定事项的特别程序，均为非诉案件，不以当事人之间的对抗为诉讼基础，所以当事人没有自行协商终结案件的能力和权利，原则上不适用调解。

（4）破产还债程序案件。破产还债程序是指人民法院审理破产案件，终结债权债务关系的诉讼程序。它主要包括破产申请和受理、破产宣告、破产清算三个阶段的程序。破产还债程序中的和解，不同于一般的双方民事法律行为，这种法律行为涉及债权人会议与债务人的意思表示一致，而且要以人民法院的裁定认可为条件。所以，也不适用调解。

（5）婚姻等身份关系确认案件。这类案件属确认之诉，确认之诉是对行为之效力或者法律关系之存在进行判断，只能由有权机关作出，而不能由当事人协商决定，所以对此类诉讼不能进行调解，但身份关系的解除案件可以适用法院调解。婚姻、身份关系对当事人的权利义务影响巨至，涉及当事人的配偶、监护、继承等人身和财产权益，以及当事人应承担的赡养、扶养、抚养等义务。调整这两类关系的法律规范多属强制性规范。所以，不适用调解。需要说明的是，这里所指的婚姻关系确认案件，不是指婚姻纠纷案件，而是指确认婚姻关系效力的案件。如无效婚姻等。身份关系确认案件，也不是指赡养、扶养、抚养、收养、继承纠纷案件，主要是指亲属关系和特定身份关系的案件。如血缘关系、配偶关系等。

二、本案解析

（一）争议焦点

本案中，原告山西省电影公司向临汾市中级人民法院起诉，其诉讼请求是：请求法院责令被告山西省临汾市广播电视局承担侵权责任，公开赔礼道歉，赔偿损失 10 万元，交付报酬 2 万元，诉讼费由被告承担。一审判决结果是：①由被告山西省临汾市广播电视局向原告山西省电影公司赔礼道歉；②被告山西省临汾市广播电视局赔偿原告山西省电影公司损失 9 万元，并支付报酬 1 万元，共计 10 万元。判决生效后一个月内支付。被告不服，向山西省高级人民法院提起上诉。本案争议焦点主要有以下几个：

（1）山西省电影公司是否具备原告主体资格。本案中，影视作品《霹雳火》的原始著作权人是嘉禾电影（香港）有限公司。由于电影是个世界范围的文化现象，它的传播、输出输入必然要由原始版权人签约授权于世界各地的发行人来发行。本案中影片《霹雳火》的原始版权人嘉禾电影（香港）有限公司与中国电影发行放映输出输入公司就《霹雳火》在大陆的版权问题专门以联合声明的形式约定：“嘉禾公司已将该片之 3 年的中国大陆电影发行权赋予中国电影发行放映输出输入公司，除此之外，嘉禾公司没有向中国大陆和国外的任何单位和个人授予该片在中国大陆的电影、录像带、镭射影碟、有线电视及其他载体之版权。我们郑重声明，该片放映地区的版权局，电影部门有权代表我们严厉对待一切侵权行为，直至诉诸法律。”这就表明，嘉禾电影（香港）有限公司作为影片《霹雳火》的原始著作权人，依照一定的法律手续将自己享有的著作权（在本案中是影片发行放映权）转让给了中国电影发行放映输出输入公司（以下简称“中影公司”），中影公司依约取得了《霹雳火》在中国大陆为期3年的发行权。同样，中影公司又于1995年10月16日与山西省电影公司在北京签订了《进口影片票房分账发行放映合同》，将进口影片《霹雳火》的发行权授予山西省电影公司。因此，山西省电影公司通过他人依合同转让和授权，取得了影片《霹雳火》在山西地区有限期内的发行放映权。这种权利具有依法取得、受法律保护、唯一性和排他性的特征。对其他任何针对《霹雳火》的侵权行为，山西省电影公司均有权要求其停止侵害。因此，山西省电影公司在本案中具有诉讼主体的资格。

（2）《霹雳火》录像带的放映是否侵犯了电影胶片的版权。本案中被告临汾市广播电视局以其播放的《霹雳火》录像带与电影胶片并非同一概念而否认侵权。根据《著作权法》有关规定，侵权行为的客体必须是正在受到著作权法保护的权利，而不是作品本身的载体，同一作品可以有不同载体，但其反映的作者的思想内容是相同的，侵犯版权的实质是侵犯受著作权法保护的通过有形载体体现的一种无形权利。《霹雳火》录像带与电影胶片只存在表现物质上或者说物质载体上的差异，从实质看，它们所表达的精神内容是一致的，因而所含无形权利也是同一的。嘉禾电影（香港）有限公司与中影公司就版权问题的联合声明中就指出，除将影片《霹雳火》之3年的中国大陆电影发行权赋予中影公司之外，没有向中国大陆和国外的任何单位及个人授权该片之电影、录像带、镭射影碟、有线电视及其他载体之版权。因此，临汾市广播电视局否认侵权事实没有法理根据。

（3）没有营利擅自播放他人所有版权的影视作品是否构成侵权。本案中被告临汾市广播电视局以其没有盈利为理由否认侵权，根据《著作权法》第47条第（六）项“未经著作权人许可，以展览、摄制电影和以类似摄制电影的方式使用作品”，第（七）项“使用他人作品，应当支付报酬而未支付的”为侵权行为，侵权人应当根据情况，承担停止侵害、消除影响、公开赔礼道歉、赔偿损失等民事责任。由此来看，法律并未规定，以营利为目的或者需取得营利是著作权侵权的必需要素，而是规定了只要未经著作权人许可或者未按规定向著作权人支付报酬，使用了他人的作品即构成侵权。因此，临汾市广播电视局尽管没有营利，但其播放为既未经权利人山西省电影公司许可，也未按规定向山西省电影公司支付报酬，显然完全符合著作权侵权的构成要素，而《著作权法》第22条，列出了12种可以不经著作权人许可，不向其支付报酬，但应当指明作者姓名、作品名称，并且不得侵犯著作权人依照本法享有的其他权利的情况，但所列这诸多情况里均无被告播放原告影视作品《霹雳火》这种情形，其中第（三）项“为报道时事新闻”，第（四）（五）项为电视台播放的已发表过的社论、评论员文章或者讲话，这些均与《霹雳火》的文艺性故事片的特征和情形不符。因此，被告人尽管没有营利，但其播放原告拥有版权的影视作品在法律上仍无任何免责理由。

（二）本案处理充分体现了处分原则和调解原则

二审法院在查明上述三个争议焦点的基础上主持调解。上诉人与被上诉人在自愿合法的基础上达成调解协议，临汾广播电视局承认播放《霹雳火》属侵权行为，并表示接受教训，保证今后不发生此类事件，在此前提下，原告自愿将一审判决赔偿费10万元减为8万元，最后，该案以调解结案。在该案处理中，原告自愿将一审判决赔偿费10万元减为8万元，是处分原则的体现；最后在法院的主持之下，通过调解结案，是调解原则的体现。充分体现了我国《民事诉讼法》规定的调解原则和当事人权利处分原则在司法实践中的运用，起到了较好的效果。

案例三

李某波诉深圳奇鑫达电子有限公司侵权实用新型专利案

【案情】

广东省高级人民法院民事判决书

上诉人（原审被告）：深圳市奇鑫达电子有限公司。

法定代表人：崔某霞，总经理。

委托代理人：陶某宁，广东××律师事务所律师。

委托代理人：张某。

被上诉人（原审原告）：李某波。

委托代理人：赵某武，广东××律师事务所律师。

上诉人深圳市奇鑫达电子有限公司（下称“奇鑫达公司”）因与被上诉人李某波侵犯实用新型专利权纠纷一案，不服广东省深圳市中级人民法院作出的［2009］深中法民三初字第100号民事判决，向本院提起上诉。本院受理后，依法组成合议庭审理了本案，现已审理终结。

原审法院经审理查明，2007年2月6日，李某波就其设计的“一种可折叠的USB集线器”向国家知识产权局申请实用新型专利，国家知识产权局于2008年6月4日授予李某波ZL200720067077.6号实用新型专利权，并予以授权公告。李某波按期缴纳了专利年费，该专利处于有效状态。

李某波指控奇鑫达公司制造、销售涉嫌侵权产品，侵犯其专利权。李某波主张的证据：［2009］粤穗广证内经字第29288号公证书。公证书主要内容：申请人广州国慧知识产权代理有限公司的代理人陈某和公证处的公证人员2009年3月5日到深圳市宝安区福永镇西环路×号五楼奇鑫达公司购买了产品一批，取得《收据》、名片各一张及报价单一份。收据编号 NO. 0610190，收据上加盖“深圳市奇鑫达电子有限公司财务专用章”，收据上有被控产品的型号［折叠 HUB（QX-1288）］及价格。报价单有被控产品型号、图片、产品说明、起订量、出厂价等信息。广州市公证处为上述公证购买行为出具了公证书。李某波向法院提交了涉案产品折叠 HUB（QX-1288）。当庭拆开公证处封存的档案袋，内有一实物，即被控侵权产品，由红、橙、绿、蓝、黄色五块圆形组成，产品没有外包装，也没有任何形式的信息标注。

李某波从奇鑫达公司网站（www. szqixinda. cn）下载打印记载：网页有奇鑫达公司名称，以及供应集线器“折叠 HUB”“笑脸 HUB”产品照片。奇鑫达公司在其网站中称：奇鑫达公司成立于 2004 年，是专业研发、生产电子礼品的厂家，产品立足外销、同时从事开拓国内市场，公司主要产品有电脑周边产品，电脑 USB 集线器及电子发光礼品。主营集线器 HUB、夹书灯、计算器、书灯等。李某波进入阿里巴巴网页（szqixinda. cn. alibaba. com），同样有奇鑫达公司名称，供应集线器“折叠 HUB”“笑脸 HUB”产品照片。

李某波打印的深圳市工商行政管理局注册登记信息查询单反映：奇鑫达公司成立于 2008 年 12 月 4 日，注册资本 50 万元，经营范围包括集线器、电子礼品的生产及销售。

李某波在本案请求保护 ZL200720067077. 6 实用新型专利权利要求 1。权利要求 1 的内容为：一种可折叠的 USB 集线器，其特征在于：它由两种子件 USB 输入件、USB 输出件以及旋转连接件组成，线路板及数据线藏在以上各组件内并连为一体。根据李某波专利权利要求书及说明书的描述，李某波在本案中请求保护专利技术特征主要有：A. USB 集线器由 USB 输入件、USB 输出件以及旋转连接件组成；B. 线路板及数据线藏在以上各组件内；C. 各组件连为一体。

本案被控产品折叠 HUB（QX-1288），整体为五个方形交叉连接的长条形，第一个方形内外有数据线，数据线一端连接 USB 插头，没有输出的 USB 插孔，相对应专利技术特征 A 的 USB 集线器 USB 输入件；五个方形中间有旋转连接件，可以进行正反面随意折叠，第二个至第五个中间均有一插入 U 盘的长方形孔，相对应专利技术特征 A 的 USB 输出件以及旋转连接件；被控产品折叠 HUB 的五个方形件内有数据线及线路板，且没有外露，相对应专利技术特征 B 线路板及数据线藏在以上各组件内；被控产品折叠 HUB 的五个方形件是旋转连接为一体的，相对应专利技术特征 C 各组件连为一体。

原审法院将被控产品与李某波专利进行比对，被控侵权产品的上述几项技术特征与李某波专利的必要技术特征相同，唯一不完全相同之处在于被控产品折叠 HUB 的 USB 输入件数据线由内延伸至外，但其本身内部也有数据线，且其他四个 USB 输出件的数据线均藏在组件内，因此它没有缺少专利技术特征，并具有专利技术特征数据线在组件内这一技术特征。据此原审法院认定被控产品折叠 HUB（QX-1288）与李某波专利保护的技术特征相同，落入李某波 ZL200720067077.6 实用新型专利权保护范围。

另查：李某波在本案中没有提交实用新型专利检索报告。奇鑫达公司没有对李某波的实用新型专利提出无效宣告请求，没有申请中止审理本案。

以上事实的认定：有工商登记资料、专利证书、公证书、被控侵权产品、庭审笔录及当事人的陈述等证据为证。

原审法院认为：本案为侵犯实用新型专利权纠纷，李某波 ZL200720067077.6 专利权依法获得，且处于授权状态，其专利权受法律保护。李某波在提起本案诉讼后没有提交实用新型专利检索报告。按照最高人民法院民三庭［2001］民三函字第 2 号《关于对出具检索报告是否为提起实用新型专利侵权诉讼的条件的请示的答复》的内容，要求李某波出具实用新型专利检索报告，是“主要针对在专利侵权诉讼中因被告提出宣告专利无效导致中止诉讼问题而采取的措施”。而在本案中，奇鑫达公司对李某波的实用新型专利没有提出无效宣告请求，也没有申请中止审理本案。因此原审法院不中止审理本案。

涉案被控侵权产品是“折叠 HUB”与专利产品“可折叠的 USB 集线器”为同类产品。将被控侵权产品结构及连接方式与李某波专利技术特征进行比对，被控侵权产品与本案专利必要技术特征相同，落入李某波专利的保护范围，据此原审法院认定被控侵权产品属于侵犯李某波专利权的产品。

关于奇鑫达公司是否制造、销售被控侵权产品的问题。奇鑫达公司虽未提出抗辩，原审法院也应当对被控产品是否奇鑫达公司生产进行审查。本案被控产品是通过公证形式在奇鑫达公司购买，因此应认定奇鑫达公司销售被控产品。被控产品上没有任何形式的文字内容标注，奇鑫达公司营业执照经营范围，以及奇鑫达公司在网站对外宣传其生产集线器 HUB，据此，原审法院认定被控产品“折叠 HUB”为奇鑫达公司制造。

奇鑫达公司未经专利权人同意，以经营为目的制造、销售被控侵权产品“折叠 HUB”，构成侵犯李某波专利权，应当承担侵权责任。李某波请求法院判令奇鑫达公司立即停止侵权行为、销毁侵权产品及专用工具、赔偿经济损失（包括合理开支等）证据充分，予以支持。李某波要求奇鑫达公司赔偿损失人民币 8 万元，原审法院考虑奇鑫达公司制造、销售侵权产品的时间和数量以及李某波为本案支付的维权费用等因素，予以全额支持。原审法院依照《中华人民共和国专利法》第 11 条第 1 款、第 56 条第 1 款、最高人民法院《关于审理专利纠纷案件适用法律问题的若干规定》第 21 条、《中华人民共和国民事诉讼法》第 130 条、最高人民法院《关于民事诉讼证据的若干规定》第 2 条的规定，原审法院判决如下：一、奇鑫达公司停止立即侵犯李某波 ZL200720067077.6 号专利权的行为，销毁侵权产品折叠 HUB 及制造侵权产品的专用工具。二、奇鑫达公司于判决生效后 10 日内赔偿李某波经济损失人民币 8 万元。奇鑫达公司如果未按判决指定的期间履行给付金钱义务，应当按照《中华人民共和国民事诉讼法》第 229 条之规定，加倍支付迟延履行期间的债务利息。本案受理费人民币 1800 元，由奇鑫达公司承担。该费用李某波已预交，原审法院予以退还，奇鑫达公司应在判决生效之日起 10 日内向原审法院缴纳。

奇鑫达公司不服原审判决，上诉称：（一）原审法院违反民事诉讼法“辩论原则”，剥夺了奇鑫达公司辩论权利。1. 2009 年 6 月 16 日，奇鑫达公司向原审法院递交了《答辩状》，这有原审法院签收的《证据目录》为证，原审判决明确说明“奇鑫达公司未答辩”，与事实不符。2. 辩论权之行使贯穿于诉讼的整个过程，奇鑫达公司向法院递交了答辩材料，行使了辩论权，人民法院就应该在判决书予以反映。本案中奇鑫达公司因为客观原因错过了开庭，并非主观上原因，且在庭后及时向法院电话反映情况，并递交了答辩状。虽然错过了法院指定的时限，但毕竟是在判决出来之前，应该视作奇鑫达公司对本案的一个“辩论意见”。本着实事求是的原则，人民法院也不应该无视该《答辩状》的存在，而不在判决书中予以反映。（二）原审法院违反了“实事求是”的基本原则，涉案“侵权”产品是第三人的“专利产品”，不是李某波的专利产品。一审法院收到的奇鑫达公司提交的《专利证书》和《专利实施许可合同》，权利证书是国家知识产权局授予的，权利是毋庸置疑的。法院既然收到了奇鑫达公司的材料，就不应该无视它的客观存在，毕竟它是国家机关的文书。（三）李某波违反“诚实信用”和“实事求是”的基本原则，置事实和国家机关的权利证书为无物，谋取不义之财，其请求不应得到法院的支持。1. 对涉案产品是他人的专利产品一事，李某波是明知的。涉案“折叠 USB”产品为合法专利权人提供的样品，“折叠 USB”的合法专利权人是徐某根，其拥有专利权的实用新型名称为：USB 接口装置；专利号：ZL200720171277.6；专利申请日：2007 年 11 月 30 日；授权公告日：2008 年 5 月 28 日。李某波购买的“折叠 USB”为专利权人在专利研发过程中形成，在授权答辩人生产时一并交付的样品，样品与权利证书一模一样。李某波曾经对徐某根的 ZL200720171277.6 实用新型专利提出过无效宣告请求，但其在起诉状根本不提“涉案产品是他人的专利产品”这一事实，有违诚实信用和实事求是原则。2. 李某波不向法院提供专利检索报告，不是不能，而是不敢。一提供检索报告，就会发现“涉案产品是他人的专利产品”，其钻法律空当谋取非法利益的企图就会暴露，岂不自揭马脚吗?（四）李某波涉嫌提供虚假证据，人为制造案件，公证书所附“涉案侵权产品”照片没有实物证据，法庭展示的实物与［2009］深中法民三初字第 99 号案“所涉产品”为同一物。李某波在该案的起诉状中并未说明“涉案侵权产品的外形和特征”，能证明本案“涉案产品”的就是李某波在法庭上展示的实物和公证文书。一审判决书“李某波向法院提交了涉案产品折叠 HUB（QX-1288）。当庭拆开公证处封存的档案袋，内有一实物，即被控侵权产品，由红、橙、绿、蓝、黄色五块圆形组成，产品没有外包装，也没有任何形式的信息标注”。前述产品就是［2009］深中法民三初字第 99 号案“所涉产品”，根据“一案不二诉”的原则，法院应驳回李某波的诉讼请求。（五）从实体上讲，李某波指控的样品“折叠 USB”（QX-1288）系专利权人徐某根提供的样品，不是产品，奇鑫达公司没有生产过“折叠 USB”（QX-1288）、合法专利权人是徐某根，报价单上的图片就是依照徐某根提供的样品拍摄的。奇鑫达公司有专利权人 200720171277.6 号专利的合法授权，约定“折叠 USB”的专利使用费为每个 0.2 元。李某波提交收据上有“折叠 USB”（QX-1288）3 个的销售，但那不是奇鑫达公司生产的，它是徐某根提供的样品，和提供给国家知识产权局的样品属同一批次，是在授权奇鑫达公司生产时一并交付的供展示用的样品，所以外表没有任何标示。奇鑫达公司 2008 年 12 月才成立，况且因经济危机，在得到授权后，一直没有订单，没有取得任何收入。（六）奇鑫达公司提供的证据，应该视为“新证据”，都已提交给了原审法院。如果不采用该证据，将导致裁判明显不公。题述证据包括《专利网上检索专利说明》《实用新型专利证书》、专利权人徐某根身份证明、《专利实施许可合同》，都已一式两份提交给了原审法院。奇鑫达公司错过了举证期限提交证据且错过了开庭，那是因为物业和本公司员工在文书的传递上出现了差错，导致奇鑫达公司负责人不知道案件的举证、答辩和开庭。在得知开庭的情况后，奇鑫达公司第一时间向法官说明情况，请求谅解，并书面送交了《请求重新进行证据交换和开庭申请书》，并多方沟通寻找证据向法院提供，这些证据都是在开庭之后才找到的，属于证据规则中的“新证据”。上述请求属于法院自由裁量权范畴，从实事求是出发，不组织质证，将导致裁判明显不公，人民法院看到了奇鑫达公司的证据，我们认为，应该再给奇鑫达公司一个机会。不然，涉案产品不是李某波的专利产品，李某波如果得到金钱利益，明显违背公平原则。综上所述，请求二审法院撤销原审判决，驳回李某波的诉讼请求，诉讼费用由李某波承担。

李某波答辩称：原审判决程序合法，认定事实清楚，适用法律正确，奇鑫达公司上诉理由不能成立，请求予以驳回。

经审理，本院对原审法院查明的上述事实予以确认。

本院另查明，奇鑫达公司向原审法院出具《介绍信》，内容为：“兹有奇鑫达电子公司介绍（徐某生）来深圳中级人民法院领取相关诉讼文书材料，特此批准。”该《介绍信》盖有奇鑫达公司印章。2009 年 4 月 13 日，原审法院向奇鑫达公司送达了“二案传票”“二案应诉通知书”“二案举证通知书”“二案证据交换通知书”“二案原告起诉状副本”“二案原告证据副本”，徐某生在《送达回证》中“收件人签名或盖章”栏处签名。奇鑫达公司没有在答辩期内和举证期限内向原审法院提交答辩状和证据，也没有参加 2009 年 6 月 8 日的开庭审理。2009 年 6 月 16 日，奇鑫达公司向原审法院提交《答辩状》《重新进行证据交换和开庭申请书》《营业执照复印件》《法定代表人身份证明书》《组织机构代码证书》《授权委托书》《受托人身份证复印件》《专利检索》《实用新型专利证书（200720171277.6）》《徐某根身份证明》《专利实施许可合同》。2009 年 7 月 9 日原审法院作出本案一审判决，2009 年 8 月 11 日，原审法院对本案进行宣判，但奇鑫达公司拒绝到庭领取判决书，当日原审法院通过特快专递方式向奇鑫达公司送达一审判决书，奇鑫达公司法定代表人崔某霞于次日签收了该特快专递信件。

再查，李某波于 2009 年 3 月 30 日向原审法院提起诉讼，请求判令：1. 奇鑫达公司立即停止侵权产品的生产、销售，销毁生产侵权产品的模具。2. 奇鑫达公司赔偿李某波损失及为调查侵权行为支出的合理费用（包括律师费）共8万元。3. 奇鑫达公司承担本案的诉讼费。

本院认为：本案属于侵犯实用新型专利权纠纷。原审判决认定李某波是涉案ZL200720067077.6号，名称为“一种可折叠的USB集线器”实用新型专利权人，该专利权目前处于有效状态，被控侵权产品折叠HUB的技术特征与涉案专利权的技术特征相同，落入了李某波涉案实用新型专利权的保护范围，奇鑫达公司应赔偿李某波经济损失80 000元，双方当事人对此均没有异议，本院予以维持。本案二审双方当事人争议的焦点主要是：奇鑫达公司于2009年6月16日向原审法院提交的《答辩状》及相关证据材料应否采纳；被控侵权产品是否由奇鑫达公司制造、销售；奇鑫达公司关于被控侵权产品是依照徐某根200720171277.6专利技术制造，没有侵犯李某波本案专利权的抗辩理由是否成立。

一、关于奇鑫达公司于2009年6月16日向原审法院提交的《答辩状》及相关证据材料应否采纳的问题。根据二审查明的事实，奇鑫达公司授权徐某生向原审法院签收有关诉讼法律文书，2009年4月13日，徐某生签收了起诉状副本、应诉通知书、举证通知书、证据交换通知书、传票等诉讼法律文书。《中华人民共和国民事诉讼法》第113条规定，被告在收到人民法院送达的原告起诉状副本之日起15日内提出答辩状，被告不提出答辩状的，不影响人民法院审理。第130条规定，被告经传票传唤，无正当理由拒不到庭的，可以缺席判决。奇鑫达公司在收到起诉状副本之日起15日内没有提出答辩意见，在原审法院传票规定的时间内不到庭参加诉讼，因此，原审判决未采纳奇鑫达公司庭审结束后提交的答辩意见并作出缺席判决，并无不当，本院予以维持。最高人民法院《关于民事诉讼证据的若干规定》第34条第1、2款规定：“当事人应当在举证期限内向人民法院提交证据材料，当事人在举证期限内不提交的，视为放弃举证权利。对于当事人逾期提交的证据材料，人民法院审理时不组织质证。但对方当事人同意质证的除外。”第43条规定：“当事人举证期限届满后提供的证据不是新的证据的，人民法院不予采纳。当事人经人民法院准许延期举证，但因客观原因未能在准许的期限内提供，且不审理该证据可能导致裁判明显不公的，其提供的证据可视为新的证据。”奇鑫达公司未能在原审法院指定的举证期限内提交证据，而是在庭审结束后才向原审法院提交证据，因此，原审法院对该证据不组织质证，没有违反民事诉讼法及有关司法解释的规定。况且奇鑫达公司提交的证据亦不符合最高人民法院《关于民事诉讼证据的若干规定》第41条关于“一审程序中的新的证据包括：当事人在一审举证期限届满后新发现的证据；当事人确因客观原因无法在举证期限内提供，经人民法院准许，在延长的期限内仍无法提供的证据”的规定。因此，原审法院没有采纳奇鑫达公司于2009年6月16日提交的《答辩状》及相关证据材料并无不当，本院予以维持。奇鑫达公司上诉认为原审法院剥夺了其辩论的权利，理由不成立，本院不予支持。

二、关于被控侵权产品是否由奇鑫达公司制造、销售的问题。本案被控侵权产品“折叠HUB”（QX-1288）是通过公证的形式在奇鑫达公司处购买的，奇鑫达公司认为该产品是徐某根提供的样品，不是奇鑫达公司制造的。但是，首先，奇鑫达公司除了自身的陈述外，没有提供充分的证据支持其主张。其次，奇鑫达公司的经营范围包括集线器、电子礼品的生产和销售，在其网站中也宣称其是专业研发、生产电子礼品的厂家。据此，原审判决综合以上因素，认定本案被控侵权产品是由奇鑫达公司制造、销售，有充分的事实和法律依据，本院予以支持。

三、奇鑫达公司关于被控侵权产品是依照徐某根200720171277.6专利技术制造，没有侵犯李某波本案专利权的抗辩理由是否成立的问题。二审诉讼期间，奇鑫达公司认为本案被控侵权产品“折叠HUB”（QX-1288）是按照徐某根200720171277.6专利技术制造的，并没有侵犯李某波本案实用新型专利权。为此，奇鑫达公司提交了专利权人为徐某根的《实用新型专利证书》来支持其主张，该证书记载实用新型名称为“USB接口装置”，专利号为200720171277.6，专利申请日为2007年11月30日，授权公告日为2008年5月28日，并提供了徐某根与奇鑫达公司签订的《专利实施许可合同》，约定徐某根将其上述专利以普通许可的方式许可奇鑫达公司在深圳地区制造、销售专利产品。

根据最高人民法院《关于在专利侵权诉讼中当事人均拥有专利权应如何处理问题的批复》的规定，在专利侵权诉讼中当事人均拥有专利权的，如果在后专利技术是对在先专利技术的改进或前后两项专利技术相同或等同，人民法院应当保护在先专利权。本案中，李某波涉案专利申请日为2007年2月6日，徐某根第200720171277.6号专利申请日为2007年11月30日，因此，李某波的专利为在先专利。而且，本案双方当事人均确认被控侵权产品折叠HUB的技术特征与李某波涉案专利的技术特征相同。因此，被控侵权产品是否按照徐某根第200720171277.6号专利进行制造，并不影响到本案侵犯李某波专利权的判断。奇鑫达公司关于被控侵权产品是按照徐某根第200720171277.6号专利制造，没有侵犯李某波本案专利权的主张不成立，本院不予支持。

综上所述，原审判决认定事实清楚，适用法律正确，应予维持。奇鑫达公司上诉理由不成立，应予驳回。依照《中华人民共和国民事诉讼法》（2007年）第153条第1款第1项的规定，判决如下：

驳回上诉，维持原判。

本案二审案件受理费人民币1800元，由奇鑫达公司负担。

本判决为终审判决。

审　判　长　邓燕辉
代理审判员　李泽珍
代理审判员　欧丽华
二〇〇九年十月二十四日
书　记　员　张胤岩

【导读】

从诉讼法的角度，本案争议的一个主要焦点是原审法院是否违反民事诉讼法的辩论原则，是否未依法保障了奇鑫达公司的辩论权利。

一、基本知识——辩论原则

（一）辩论原则的含义

民事诉讼中的辩论，指的是当事人双方在法院主持下，就案件事实和运用法律的问题，陈述各自的主张和意见，相互进行反驳和答辩，以争取对自己有利的诉讼结果，维护自己的合法权益；人民法院则通过辩论查明案件事实。辩论原则，“在西方最早产生于古罗马时期的诉讼制度，它要求法院在审理案件时容许时双方当事人相互辩论，据理力争，法官则依据辩论情况作出裁判”。[1]《民事诉讼法》第12条规定：“人民法院审理民事案件时，当事人有权进行辩论。”该条的规定，确立了我国民事诉讼中的辩论原则，是辩原则

〔1〕吴英姿：《民事诉讼法——问题与原理》，科学出版社2008年版。

的法律依据。辩论原则的确立，有助于当事人积极参与到诉讼程序中去，阐明和论证自己主张的真实性和合法性，反驳对方当事人的意见和主张，全面揭示案件事实。通过当事人双方的辩论，人民法院查明案件事实，分清是非，正确适用法律，及时解决纠纷。

（二）辩论原则的内容

根据《民事诉讼法》以及相关的司法解释，在我国，辩论原则的具体含义应包括以下几个方面的内容：

（1）辩论权是当事人的一项重要的诉讼权利。即当事人也包括第三人对诉讼请求有陈述事实和理由的权利。有对对方当事人的陈述和诉讼请求进行反驳和答辩的权利。当事人借此维护自己的合法权益。民事诉讼中当事人之间诉讼地位的平等是辩论原则存在的基本前提。辩论原则所包含的辩论权是一种重要的民事诉讼权利，这种权利对当事人各方都是均等的，不因为诉讼主体身份不一样而加以区别对待。

（2）辩论原则贯穿于民事诉讼的全过程。除特别程序、督促程序、公示催告程序和执行程序外，在第一审程序、第二审程序和再审程序中，都允许双方当事人对有争议的问题，互相进行辩驳。需要说明的是，辩论原则所指的辩论并不完全等同于法庭辩论。法庭辩论仅指当事人在开放审理过程中进行的辩论，是一种口头辩论。虽然开庭审理过程中的质证和法庭辩论阶段，是辩论原则最明显的体现，但辩论原则所指的辩论不限于这一阶段，既包括法庭辩论，也包括法庭审理程序以外程序中进行的辩论。

（3）当事人行使辩论权形式多样，范围广泛。辩论的表现形式可以是口头形式，也可以是书面形式。口头辩论又称“言辞辩论”，主要集中在法庭审理阶段，是最集中最全面的辩论，也是辩论原则最重要的体现。辩论权既可由当事人自己行使，也可以委托代理人行使；既可以口头形式行使，也可以书面形式行使。辩论的内容既可以是实体方面的问题，也可以是程序方面的问题。前者是指与争议的民事法律关系有关的问题，如民事法律关系是否成立和有效、是否存在免责事由、基于某一事实主张的民事权利请求有无法律上的根据等。后者是指当事人是否适格，受诉法院是否有管辖权、是否超过法定起诉期限等。而凡与案件的事实和适用法律无关的问题不属于辩论的内容，或虽与案件的事实和适用法律有关，但双方没有争议的问题也不属于辩论的内容。

（4）人民法院应当充分保障当事人行使辩论权。一方面人民法院引导当事人的辩论行使权，使当事人的辩论能够真正发挥作用；另一方面，法院应当给当事人充分地行使辩论权的机会，让当事人能够充分发表自己的主张和意见。这就要求法院不仅要严格按照程序法的规定为当事人行使辩论权提供时间和机会，而且也要求法院充分听取当事人的辩论后才能对有争议的事实和权利义务关系作出认定。只有这样，辩论原则才能发挥人民法院判断案件事实真相和确保诉讼公正的作用。也只有这样，当事人才能通过行使辩论权达到证明自己的主张，维护自己的实体权益的目的。

（三）辩论原则的适用

（1）审判人员应当为当事人提供行使辩论权的机会，既要为当事人在开庭审理之前，提供书面辩论的机会，特别是要为被告答辩提供时间保障；又要为他们在庭审中提供平等的言词辩论机会。

（2）审判人员应恰当地组织和引导当事人的辩论活动，既不能限制当事人的辩论，也不能放任自流，使当事人能够紧紧围绕案件争议焦点进行辩论。

（3）在辩论过程中，审判人员应当保持“中立”地位，既不能参与当事人的辩论，也不能发表具有倾向性的意见。

（4）辩论原则和当事人诉讼权利平等原则、处分原则的关系。

（四）当事人辩论权与法院裁判的关系

作为辩论原则基础的辩论权，是当事人实施辩论行为的根据。在民事诉讼中，存在着当事人辩论权的行使与法院审判行使的相互关系问题。根据《民事诉讼法》及最高人民法院相关的司法解释的规定，作为裁判根据的事实、证据，必须经当事人的辩论、质证，凡是未经当事人辩论、质证的事实、证据，不能作为法院裁判的根据。这里既包括对双方当事人提出的事实、证据应经辩论、质证，也包括法院职权调查到的事实、收集到的证据，也应经过庭审的辩论质证。当事人辩论的结果，应当作为人民法院裁判民事案件的基础。唯有如此，才能保证辩论原则的实现，才能使当事人的辩论权充满实质性的内容。同时，当事人辩论权的行使亦应受到必要的约束，例如，人民法院可以指令当事人限期提出证据等。

二、本案解析

（一）奇鑫达公司上诉理由及二审审理焦点

一审判决作出后，奇鑫达公司在法定期间内提出上诉，理由如下：2009年6月16日，奇鑫达公司向原审法院递交了《答辩状》，这有原审法院签收的《证据目录》为证，原审判决明确说明“奇鑫达公司未答辩”，与事实不符。

辩论权之行使贯穿于诉讼的整个过程，奇鑫达公司向法院递交了答辩材料，行使了辩论权，人民法院就应该在判决书予以反映。本案中奇鑫达公司因为客观原因错过了开庭，并非主观上原因，且在庭后及时向法院电话反映情况，并递交了答辩状。虽然错过了法院指定的时限，但毕竟是在判决出来之前，应该视作奇鑫达公司对本案的一个“辩论意见”。本着实事求是的原则，人民法院也不应该无视该《答辩状》的存在，而不在判决书中予以反映。

纵观奇鑫达公司的上诉理由，主要是原审法院违反民事诉讼法“辩论原则”，剥夺了奇鑫达公司辩论权利。辩论权是当事人的一项重要的诉讼权利，人民法院应当予以保障。根据《民事诉讼法》的规定，如果二审经审理查明奇鑫达公司的上诉理由成立，即原审法院未依法保障上诉人的辩论权，二审法院应撤销原判，发回重审。如果经审理查明上诉人的上诉理由不成立，即原审法院并未剥夺上诉人的辩论权，则应驳回上诉维持原判。故二审审理的焦点为原审法院是否依法保障了上诉人辩论权。

（二）原一审法院审理程序合法，依法保障了奇鑫达公司的辩论权利

根据二审法院经审理查明的事实，奇鑫达公司授权徐某生向原审法院签收有关诉讼法律文书，2009年4月13日，徐某生签收了起诉状副本、应诉通知书、举证通知书、证据交换通知书、传票等诉讼法律文书。《民事诉讼法》第125条规定：“……被告应当在收到之日起十五日内提出答辩状。……被告不提出答辩状的，不影响人民法院审理。”第144条规定：“被告经传票传唤，无正当理由拒不到庭的，或者未经法庭许可中途退庭的，可以缺席判决。”奇鑫达公司在收到起诉状副本之日起15日内没有提出答辩意见，在原审法院传票规定的时间内不到庭参加诉讼，因此，原审判决未采纳奇鑫达公司庭审结束后提交的答辩意见并作出缺席判决，并无不当。最高人民法院《关于民事诉讼证据的若干规定》第34条第1、2款规定：“当事人应当在举证期限内向

人民法院提交证据材料，当事人在举证期限内不提交的，视为放弃举证权利。对于当事人逾期提交的证据材料，人民法院审理时不组织质证。但对方当事人同意质证的除外。”第 43 条规定：“当事人举证期限届满后提供的证据不是新的证据的，人民法院不予采纳。当事人经人民法院准许延期举证，但因客观原因未能在准许的期限内提供，且不审理该证据可能导致裁判明显不公的，其提供的证据可视为新的证据。”奇鑫达公司未能在原审法院指定的举证期限内提交证据，而是在庭审结束后才向原审法院提交证据，因此，原审法院对该证据不组织质证，没有违反民事诉讼法及有关司法解释的规定。况且奇鑫达公司提交的证据亦不符合最高人民法院《关于民事诉讼证据的若干规定》第 41 条第（一）项关于“一审程序中的新的证据包括：当事人在一审举证期限届满后新发现的证据；当事人确因客观原因无法在举证期限内提供，经人民法院准许，在延长的期限内仍无法提供的证据”的规定。因此，原审法院没有采纳奇鑫达公司于 2009 年 6 月 16 日提交的《答辩状》及相关证据材料并无不当。综上所述，奇鑫达公司上诉认为原审法院剥夺了其辩论的权利，理由不成立，二审法院没有支持奇鑫达公司的上诉理由，维持原一审判决，符合法律规定。

案例四
赵某文与潘某阳财产侵权纠纷[1]

【案情】

最高人民法院民事裁定书

上诉人（一审被告）：潘某阳，男，汉族，××××年××月××日生，住内蒙古自治区呼和浩特市玉泉区东尚义街汇豪天下××号楼×单元×××室。

被上诉人（一审原告）：赵某文，男，汉族，××××年×月××日生，住山西省大同市振华街××楼×单元××号。

上诉人潘某阳为与被上诉人赵某文财产侵权纠纷一案，不服陕西省高级人民法院［2009］陕民一初字第2号民事裁定，向本院提起上诉。本院依法组成合议庭对本案进行了审理。本案现已审理终结。

一审法院认为，本案诉讼标的额在5000万元，双方当事人住所地均不在陕西地区，本案是否属于本院管辖的第一审民商事案件是双方当事人争议的焦点问题。根据最高人民法院《关于调整高级人民法院和中级人民法院管辖第一审民商事案件标准的通知》（法发［2008］10号）第1条第2款规定，该院可管辖诉讼标的额在1亿元以上的第一审民商事案件，以及诉讼标的额在5000万元以上且当事人一方住所地不在本辖区或者涉外、涉港澳台的第一审民商事案件。该条款的第二个案件管辖标准，既排除了可能存在的地方保护的因素，在一定程度上亦减少了当事人的诉讼成本，体现了司法的公正性。但对该条款中“且当事人一方住所地不在本辖区”，不能单纯地理解为只有一方当事人不在本辖区的情形，因为该条并未排除当事人双方均不在本辖区的

〔1〕《中华人民共和国最高人民法院公报》2010年第7期，最高人民法院［2010］民一终字第17号民事裁定书。

情形。当事人双方住所地均不在本辖区的诉讼标的额在5000万元以上的民商事案件由该院审理，更有利于摆脱地方保护主义的影响。另，赵某文曾以法人名义就同一法律事实将潘某阳诉至该院，该院曾对此案进行过审理，结合本案实际情况，由该院审理此案更有利于查明案件事实，提高司法效率，依法保护当事人双方的合法权益，实现司法公正。综上，潘某阳要求将本案移送到榆林市中级人民法院审理的管辖权异议不能成立。依照《中华人民共和国民事诉讼法》（2007年）第38条的规定，裁定驳回潘某阳对本案管辖权提出的异议。

潘某阳不服一审裁定，向本院上诉称：一审裁定对最高人民法院《关于调整高级人民法院和中级人民法院管辖第一审民商事案件标准的通知》（法发［2008］10号）的解释不符合立法的本意。“诉讼标的额在5000万元以上且当事人一方住所地不在本辖区”的含义应当是当事人一方住所地不在本辖区而另一方住所地在本辖区，不包括当事人双方均不在本辖区的情形。故请求本院依法撤销一审裁定，裁定本案由陕西省榆林市中级人民法院审理。

赵某文未提交书面答辩意见。

本院认为，本案是当事人不服高级人民法院就级别管辖异议裁定而提起的上诉，根据最高人民法院《关于审理民事级别管辖异议案件若干问题的规定》第8条的规定，本院应当依法审理并作出裁定。最高人民法院《关于调整高级人民法院和中级人民法院管辖第一审民商事案件标准的通知》（法发［2008］10号）中所称的“当事人一方住所地不在本辖区”，是指原告或者被告一方当事人住所地不在本辖区，不包括原告、被告双方住所地均不在本辖区的情形。原告、被告双方住所地均不在本辖区的，应当仅按照诉讼标的额标准来确定级别管辖法院。在共同诉讼场合，原告之一或者被告之一住所地不在本辖区的，应当属于“当事人一方住所地不在本辖区”的情形。对于第三人住所地不在本辖区的，无论是有独立请求权的第三人还是无独立请求权的第三人，由于是参加他人之间的诉讼，故基于原被告管辖利益的衡量，不应列为“当事人一方住所地不在本辖区”的情形。本案诉讼标的额在5000万元以上，但当事人双方住所地均不在本辖区，根据最高人民法院《关于审理民事级别管辖异议案件若干问题的规定》第1条的规定，陕西省高级人民法院对本案无管辖权，应移送有管辖权的人民法院审理。因诉称的侵权行为地在陕西省神木县，陕西省高级人民法院应将本案移送陕西省榆林市中级人民法院审理。

综上，原审裁定认为陕西省高级人民法院对本案具有管辖权错误，应予纠正。上诉人提出的撤销原审裁定、将本案移送陕西省榆林市中级人民法院审理的上诉请求成立，应予支持。根据《中华人民共和国民事诉讼法》（2007年）第38条、第153条第1款第（二）项、第154条的规定，裁定如下：

一、撤销陕西省高级人民法院［2009］陕民一初字第2号民事裁定；

二、陕西省高级人民法院将本案移送陕西省榆林市中级人民法院审理。

本裁定为终审裁定。

审 判 长　姜启波
代理审判员　王胜全
代理审判员　李延忱
二〇一〇年三月二十四日
书 记 员　邵海强

【导读】

本案是当事人不服高级人民法院就级别管辖权异议裁定而提起的上诉。

一、基本知识——级别管辖、管辖权异议

（一）级别管辖

1. 级别管辖概述

级别管辖，是指确定上下级法院之间受理第一审民事案件的分工和权限。它解决的是不同级别的人民法院之间受理第一审民事案件的分工和权限，属于人民法院系统内部的纵向分工，不涉及人民法院系统内部的横向管辖权限与分工的问题。我国四级人民法院由于职能分工不同，受理第一审民事案件的权限范围也不同。

2. 确定级别管辖的标准

级别管辖的确定标准是案件的性质、影响范围的大小以及复杂程度。

（1）案件性质。案件性质是指案件的属性，包括两个方面的含义：一是案件的实体性质就是将某些实体性质的民事案件规定由较高级别的人民法院

管辖，如海事、海商案件，专利纠纷案件，著作权纠纷案件，由中级人民法院管辖；二是案件的涉外性质，即重大的涉外民事案件由中级人民法院管辖。

（2）案件的繁简程度。案件的繁简程度是指案件的涉及的事实是否简单或复杂的程度。简单的民事案件由较低级别的人民法院管辖，复杂的民事案件由较高级别的法院管辖。

（3）案件的影响大小。案件的影响大小，是指案件涉及的地域范围大小以及对社会影响的广泛程度。涉及的人数越多、地域范围越宽，或者涉及的法律问题越重大，其影响程度必然会越大，其管辖法院的级别应当越高。反之亦然。民诉法将重大案件划归高级别法院管辖，主要目的在于为这些案件的正确处理提供相应的程序保障。因为一般而言，高级别法院法官的素质相对来说比较高，审判经验也比较丰富，在个别地方保护主义、部门保护主义的情况下，高级别法院排除干扰的能力也比低级别法院强，因此由高级别法院管辖重大案件有利于纠纷正确、合法、及时地获得解决。尤其是，高级别法院管辖重大诉讼意味着更高级别的法院作为二审法院，更高级别的法院与上诉制度相结合进一步增强了程序保障。

由于我国幅员辽阔，尤其是地区经济发展不平衡，在沿海开放城市，1 个亿的案件不算是大案件，而在西部内陆地区，1000 万的案件就已经是大案了。因此，在全国范围内以统一的涉诉标的金额规定级别管辖，显然不合理。2008 年 3 月 31 日，最高人民法院发布《关于调整高级人民法院和中级人民法院管辖第一审民商事案件标准的通知》（法发［2008］10 号），自 2008 年 4 月 1 日起执行。该通知在以争议标的的数额作为划分级别管辖的基本标准之外，还增加了“当事人一方住所地不在本辖区”的认定标准。2015 年 4 月 30 日，最高人民法院再次发布《关于调整高级人民法院和中级人民法院管辖第一审民商事案件标准的通知》（法发［2015］7 号）。2018 年 1 月 1 日，最高人民法院发布《关于明确第一审涉外民商事案件级别管辖标准以及归口办理有关问题的通知》（法［2017］359 号）。至此，我国民事诉讼级别管辖的制度体系已基本形成。

3. 级别管辖的法律规定

现行《民事诉讼法》从第 17 条至第 20 条以及最高人民法院的相关司法解释对各级人民法院管辖第一审民事案件的范围作出了明确的规定。

（1）基层法院管辖的第一审民事案件。《民事诉讼法》第 17 条明确规定：

“基层人民法院管辖第一审民事案件，但本法另有规定的除外。”根据该条的规定，除《民事诉讼法》明确规定由最高人民法院、高级人民法院、中级人民法院管辖的第一审民事案件外，其他第一审的民事案件均由基层人民法院管辖。在人民法院组织系统中，基层人民法院是我国法院体系中最基层的审判机关，包括市辖区人民法院、县（自治县）人民法院和市人民法院及其派出法庭。基层人民法院在我国分布最广、数量最多，基本职能是审理第一审案件，并且没有审理上诉案件的任务，所以，按照民事诉讼法的立法精神，绝大多数案件的第一审均由基层人民法院审理。同时，基层人民法院离案件发生地、当事人住所地、争议财产所在地最近，由基层人民法院作为第一审法院，方便人民法院审理案件，方便当事人进行诉讼，有利于及时解决民事纠纷。

（2）中级法院管辖的第一审民事案件。根据《民事诉讼法》第18条的规定，中级人民法院管辖下列第一审民事案件：

第一，重大涉外案件（包括涉港澳台民事案件）。涉外民事案件，是指民事法律关系的主体、内容、客体三者之一含有涉外因素的民事案件，具体来说，当事人一方或双方是外国人、无国籍人、外国企业或组织，或者当事人之间民事法律关系的设立、变更、终止的法律事实发生在外国，或者诉讼标的物在外国的民事案件都是涉外案件。根据《民诉法解释》第1条的规定，重大涉外案件，包括争议标的额大的案件、案情复杂的案件，或者一方当事人人数众多等具有重大影响的案件。同时，为正确审理涉外民商事案件，依法保护中外当事人的合法权益，最高人民法院于2002年2月25日颁布、2002年3月1日实施的《关于涉外民商事案件诉讼管辖若干问题的规定》（法释［2002］5号），对涉外民事案件的级别管辖作了一定的调整明确规定。根据该规定，对于下列涉外民商事案件：（1）涉外合同和侵权纠纷案件；（2）信用证纠纷案件；（3）申请撤销、承认与强制执行国际仲裁裁决的案件；（4）审查有关涉外民商事仲裁条款效力的案件；（5）申请承认和强制执行外国法院民商事判决、裁定的案件，由①国务院批准设立的经济技术开发区人民法院；②省会、自治区首府、直辖市所在地的中级人民法院；③经济特区、计划单列市中级人民法院；④最高人民法院指定的其他中级人民法院；⑤高级人民法院管辖。

第二，在本辖区有重大影响的案件。所谓在本辖区有重大影响的案件一般是指在政治上或经济上有重大影响的案件。在政治上有重大影响的案件，主要是指诉讼当事人或诉讼标的及标的物涉及的人或事在政治上有重大影响，如当事人是党、政、军界要员或人大代表等。在经济上有重大影响的案件，主要是指诉讼标的金额较大、争议的法律关系涉及国家经济政策的贯彻等案件。上述案件案情复杂、涉及范围广、诉讼标的额较大，案发后案件处理结果的影响超出了基层人民法院的辖区范围，基层人民法院已不便行使管辖权，而由中级人民法院作为第一审管辖法院的案件。

第三，最高法院确定由中级法院管辖的案件。是指最高人民法院根据审判工作的需要，以规范性文件或司法解释的形式将某些案件确定由中级人民法院管辖。目前这类案件有：

一是，海事海商案件。海事、海商案件包括海事侵权纠纷案件、海商合同纠纷案件、其他海事、海商案件、海事执行案件以及请求海事保全案件等。海事海商案件由海事法院管辖，其他法院不能管辖。目前我国已在广州、厦门、上海、武汉、宁波、海口、天津、大连等口岸城市设立了海事法院。上述海事法院级别均为中级法院。

二是专利权纠纷案件。专利纠纷案件有两类：一类是专利行政案件，属于行政诉讼的受案范围；另一类是专利民事案件，如专利申请权纠纷案件；专利权权属纠纷案件；专利权、专利申请权转让合同纠纷案件；侵犯专利权纠纷案件；假冒他人专利纠纷案件；发明专利申请公布后、专利权授予前使用费纠纷案件；职务发明创造发明人、设计人奖励、报酬纠纷案件；发明人、设计人资格纠纷案件；诉前申请停止侵犯专利权、财产保全案件等其他专利纠纷案件。根据最高人民法院 2001 年 6 月 22 日公布，2001 年 7 月 1 日施行的《关于审理专利纠纷案件适用法律问题的若干规定》（法释［2001］21 号）规定，专利纠纷第一审案件，由各省、自治区、直辖市人民政府所在地的中级人民法院和最高人民法院指定的中级人民法院管辖。需要说明的是，随着中国创新型国家建设的不断深入，有效专利数量大幅增加，专利侵权案件数量不断增长，专利权人保护权利的司法需求日益增强。为了方便当事人诉讼，使专利案件管辖权布局更加合理，最高人民法院从 2009 年起先后批准浙江省义乌市人民法院、江苏省昆山市人民法院和北京市海淀区人民法院试点审理实用新型和外观设计专利纠纷民事案件。2015 年 1 月 29 日最高人民法院正式发布《关于审理专利纠纷案件适用法律问题的若干规定》（法释［2015］4

号）。该规定在进一步明确“专利纠纷第一审案件，由各省、自治区、直辖市人民政府所在地的中级人民法院和最高人民法院指定的中级人民法院管辖”的同时，明确规定：最高人民法院根据实际情况，可以指定基层人民法院管辖第一审专利纠纷案件。据此，最高人民法院指定的基层人民法院也可以受理专利纠纷案件。

三是，著作权民事纠纷案件。最高人民法院《关于审理著作权民事纠纷案件适用法律若干问题的解释》（法释［2002］31 号）第 2 条第 1 款规定：“著作权民事纠纷案件，由中级人民法院管辖。”该条体现的是人民法院的级别管辖，即关于著作权民事纠纷案件的第一审在中级人民法院，第二审在高级人民法院。由于各种客观因素所至，级别管辖不可能完全适应著作权民事纠纷案件的管辖，该解释第 2 条第 2 款又指出：“各高级人民法院根据本辖区的实际情况，可以确定若干基层人民法院管辖第一审著作权民事纠纷案件。”这一规定又突出了著作权民事纠纷案件的指定管辖，即被指定的基层人民法院也承担著作权民事案件的第一审责任。

四是，商标民事纠纷第一审案件。商标案件的级别管辖与一般民事案件的级别管辖有所不同，根据最高人民法院《关于审理商标案件有关管辖和法律适用范围问题的解释》（法释［2002］1 号）的规定，商标民事纠纷案一审案件，由中级以上人民法院管辖。各高级人民法院根据本辖区的实际情况，经最高人民法院批准，可以在较大城市确定 1~2 个基层人民法院受理第一审商标民事纠纷案件。

五是，涉及域名的侵权纠纷案件。域名纠纷案件一般都涉及侵权或不正当竞争的争议问题，且专业性强、审理难度较大。因此，最高人民法院《关于审理涉及计算机网络域名民事纠纷案件适用法律若干问题的解释》（法释［2001］24 号）第 2 条第 1 款规定：“涉及域名的侵权纠纷案件，由侵权行为地或者被告住所地的中级人民法院管辖。对难以确定侵权行为地和被告住所地的，原告发现该域名的计算机终端等设备所在地可以视为侵权行为地。”

六是，证券市场虚假陈述证券民事赔偿案件。证券市场虚假陈述，也称不实陈述，泛指证券发行交易过程中不正确或不正当披露信息和陈述事实的行为。根据中国证监会 2011 年 4 月 29 日公布的《信息披露违法行为行政责任认定规则》，虚假陈述包括虚假记载、误导性陈述、重大遗漏以及不正当披露。根据最高人民法院《关于审理证券市场因虚假陈述引发的民事赔偿案件的若干规定》（法释［2003］2号）第8条的规定，虚假陈述证券民事赔偿案件，由省、直辖市、自治区人民政府所在的市、计划单列市和经济特区中级人民法院管辖。

七是，对于仲裁协议的效力有异议请求法院作出裁决的，由中级人民法院管辖。

八是，申请撤销仲裁裁决的。撤销仲裁裁决是指有管辖权的法院，根据一方当事人的申请，依据特定的事由，依法裁定否决仲裁裁决效力的司法监督活动。《仲裁法》第58条规定，当事人确有证据证明裁决符合法律规定的申请撤销条件的，可以向作出裁决的仲裁委员会所在地的中级人民法院申请撤销裁决。《仲裁法》第10条规定，仲裁委员会可以在直辖市和省、自治区人民政府所在地的市设立，也可以根据需要在其他设区的市设立。相应地，有管辖权的法院也就是各直辖市的中级人民法院和各省、自治区人民政府所在地的市的中级人民法院以及某些设区的市的中级人民法院。只有这些法院才有权管辖，其他法院无权管辖，当事人也无权变更管辖。之所以这样规定是因为：①便于人民法院传唤当事人，勘验核对事实和证据，便于仲裁案卷的移送。因为虽然仲裁不实行级别管辖和地域管辖，但当事人大都选择与争议有某种联系或者当事人所在地的仲裁机构进行仲裁。由仲裁委员会所在地的人民法院管辖，可以给当事人带来尽可能的方便；②由中级人民法院管辖是因为如果不对法院进行级别上的限制，可能会使仲裁裁决的法律效力受到损害，当事人也可能会滥用申请权。所以由仲裁委员会所在地的中级人民法院专属管辖此类案件比较适宜。

（3）高级法院管辖的第一审民事案件。高级人民法院是地方各级人民法院中职责、任务最重的一级人民法院，各高级人民法院除了审理第一审民事案件外，还要审理当事人不服中级人民法院作为第一审的裁判的上诉案件。除此之外，各高级人民法院同时指导和监督全省、自治区、直辖市辖区内中级人民法院和基层人民法院的审判工作。基于这些因素的考虑，《民事诉讼法》第19条规定："高级法院管辖在本辖区有重大影响的第一审民事案件。"所谓有重大影响，是指在省、自治区、直辖市的行政区划内，案件的涉及面广、审理难度大、案情复杂或者争议标的数额巨大。一个民事案件，不论发生在哪个基层人民法院或者中级人民法院的辖区内，只要高级人民法院认为该案件在本省、自治区、直辖市内有重大影响，就可以作为第一审管辖进行审判。

除上述案件外，高级人民法院还可审理由最高人民法院指定管辖的案件或由下级人民法院报请提审的案件。

（4）最高法院管辖的第一审民事案件。最高人民法院是我国的最高审判机关，其主要任务是对全国地方各级人民法院和军事法院等专门人民法院实行审判监督；通过总结审判工作经验，作出有关适用法律、法规的批复、指示或者司法解释，对全国地方各级人民法院和军事法院等专门人民法院的审判工作进行指导；还要审判不服高级人民法院判决、裁定的上诉案件，因此，最高人民法院管辖的第一审民事案件应当是为数不多的，仅限于《民事诉讼法》第20条规定的两类：一是在全国有重大影响的案件；二是认为应当由最高人民法院管辖审理的案件。所谓最高人民法院认为因当由本院审理的案件，是指只要最高人民法院认为某一案件应当由其审理，不论该案属于哪一级、哪一个法院管辖，它都有权将案件提上来自己审判，从而取得对案件的管辖权。这是法律赋予最高审判机关在管辖上的特殊权力。这类案件通常具有普遍意义，而这类案件的审理又往往具有特殊性。最高人民法院对此类案件的审理可以对地方各级人民法院审理同类案件提供参考。

（二）管辖权异议

1. 概念

管辖权异议，是指法院受理案件后，一方当事人提出的，认为受理案件的法院对该案件并无管辖权的意见或主张。由于原告在起诉时有可能利用自己诉讼发起者的优势，选择向最有利于自己的法院起诉，而在立案审查阶段，立案庭法官仅仅依据原告起诉时提供的材料进行程序性审查，有时对管辖权作出错误判断而受理不属于其管辖的案件，甚至有少数法院出于地方保护考虑争管辖、抢管辖。为了使案件当事人有机会向人民法院表达其对管辖权问题的不同意见，使法律关于管辖的规定得到正确适用，《民事诉讼法》第127条规定："人民法院受理案件后，当事人对管辖权有异议的，应当在提交答辩状期间提出。人民法院对当事人提出的异议，应当审查。异议成立的，裁定将案件移送有管辖权的人民法院；异议不成立的，裁定驳回。当事人未提出管辖异议，并应诉答辩的，视为受诉人民法院有管辖权，但违反级别管辖和专属管辖规定的除外。"该条的规定，既是当事人提出管辖权异议的法律依据，也是人民法院处理管辖权异议的操作规程，是当事人诉讼地位完全平等的重要体现，有利于法院管辖权的正确、公正地行使，对克服民事审判中的地方保护主义，有积极意义。

2. 提出管辖权异议的条件

（1）提出管辖权异议的主体。根据《民事诉讼法》第 127 条“人民法院受理案件后，当事人对管辖权有异议的，应当在提交答辩状期间提出”的规定，提出管辖权异议的主体是当事人，其他诉讼参加人无权就管辖问题向法院提出意见，也不得以此为借口不参加诉讼。广义的当事人包括原告和被告、共同诉讼人、有独立请求权的第三人，诉讼代表人等。在这里，被告有权提出管辖权异议，在法理上和实务中已得到一致肯定，争议在于有权提出管辖权异议的主体是否仅限于本案被告，下列当事人有无权利提出管辖权异议。

第一，原告。原告起诉，受诉法院是原告自己选择的，应当推定其认可受诉法院的管辖权，否则，其不应向该法院起诉，即使其后来发现受诉法院无管辖权，也可以通过撤诉的方式来否定法院的管辖权，因此，从这种角度讲，原告无权提出管辖权异议。但是，一方面，由于《民事诉讼法》第 37 条“有管辖权的人民法院由于特殊原因，不能行使管辖权的，由上级人民法院指定管辖。人民法院之间因管辖权发生争议，由争议双方协商解决；协商解决不了的，报请它们的共同上级人民法院指定管辖”；第 38 条“上级人民法院有权审理下级人民法院管辖的第一审民事案件；确有必要将本院管辖的第一审民事案件交下级人民法院审理的，应当报请其上级人民法院批准。下级人民法院对它所管辖的第一审民事案件，认为需要由上级人民法院审理的，可以报请上级人民法院审理”的规定，司法实践中，法院受理原告的起诉后，可能会发生移送管辖、指定管辖、管辖权转移等情形，此时受理案件的法院已非原告所选择的法院了。此种情况下，不能推定原告当然认可相关法院的管辖权，而管辖关系到其程序利益，赋予其管辖异议权无疑对保障其诉权有重要的意义。另一方面，被告提出管辖权异议，如果人民法院经过审查，认为被告管辖权异议的理由成立，依法裁定将案件移送给有管辖权的法院。对该裁定，如果原告不服有权向上一级法院提出上诉。这时原告的上诉实际上是对管辖权的异议，只是这种异议提出的方式是上诉，提出的时间也不是在提交答辩状期间而已。因此，从这一角度而言，原告也有权提出管辖权异议。

第二，必要共同诉讼的原告有无权利提出管辖权异议。必要的共同诉讼的原告有以下三种情形：一是在起诉时已经作为原告起诉的；二是立案后申请参加的；三是法院依职权追加的。在上述第一、二种情形下，原告的管辖权异议权和上述情况一样。第三种情形下，由于必要的共同诉讼，其诉讼标的是同一的，要求共同原告应当一同起诉。如果没有共同起诉，在其他原告起诉后也没有主动申请参加，则人民法院应当依职权追加为共同原告。《民诉法解释》第70条规定："在继承遗产的诉讼中，部分继承人起诉的，人民法院应通知其他继承人作为共同原告参加诉讼；被通知的继承人不愿意参加诉讼又未明确表示放弃实体权利的，人民法院仍应将其列为共同原告。"同时，第74条规定："人民法院追加共同诉讼的当事人时，应当通知其他当事人。应当追加的原告，已明确表示放弃实体权利的，可不予追加；既不愿意参加诉讼，又不放弃实体权利的，仍应追加为共同原告，其不参加诉讼，不影响人民法院对案件的审理和依法作出判决。"因此，在这里，是应当追加而不是可以追加。如果不追加，在二审中则可能因事实不清而被发回重审。在此时，被追加的共同原告除非明确表示放弃自己的权利，否则，人民法院仍应将其列为共同原告。而且，如果该原告认为受诉法院没有管辖权而自己向有管辖权的法院起诉，该法院也不得重复立案。因此，必要的共同诉讼原告人只要法院依职权追加，他都必须参加诉讼。若他只要参加诉讼即被推定为认可提起诉讼的原告选择的法院，显然是不公平的。而且，根据《民事诉讼法》第52条第2款"共同诉讼的一方当事人对诉讼标的有共同权利义务的，其中一人的诉讼行为经其他共同诉讼人承认，对其他共同诉讼人发生效力"的规定，提起诉讼的原告选择受理法院的行为，事先并未经共同原告承认，共同原告参加诉讼后，如果不认可受诉法院的管辖权，应有权提出异议。

第三，第三人有无权利提出管辖权异议。最高人民法院1990年7月28日发布的《关于第三人能否对管辖权提出异议问题的批复》明确指出："一、有独立请求权的第三人主动参加他人已开始的诉讼，应视为承认和接受了受诉法院的管辖，因而不发生对管辖权提出异议的问题；如果是受诉法院依职权通知他参加诉讼，则他有权选择是以有独立请求权的第三人的身份参加诉讼，还是以原告身份向其他有管辖权的法院另行起诉。二、无独立请求权的第三人参加他人已开始的诉讼，是通过支持一方当事人的主张，维护自己的利益。由于他在诉讼中始终辅助一方当事人，并以一方当事人的主张为转移。所以，他无权对受诉法院的管辖权提出异议。"因此，无论是有独立请求权的第三人还是无独立请求权的第三人都无权提出管辖权异议。

（2）提出管辖权异议的时间。

第一，被告提出管辖权异议的期限。《民事诉讼法》第127条明确规定："人民法院受理案件后，当事人对管辖权有异议的，应当在提交答辩状期间提出。"因此，被告对管辖权的异议只能在提交答辩状期间提出。需要讨论的问题是，如果被告在提交答辩状期间没有提出管辖权异议，是不是原本没有管辖权的受诉法院因此而当然取得了管辖权？最高人民法院《关于经济纠纷案件当事人向受诉法院提出管辖权异议的期限问题的批复》（法[经]复[1990]10号）（已失效）明确规定："一、人民法院受理的第一审经济纠纷案件，当事人在法律规定的答辩期限内对法院的管辖权提出异议的，法院应当先就本院对该案有无管辖权问题进行审议；逾期提出的，法院不予审议。二、当事人在法律规定的答辩期限内对法院的管辖权提出了异议，但是在法院就有无管辖权问题作出裁定前，又以书面或口头形式（须经法院记录在案并经本人签字）表示接受受诉法院管辖的，视为当事人自动放弃了异议。以后，当事人在诉讼中再行提出管辖异议的，法院不再审议。"该规定实际上确立了法定失权制度，即被告在提交答辩状期间内没有提出管辖权异议的，即使受诉法院即使本没有管辖权也由此而取得了管辖权。之后的最高人民法院《关于当事人就级别管辖提出异议应如何处理问题的函》（法函［1995］95号）（已失效）规定："级别管辖是上下级法院之间就一审案件审理方面的分工。各高级人民法院根据经济纠纷案件诉讼标的金额分级确定管辖法院的规定，虽不是法律规定和司法解释，但一经我院批准，即应当认真执行。当事人就级别管辖权提出管辖异议的，受诉法院应认真审查，确无管辖权的，应将案件移送有管辖权的法院，并告知当事人，但不作裁定。受诉法院拒不移送，当事人向其上级法院反映情况并就此提出异议的，上级法院应当调查了解，认真研究，并作出相应的决定，如情况属实确有必要移送的，应当通知下级法院将案件移送有管辖权的法院；对下级法院拒不移送，作出实体判决的，上级法院应当以程序违法为由撤销下级法院的判决，并将案件移送有管辖权的法院。同时还应以违反审判纪律对有关人员作出严肃处理。"最高人民法院《关于审理民事级别管辖异议案件若干问题的规定》（法释［2009］17号）第3条规定："提交答辩状期间届满后，原告增加诉讼请求金额致使案件标的额超过受诉人民法院级别管辖标准，被告提出管辖权异议，请求由上级人民法院管辖的，人民法院应当按照本规定第一条审查并作出裁定。”第 7 条规定：“当事人未依法提出管辖权异议，但受诉人民法院发现其没有级别管辖权的，应当将案件移送有管辖权的人民法院审理。”《民事诉讼法》第 127 条第 2 款也明确规定：“当事人未提出管辖异议，并应诉答辩的，视为受诉人民法院有管辖权，但违反级别管辖和专属管辖规定的除外。”通过上述最高人民法院关于管辖权异议的相关司法解释，不难看出，关于被告提出管辖权异议的时间以及在法定期间，即提交答辩状期间内没有提出管辖权异议的效力的规定，经历了一个从法定失权到严格遵守级别管辖规定的过程。即受诉法院对于已经立案的案件，如果违背了级别管辖的规定，即使被告没有管辖权异议，人民法院也应严格执行级别管辖的规定予以纠正，将案件移送给有管辖权的法院。

第二，其他当事人提出管辖权异议的期限。对于人民法院依职权追加的必要的共同诉讼的原告人提出管辖权异议的时间，《民事诉讼法》以及相关的司法解释并没有作出规定。我们认为，可以在其接到法院追加的正式通知后的 15 日内提出。

（3）管辖权异议提出的形式。对管辖权异议提出的形式，《民事诉讼法》以及最高人民法院的司法解释并没有作出规定。为了保证管辖权异议提出的严肃性，也为了便于人民法院进行审查，管辖权异议，应当以书面形式提出。

3. 对管辖权异议的处理

受诉法院人民法院对当事人提出的管辖权异议应当审查并作出处理，根据《民事诉讼法》第 127 条第 1 款的规定，处理无外乎下列两种情形：一是管辖权异议的理由成立，则应裁定将案件移送给有管辖权的法院。另一种是经审查认为异议理由不成立，则裁定驳回管辖权异议。

4. 当事人不服管辖权异议处理的救济

管辖权异议，本是程序问题，人民法院对其处理应用裁定作出，但该程序问题本身又关涉到当事人的实体权利，因此，应赋予当事人较为充分的救济权。为此，《民事诉讼法》规定，被告可以在收到驳回管辖权异议裁定之日起 10 日内向上一级人民法院提起上诉。对于法院经审查后认为管辖权异议的理由成立将案件移送给有管辖权的法院的裁定，如果原告不服，在收到受诉法院将案件移送给有管辖权法院的裁定的 10 日内，有权向上一级人民法院提起上诉。

二、本案解析

本案中，原告赵某文因与潘某阳财产权益纠纷，向陕西省高级人民法院起诉。

本案争议的焦点在于对最高人民法院《关于调整高级人民法院和中级人民法院管辖第一审民商事案件标准的通知》（法发［2008］10号）中所称的“当事人一方住所地不在本辖区”的不同认识和理解。在陕西省，诉讼标的额在5000万元以上且当事人一方住所地不在陕西省辖区的，一审由上陕西省高级人民法院并无争议，但对诉讼标的额在5000万元以上且当事人双方住所地均不在陕西省辖区，应由陕西省高级人民法院还是辖区的中级人民法院受理，实践中有不同的认识。陕西省高级人民法院认为，根据最高人民法院《关于调整高级人民法院和中级人民法院管辖第一审民商事案件标准的通知》（法发［2008］10号）第1条第2款规定，该院可管辖诉讼标的额在1亿元以上的第一审民商事案件，以及诉讼标的额在5000万元以上且当事人一方住所地不在本辖区或者涉外、涉港澳台的第一审民商事案件。该条款的第二个案件管辖标准，既排除了可能存在的地方保护的因素，在一定程度上亦减少了当事人的诉讼成本，体现了司法的公正性，但对该条款中“且当事人一方住所地不在本辖区”，不能单纯地理解为只有一方当事人不在本辖区的情形，因为该条并未排除当事人双方均不在本辖区的情形。当事人双方住所地均不在本辖区的诉讼标的额在5000万元以上的民商事案件由该院审理，更有利于摆脱地方保护主义的影响。最高人民法院则认为，《关于调整高级人民法院和中级人民法院管辖第一审民商事案件标准的通知》（法发［2008］10号）中所称的“当事人一方住所地不在本辖区”，是指原告或者被告一方当事人住所地不在本辖区，不包括原告、被告双方住所地均不在本辖区的情形。原告、被告双方住所地均不在本辖区的，应当仅按照诉讼标的额标准来确定级别管辖法院。在共同诉讼场合，原告之一或者被告之一住所地不在本辖区的，应当属于“当事人一方住所地不在本辖区”的情形。对于第三人住所地不在本辖区的，无论是有独立请求权的第三人还是无独立请求权的第三人，由于是参加他人之间的诉讼，故基于原被告管辖利益的衡量，不应列为“当事人一方住所地不在本辖区”的情形。本案诉讼标的额在5000万元以上，但当事人双方住所地均不在本辖区，根据最高人民法院《关于审理民事级别管辖异议案件若干问题的规定》（法释［2009］17号）第1条的规定，陕西省高级人民法院对本案无管辖权，应移送有管辖权的人民法院审理。因诉称的侵权行为地在陕西省神木县，陕西省高级人民法院应将本案移送陕西省榆林市中级人民法院审理，故此，最高人民法院裁定撤销陕西省高级人民法院［2009］陕民一初字第2号民事裁定，并指令陕西省高级人民法院将本案移送陕西省榆林市中级人民法院审理。

本案的价值和意义在于明确了最高人民法院《关于调整高级人民法院和中级人民法院管辖第一审民商事案件标准的通知》（法发［2008］10号）中所称的“当事人一方住所地不在本辖区”，是指原告、被告中仅有一方当事人住所地不在本辖区，不包括原告、被告双方当事人的住所地均不在本辖区的情形。在共同诉讼中，原告之一或者被告之一住所地不在本辖区的，属于上述通知所称的“当事人一方住所地不在本辖区”。因第三人是参加他人之间的诉讼，故无论是有独立请求权的第三人还是无独立请求权的第三人，其住所地是否在本辖区不影响案件的管辖。

案例五

刘某诉阚某离婚纠纷案[1]

【案情】

原告刘某与被告阚某于1990年4月在他们的户籍所在地江苏省徐州市贾汪区塔山镇登记结婚，1996年双方共同去张家港市打工，并长期租张家港市西张镇王某的房屋共同居住，其子阚小某则在塔山镇随奶奶生活，原告刘某偶尔回来看望阚小某及计划生育检查，阚某则多年没有回来。2004年初，原告刘某以夫妻感情破裂为由回塔山镇老家并向贾汪区人民法院提起诉讼要求与阚某离婚。贾汪区法院经电话与阚某联系，但阚某拒不到庭参加诉讼。

贾汪区法院经审查认为，本案原、被告经常居住地均为江苏省张家港市，本院无管辖权，移送张家港市人民法院管辖。

【导读】

本案的知识点主要是移送管辖。

一、基本知识——移送管辖

（一）移送管辖概述

移送管辖，是指地方人民法院受理某一案件后，发现对该案无管辖权，为保证该案件的审理，依照法律相关规定，将该案件移送给有管辖权的人民法院。移送管辖的实质是对案件进行移送，而不是对案件管辖权进行移送。因为移送的法院原本就对已经受理的案件没有管辖权。它是对管辖发生错误所采用的一种纠正措施。移送管辖通常发生在同级人民法院之间，但也不排除在上、下级人民法院之间移送。既可能是受诉法院在案件受理后、正式审

〔1〕 载北大法宝：http://www.pkulaw.cn/Case/pfnl_1970324859969583.html? match=Exact.

理前，自己发现没有管辖权而主动移送，也可能因为被告提出管辖权异议而移送。

（二）适用移送管辖的条件

《民事诉讼法》第36条明确规定："人民法院发现受理的案件不属于本院管辖的，应当移送有管辖权的人民法院，受移送的人民法院应当受理。受移送的人民法院认为受移送的案件依照规定不属于本院管辖的，应当报请上级人民法院指定管辖，不得再自行移送。"根据该条的规定，移送管辖必须同时具备以下条件：

（1）移送对象只能是已经受理的案件。若在审查起诉期间，经审查不归本法院管辖的，不存在移送管辖问题，应告知当事人向有管辖权的人民法院起诉。

（2）移送的法院对该案件没有管辖权。没有管辖权，是移送管辖最基本的条件。

（3）受移送的法院对该案件享有管辖权。这是对移送案件法院的要求，即不得随意移送，只能向有管辖权的人民法院移送。

在具备上述三个条件的同时，还必须正确理解本条所规定的"不得再自行移送"的含义，才能正确认识和适用移送管辖。所谓不得再自行移送，是指移送案件的人民法院所作出的移送案件裁定，对接受移送案件的人民法院具有约束力。即受移送案件的法院必须受理，不得拒绝，也不得以任何理由再自行移送。如受移送案件的人民法院认为该院依法确无管辖权时，只能依照法律规定报请上级法院指定管辖，即移送只能移送一次。这样规定，既可以避免法院之间相互推诿或者争夺管辖权，又可以防止拖延诉讼，及时保护当事人合法权益。

同时，根据《民诉法解释》第37条、第38条、第39条的规定，案件受理后，受诉人民法院的管辖权不受当事人住所地、经常居住地的变更改变地域管辖，也不得因当事人提起反诉、增加或者变更诉讼请求等改变级别管辖。判决后的上诉案件和依审判监督程序提审的案件，由原审人民法院的上级人民法院进行审判；第二审人民法院发回重审或者上级人民法院指令再审的案件，由原审人民法院重审或者再审。实践中，无管辖权的人民法院已经对案件进行了实体审理，而当事人在法定期间内又未提出管辖权异议的，可视为当事人放弃了异议权，也可不必移送管辖，由受理案件的法院继续审理，但违反级别管辖和专属管辖的除外。

二、本案解析

《民事诉讼法》第21条第1款规定：“对公民提起的民事诉讼，由被告住所地人民法院管辖；被告住所地与经常居住地不一致的，由经常居住地人民法院管辖。”同时，根据《民诉法解释》第3条“公民的住所地是指公民的户籍所在地，法人或者其他组织的住所地是指法人或者其他组织的主要办事机构所在地。法人或者其他组织的主要办事机构所在地不能确定的，法人或者其他组织的注册地或者登记地为住所地”，第4条“公民的经常居住地是指公民离开住所地至起诉时已连续居住一年以上的地方，但公民住院就医的地方除外”，第12条“夫妻一方离开住所地超过一年，另一方起诉离婚的案件，可以由原告住所地人民法院管辖。夫妻双方离开住所地超过一年，一方起诉离婚的案件，由被告经常居住地人民法院管辖；没有经常居住地的，由原告起诉时被告居住地人民法院管辖”的规定，本案因原、被告经常居住地均为张家港市，故原被告老家贾汪区人民法院没有管辖权，有管辖权的法院是张家港市，因此，贾汪区法院将本案移送张家港市人民法院管辖是正确的，张家港人民法院应当接受并审理。

案例六

珠海市和平物流综合市场有限公司与北京友盟广告有限公司侵犯知识产权合同纠纷案[1]

【案情】

北京市第二中级人民法院民事裁定书

上诉人（原审被告）：珠海市和平物流综合市场有限公司，住所地广东省珠海市前山广珠公路界冲段西侧。

法定代表人：陈某雄，董事长。

委托代理人：杨某，北京市××律师事务所广州分所律师。

委托代理人：赵某东，男，汉族，××××年×月×日出生，珠海市和平物流综合市场有限公司总经理，住址广东省珠海市香洲区香洲兴业路×××号×栋×××房。

被上诉人（原审原告）：北京友盟广告有限公司，住所地北京市朝阳区东三环南路××号×幢××××室。

法定代表人：薛某，经理。

委托代理人：洪某君，北京市××律师事务所律师。

上诉人珠海市和平物流综合市场有限公司（以下简称“和平物流公司”）因侵犯知识产权合同纠纷一案，不服北京市朝阳区人民法院［2008］朝民初字第8792号民事裁定，向本院提起上诉。本院依法组成合议庭审理了本案，现已审理终结。

原审原告北京友盟广告有限公司（以下简称“友盟广告公司”）以和平物流公司未按照合同约定履行给付义务为由，诉至原审法院，请求判令和平

〔1〕 载找法网：http://china.findlaw.cn/case/.

物流公司支付合同款项40 000元并承担违约金。和平物流公司对案件管辖权提出异议，请求将本案移送至广东省珠海市香洲区人民法院审理。原审法院经审查认为，双方当事人在合同中对管辖进行了约定，该约定不违反法律的规定。友盟广告公司的住所地位于北京市朝阳区，属原审法院辖区，该公司依据合同约定在其住所地提起诉讼，符合法律规定。依据《中华人民共和国民事诉讼法》（2007年）第25条、第38条之规定，裁定：驳回被告珠海市和平物流综合市场有限公司对本案管辖权提出的异议。

和平物流公司不服原审裁定，向本院提起上诉。其上诉理由是：友盟广告公司提交的证据材料为复印件，该证据缺乏合法性及真实性；按照《合同法》的规定，因合同纠纷提起的诉讼，由被告住所地或者合同履行地人民法院管辖。和平物流公司以其住所地及合同履行地均在珠海市为由，请求撤销原审裁定、将本案移送至广东省珠海市香洲区人民法院审理。

本院经审查认为，我国《民事诉讼法》规定，合同的双方当事人可以在书面合同中协议选择被告住所地、合同履行地、合同签订地、原告住所地、标的物所在地人民法院管辖。友盟广告公司依据其与和平物流公司签订的“公关合作协议”向原审法院提起诉讼，双方在该协议中约定“合同未尽事宜，双方协商解决；协商不成时，任何一方均可向各自所在地人民法院起诉”。友盟广告公司的住所位于北京市朝阳区，其向原审法院提起诉讼符合双方协议中的约定，因此原审法院对本案有管辖权。和平物流公司提出的涉案证据材料缺乏合法性及真实性的问题属于案件实体审理中需要审查的事实情况，因此该公司的相应上诉理由缺乏事实及法律依据，本院不予支持。原审裁定正确，应予维持。依照《中华人民共和国民事诉讼法》（2007年）第154条的规定，裁定如下：

驳回上诉，维持原裁定。

一审案件受理费70元，由珠海市和平物流综合市场有限公司负担（于本裁定生效后7日内交纳）。

本裁定为终审裁定。

审　判　长　刘　薇
代理审判员　梁立君
代理审判员　冯　刚
二〇〇八年五月十二日
书　记　员　韩羽枫

【导读】

本案系因协议管辖而引发的管辖权异议案件。

一、基本知识——协议管辖

（一）协议管辖概述

协议管辖，亦称“约定管辖”“合意管辖”，是指当事人双方在纠纷发生之前或发生之后，以合意方式约定解决他们之间纠纷的管辖法院。协议管辖体现了民事诉讼中的处分原则，有利于民事案件的公正审判。按照大多数国家立法和司法实践，承认协议管辖不以案件与所选择国家的法院有关联为条件。债权纠纷中，只有合同之债可以协议管辖，2012 年《民事诉讼法》修改，关于协议管辖的适用范围，在原有的协议管辖仅限于“合同”纠纷的基础上，增加了“其他财产权益纠纷”。

（二）协议管辖的条件

《民事诉讼法》第 34 条规定：“合同或者其他财产权益纠纷的当事人可以书面协议选择被告住所地、合同履行地、合同签订地、原告住所地、标的物所在地等与争议有实际联系的地点的人民法院管辖，但不得违反本法对级别管辖和专属管辖的规定。”据此，国内民事诉讼中的协议管辖必须具备以下条件：

（1）当事人协议管辖的案件，仅限于合同或者其他财产权益纠纷，对其他案件，如涉及当事人身份关系的民事纠纷（如婚姻、收养、监护、继承纠纷等）不得协议管辖。同时，根据《民诉法解释》第 34 条“当事人因同居或者在解除婚姻、收养关系后发生财产争议，约定管辖的，可以适用民事诉讼法第三十四条规定确定管辖”的规定，因同居或者在解除婚姻、收养关系后发生财产争议，当事人也可以协议管辖法院。

（2）协议约定的管辖法院只能是被告住所地、合同履行地、合同签订地、原告住所地、标的物所在地等与争议有实际联系的地点的人民法院管辖。如果当事人选择了上述以外的法院，则该协议无效。

对于何谓“与争议有实际联系的地点”，事实上难以详细罗列，司法实践中应根据具体的案件来认定，但认定有实际联系的地点的原则应是：该地点与导致纠纷产生的行为或事实存在一定的关系，或者可能存在一定的关系。

借鉴现有立法和司法实践的经验，除被告住所地、合同履行地、合同签订地、原告住所地、标的物所在地之外，以下地点应当也可以作为“与争议有实际联系的地点”：当事人的居所、当事人住所地之外的营业地、侵权行为地、货物装运地、货物目的地、货物原产地、货物检验地等。

管辖协议约定由一方当事人住所地人民法院管辖，协议签订后当事人住所地变更的，由签订管辖协议时的住所地人民法院管辖，但当事人另有约定的除外。

（3）协议管辖必须采用书面协议形式，口头协议无效。这里的书面协议，包括书面合同中的协议管辖条款、补充协议，或者诉讼前以书面形式达成的选择管辖的协议。即当事人可以在订立合同时约定协议管辖，将协议管辖作为合同的内容之一，也可以在合同订立后、诉讼发生前或其他财产权益纠纷发生后、诉讼发生前以书面形式约定协议管辖。包括采取信件和数据电文（包括电报、电传、传真、电子数据交换和电子邮件）等可以有形地表现当事人双方协议选择管辖法院意思表示的形式，口头形式的协议无效。无论管辖协议是以独立的协议形式存在或者是作为合同的一项条款，其效力是独立的，不以发生纠纷的合同的效力为转移，其是否有效应当单独认定。

管辖协议作为格式条款出现的，则按格式条款处理。即经营者使用格式条款与消费者订立管辖协议，未采取合理方式提请消费者注意，消费者主张管辖协议无效的，人民法院应予支持。这里的“采取合理方式提请消费者注意”，应指在通常情况下，以明确且显而易见的方式使一般民事主体可以正常获悉与其权益密切相关的信息。

合同转让的，合同的管辖协议对合同受让人有效，但转让时受让人不知道有管辖协议，或者转让协议另有约定且原合同相对人同意的除外，即无论是债权转让还是债务转让，合同的管辖权协议对合同受让人在原则上都是有效的，但排除两种例外：一是转让时受让人不知道有管辖协议；二是转让协议另有约定且原合同相对人同意，如在债权转让中，不仅要求新的债权人与债务人另行达成协议管辖的约定，同时还需要取得原债权人的同意，在债务转让中，不仅要求新的债务人与债权人另行达成协议管辖的约定，同时还需要取得原债务人的同意，如果原债权人与原债务人不同意，还是应该适用原合同中的协议管辖。

对于管辖协议约定两个以上与争议有实际联系的地点的人民法院管辖是

否有效的问题，《民诉法解释》第 30 条第 2 款明确规定："管辖协议约定两个以上与争议有实际联系的地点的人民法院管辖，原告可以向其中一个人民法院起诉。"该条的规定"改变了以往协议约定的法院必须单一的要求，符合当事人在司法实务中的谈判需要，方便法院根据协议具体情形灵活判断管辖权，同时也充分体现了尊重意思自治、协议自由的契约法精神"。[1]因此，自 2015 年 2 月 4 日起，即便当事人约定两个以上与争议有实际联系的地点的人民法院管辖，该协议仍有效，原告可以选择向其中一个人民法院起诉。

（4）协议管辖不能违反级别管辖和专属管辖的规定。当事人在协议时只能变更第一审的，不得变更级别管辖，不得将依法由基层法院管辖的诉讼约定由中级法院乃至高级法院管辖，否则会造成审级关系的混乱。同时，由于专属管辖是强制性管辖，因此也不允许当事人通过协议改变专属管辖。

（5）当事人只能协议一审法院，不能以协议的方式约定第二审法院。

如果当事人关于管辖的协议无效，诉讼前仍可以协议。如果不愿协议或仍不能达成有效协议，则应依照《民事诉讼法》的相关规定确定管辖。

二、本案解析

本案中，友盟广告公司与和平物流公司签订的"公关合作协议"。双方在该协议中约定"合同未尽事宜，双方协商解决；协商不成时，任何一方均可向各自所在地人民法院起诉"。该条本质是就是对合同履行过程中发生纠纷管辖法院的约定。该案属于合同纠纷，且约定向原告住所地法院管辖属于《民事诉讼法》第 34 条规定的其中之一的法院，且为书面约定，因此，该协议约定的协议管辖有效，原告住所地法院对该案有管辖权。友盟广告公司起诉，且友盟广告公司的住所位于北京市朝阳区，因此，北京市朝阳区对该案有管辖权。和平物流公司提出的涉案证据材料缺乏合法性及真实性的问题属于案件实体审理中需要审查的事实情况。因此，和平物流公司提出的管辖权异议缺乏事实及法律依据，原审法院驳回管辖权异议以及上诉审法院驳回上诉维持原裁定并无不当。

---

〔1〕 张卫平：《民事诉讼法》（第 4 版），法律出版社 2016 年版，第 112 页。

案例七

高淳县民政局诉王某胜、吕某、天安保险江苏分公司交通事故人身损害赔偿纠纷案[1]

【案情】

江苏省南京市中级人民法院民事判决

原告：江苏省高淳县民政局。

法定代表人：张某霞，该局局长。

被告：王某胜。

被告：吕某。

被告：天安保险股份有限公司江苏省分公司。

负责人：袁某楼，该分公司总经理。

原告江苏省高淳县民政局（以下简称“高淳县民政局”）因与被告王某胜、吕某、天安保险股份有限公司江苏省分公司（以下简称“天安保险江苏分公司”）发生交通事故人身损害赔偿纠纷，向江苏省高淳县人民法院提起诉讼。

原告高淳县民政局诉称：2005 年 4 月 2 日 19 时 30 分许，被告王某胜、吕某因交通肇事，致一名 60 至 70 岁无名男子当场死亡。2005 年 4 月 20 日，高淳县公安局交巡警大队作出第 2005023 号交通事故认定书，认定王某胜、吕某对此次交通事故负同等责任，被害无名男子不负事故责任。事故发生后，高淳县公安局交巡警大队于 2005 年 4 月 4 日在《南京日报》上刊登认尸启事，因无人认领，遂于同年 4 月 21 日将该无名男子尸体火化，骨灰暂由高淳县殡仪馆保管。王某胜、吕某驾驶的机动车辆均在被告天安保险江苏分公司投保了第三者责任险，责任限额分别为 5 万元和 20 万元。原告作为负责救助

---

[1] 《中华人民共和国最高人民法院公报》2007 年第 6 期。

社会流浪乞讨人员的专门机构，承担了对社会流浪乞讨人员的救助工作，工作职责中也应包括支持社会流浪乞讨人员主张权利的内容。本案中，被害无名男子的生命健康权理应得到法律保护，该男子遭遇交通事故身亡，原告承担了有关处理事宜，故有权就其死亡向三被告主张赔偿。高淳县人民检察院作为法律监督机构，也支持原告依法提起损害赔偿诉讼，并为此作出了宁高检民行建［2006］12号检察建议书。请求判令天安保险江苏分公司在第三者责任强制保险限额内赔偿原告166 331元。

被告王某胜、吕某、天安保险江苏分公司一致辩称：民政局依职责对社会上的流浪乞讨人员进行救助，二者之间形成的关系属于行政法律关系，而不是民事法律关系。原告高淳县民政局代本案受害人主张交通事故人身损害赔偿，没有法律依据，不具备民事主体资格，在本案中不具有诉权。本案受害人尸体的火化、保管都是有偿的，丧葬费用被告方已经实际支付，高淳县民政局没有提供证据证明其对本案受害人实施过救助，其诉讼主张缺乏事实依据。请求驳回高淳县民政局的起诉。

高淳县人民法院一审查明：2005年4月2日19时30分许，被告王某胜驾驶车牌号为苏AQ0×××的三轮运输车，沿双望线从北向南行驶至4KM路段时，将一名60至70岁无名男子撞倒在东侧机动车道内，恰遇被告吕某驾驶车牌号为苏AAV×××的小轿车由南向北驶经该路段，从该男子身体上碾压而过，致该男子当场死亡。2005年4月20日，高淳县公安局交巡警大队作出第2005023号交通事故认定书，认定王某胜、吕某对此次交通事故负同等责任，被害无名男子不负事故责任。事故发生后，高淳县公安局交巡警大队于2005年4月4日在《南京日报》上刊登认尸启事，因无人认领，遂于同年4月21日将该无名男子尸体火化，骨灰暂由高淳县殡仪馆保管。王某胜的苏AQ0×××号三轮车及吕某的苏AAV×××号小轿车均在被告天安保险江苏分公司投保了第三者责任险，责任限额分别为5万元和20万元。

另查明：原告高淳县民政局的工作职责包括对社会流浪乞讨人员实施救助。

本案的争议焦点是：原告高淳县民政局是否本案适格诉讼主体，能否就本案被害无名男子的死亡向被告王某胜、吕某、天安保险江苏分公司主张赔偿。

高淳县人民法院认为：

原告高淳县民政局作为政府负责救助社会流浪乞讨人员的专门机构，与本案被害无名男子之间仅存在行政法律关系，不存在民事法律关系，故不是本案适格的民事诉讼原告，无权就该无名男子的死亡向被告王某胜、吕某、天安保险江苏分公司主张交通事故人身损害赔偿。

据此，高淳县人民法院于2006年12月4日裁定如下：

驳回原告高淳县民政局的起诉。

高淳县民政局不服一审裁定，向南京市中级人民法院提起上诉。其主要理由是：1. 民政局负责对生活无着的社会流浪乞讨人员进行救助，这种救助职责不仅体现为对上述人员的生活提供保障，还应包括当上述人员受到人身侵害后，实施代为提起诉讼的司法救助；2. 上诉人虽然属于行政机关，但在本案中实际承担了被害无名男子尸体火化等丧葬善后事宜，故与该无名男子之间不仅存在行政法律关系，也存在一定的民事法律关系；3. 上诉人提出的赔偿死亡赔偿金和丧葬费的诉讼请求，符合最高人民法院有关司法解释的规定。本案中，被害无名男子确无亲属代其主张民事权利，如果否定上诉人的民事诉讼主体资格，将会在客观上导致侵权人逃避应当承担的民事赔偿责任，有悖于法律基本原则。请求二审法院撤销原审裁定。

被上诉人王某胜经南京市中级人民法院依法传唤，未到庭参加诉讼，亦未作答辩。

被上诉人吕某、天安保险江苏分公司一致辩称：民政局依职责对社会上的流浪乞讨人员进行救助，二者之间形成的关系属于行政法律关系，而不是民事法律关系。上诉人高淳县民政局代本案受害人主张交通事故人身损害赔偿，没有法律依据，不具备民事主体资格，在本案中不具有诉权。本案受害人尸体的火化、保管都是有偿的，丧葬费用被上诉人已经实际支付，高淳县民政局没有提供证据证明其对本案受害人实施过救助，其诉讼主张缺乏事实依据。原审裁定正确，请求驳回高淳县民政局的上诉，维持原审裁定。

南京市中级人民法院经二审，确认了一审查明的事实。

本案二审应当解决的争议焦点，仍然是上诉人高淳县民政局是否本案适格诉讼主体，能否就本案被害无名男子的死亡向被上诉人王某胜、吕某、天安保险江苏分公司主张赔偿的问题。

南京市中级人民法院二审认为：上诉人高淳县民政局不是本案适格诉讼主体，无权就本案被害无名男子的死亡向被上诉人王某胜、吕某、天安保险江苏分公司主张交通事故人身损害赔偿。

第一，《中华人民共和国民事诉讼法》（2007 年）第 108 条规定："起诉必须符合下列条件：（一）原告是与本案有直接利害关系的公民、法人和其他组织。……"这里规定的"与本案有直接利害关系"，即指民事权利义务关系。高淳县民政局是否与本案存在民事权利义务关系，必须根据法律规定加以确定。首先，根据最高人民法院《关于审理人身损害赔偿案件适用法律若干问题的解释》的规定，受害人死亡的，赔偿义务人应当赔偿丧葬费、死亡赔偿金等。该司法解释同时规定，赔偿权利人"是指因侵权行为或者其他致害原因直接遭受人身损害的受害人、依法由受害人承担扶养义务的被扶养人以及死亡受害人的近亲属"。据此，人身损害赔偿案件中，受害人死亡的，赔偿权利人是依法由死亡受害人承担扶养义务的被扶养人以及死亡受害人的近亲属。高淳县民政局显然不属于该司法解释规定的"赔偿权利人"，不具备就本案被害无名男子的死亡要求被上诉人王某胜、吕某、天安保险江苏分公司向其承担人身损害赔偿责任的主体资格。其次，高淳县民政局在一、二审期间均未能提供其支付了本案被害无名男子丧葬善后费用的证据，不能认定高淳县民政局与被上诉人王某胜、吕某、天安保险江苏分公司之间存在民事权利义务关系。因此，高淳县民政局与本案不存在直接利害关系，其起诉不符合《民事诉讼法》（2007 年）第 108 条第（一）项的规定。

第二，根据《城市生活无着的流浪乞讨人员救助管理办法》第 2 条、第 4 条第 1 款、第 6 条第 2 款、第 7 条的规定，县级以上城市人民政府应当根据需要设立流浪乞讨人员救助站。救助站对流浪乞讨人员的救助是一项临时性社会救助措施。县级以上人民政府民政部门负责流浪乞讨人员的救助工作，并对救助站进行指导、监督。救助站对属于救助对象的求助人员，应当及时提供救助，不得拒绝。救助站应当根据受助人员的需要提供下列救助：（一）提供符合食品卫生要求的食物；（二）提供符合基本条件的住处；（三）对在站内突发急病的，及时送医院救治；（四）帮助与其亲属或者所在单位联系；（五）对没有交通费返回其住所地或者所在单位的，提供乘车凭证。从上述规定可以看出，民政部门及救助站对城市生活无着的流浪乞讨人员实施的救助，是一种临时性的救助措施，救助的内容是暂时帮助流浪乞讨人员解决基本生活需要，其工作职责并不包括代表或代替上述人员提起民事诉讼。上诉人高淳县民政局认为其依法负有的救助职责中包括代替社会流浪乞讨人员提起民事诉讼的上诉理由，没有法律依据。民事诉讼形成于平等民事主体之间，高淳县民政局作为行政机关，在没有法律授权的情况下介入民事诉讼，有悖于我国法律基本原则。

第三，根据最高人民法院《关于审理人身损害赔偿案件适用法律若干问题的解释》的规定，本案的赔偿权利人应当是依法由被害无名男子承担扶养义务的被扶养人以及该无名男子的近亲属。本案中，虽然经公安部门在报纸上刊发启示后直至本案一、二审期间，被害无名男子的赔偿权利人尚未出现，但尚不能排除赔偿权利人客观存在的可能。赔偿权利人在知悉本案有关情况后，依法仍然可以要求赔偿义务人承担民事赔偿责任，被上诉人王某胜、吕某、天安保险江苏分公司依法应当承担的民事赔偿责任并未彻底免除。

综上，南京市中级人民法院二审认定上诉人高淳县民政局不是本案适格的诉讼主体，其上诉请求缺乏法律依据，不予支持。原审法院裁定驳回高淳县民政局的起诉并无不当，应予维持。南京市中级人民法院依照《民事诉讼法》（2007 年）第 108 条第（一）项、第 154 条之规定，于 2007 年 3 月 27 日裁定如下：

驳回上诉，维持原裁定。

一、二审案件受理费各 50 元，合计 100 元，由上诉人高淳县民政局负担。

本裁定为终审裁定。

【导读】

本案争议的焦点在于是高淳县民政局是否属于正当当事人，能否就本案被害无名男子的死亡向被上诉人王某胜、吕某、天安保险江苏分公司主张赔偿的问题。

一、基本知识——当事人

（一）当事人的概念

民事诉讼当事人，是以自己的名义要求人民法院保护民事权利或者法律关系、受人民法院裁判约束的起诉方和被诉方。根据《民事诉讼法》第 48 条的规定，公民、法人和其他组织可以作为民事诉讼的当事人。

民事诉讼中的当事人，有狭义和广义之分。狭义上的当事人，仅指原告和被告。原告是指为了保护自己的民事权益或解决与他人的民事争议，以自己的名义向人民法院提起诉讼，从而引起民事诉讼程序发生的人。被告是指原告诉称侵犯其民事权益或与其发生民事争执，而由法院通知应诉的人。原告被告是民事诉讼中最基本的当事人。广义的当事人，除原告和被告以外，还包括共同诉讼人、第三人、诉讼代表人。原告被告的对立关系，是民事诉讼的基本形态，共同诉讼人、第三人、诉讼代表人参加诉讼，是建立在原告被告对立关系基础上的。

民事诉讼是在利害关系相互对立的两方当事人之间进行，但由于审级和诉讼程序的不同，当事人在诉讼中的称谓也不完全相同。在第一审普通程序和简易程序中，称为原告和被告；在第二审程序中，称为上诉人和被上诉人，其中既包括一审的原告和被告，也包括有独立请求权的第三人和被人民法院判决承担民事责任的无独立请求权的第三人。在特别程序中，称为申请人、债务人等。在审判监督程序中，若适用第一审程序审理，分别称为原审原告、原审被告、原审第三人；若适用第二审程序审理，则分别称为原审上诉人、原审被上诉人、原审第三人；在执行程序中，则称为申请人和被申请人（或申请执行人和被执行人）。当事人的不同称谓，一方面表明了他所处的诉讼程序和阶段不同，另一方面也表明了他因所处诉讼程序和阶段不同而具有不同的诉讼地位及诉讼权利义务。

（二）当事人的特征

（1）以自己的名义起诉或者应诉，实施诉讼行为。这是确定当事人的一个基本标准。

（2）向法院请求解决民事争议、保护民事权益。这里所指的民事权利义务争议，包含两种情况：一是基于当事人自己的实体利益而发生的民事权利义务争议，也即与案件有直接利害关系。如基于自己的财产权利被侵犯而发生民事权利义务争议。二是基于受当事人管理与支配的民事利益而发生的民事权利义务争议，即非实体权利义务当事人。非实体权利义务人之所以能成为民事诉讼中的当事人，其诉权基础是法律规定，为了维护依法受其管理或者支配的民事利益而作为程序意义上的民事诉讼当事人，以便利于诉讼的进行和争议的解决。司法实践中，非实体权利义务主体作为民事诉讼当事人的情形主要包括：

第一，失踪人的财产代管人。这里需要注意的是，这些失踪人一定是经过法定程序宣告失踪的人，如果该公民仅仅只是一个处于自然失踪状态的下落不明人，那么其财产代管人没有诉权，不能成为民事诉讼中的当事人。对此，《关于贯彻执行〈中华人民共和国民法通则〉若干问题的意见（试行）》（以下简称《民通意见》）第32条规定："失踪人的财产代管人拒绝支付失踪人所欠的税款、债务和其他费用，债权人提起诉讼的，人民法院应当将代管人列为被告。失踪人的财产代管人向失踪人的债务人要求偿还债务的，可以作为原告提起诉讼。"

第二，遗产管理人、遗嘱执行人。

第三，为保护死者名誉权、著作权等而提起诉讼的死者的近亲属。

第四，清算组织。根据《民通意见》第60条第2款的规定，对于涉及终止的企业法人债权债务的民事诉讼，清算组可以用自己的名义参加诉讼。如果企业法人被裁定宣告破产，民事诉讼当事人则是破产管理人。

（3）受法院裁判的约束。法院裁判是指人民法院在审理民事案件过程中，根据案件事实和有关的法律规定，对诉讼中所发生的各种问题依职权所作出的判定的统称。受法院裁判的拘束，是指作为当事人应当承担和履行人民法院的判决、裁定和调解协议所确定的义务。根据一事不再理的原则，当事人之间的民事争议一旦被人民法院裁判，该当事人再也不能就该民事争议向人民法院起诉。

一般来说，只有同时符合以上三个要求的主体才能成为民事诉讼当事人。

（三）当事人的诉讼权利能力

当事人诉讼权利能力，又称诉讼法上的权利能力，是指能够享有民事诉讼权利和承担民事诉讼义务的能力，即可以作为民事诉讼当事人的能力或资格，因此又称当事人能力。诉讼权利能力只是一种法律资格，享有这种资格的人，并不必然成为当事人。实际地成为当事人，还需要在具体的案件中通过起诉或者应诉来实现。

诉讼权利能力与民事权利能力有着密切的联系。在通常情况下，有民事权利能力的人才具有诉讼权利能力，如公民、法人。在现实生活中，虽然除公民和法人以外的其他组织，不能作为民事主体，但它们却能以自己名义开展活动，并由此产生各种民事争议。《民事诉讼法》为了方便这些组织解决纠纷，维护公民和法人的合法权益，从诉讼便利的目的出发，通常在具备一定条件时，会赋予这些没有民事权利能力的其他组织以诉讼权利能力，使其能够以自己的名义起诉或应诉，方便其解决纠纷。即在某些情况下，没有民事权利能力的人，也可以有诉讼权利能力，成为民事诉讼中的当事人。例如不具有民事权利能力的其他组织，在某些情况下，也可以有诉讼权利能力。

1. 公民的民事诉讼权利能力

《民法总则》第13条明确规定："自然人从出生时起到死亡时止，具有民事权利能力，依法享有民事权利，承担民事义务。"根据该条规定，我国公民的民事权利能力始于出生，终于死亡，公民享有民事权利能力的时间与其生命的存续时间是完全一致的。相应地，公民的民事诉讼权利能力也是始于出生，终于死亡。

虽然《民通意见》对公民出生时间的确认依据已于《民诉法解释》施行之日起废止，但《民通意见》第1条"公民的民事权利能力自出生时开始。出生的时间以户籍证明为准；没有户籍证明的，以医院出具有出生证明为准。没有医院证明的，参照其他有关证明认定"的规定，对解决在审判实践中遇到的公民的出生时间问题如何准确认定是具有重要意义的。

根据公民的民事权利能力始于出生的法律原则，尚未出生的胎儿还不具备民事权利能力，不能享受民事权利、承担民事义务。但是，按照生理规律，胎儿将来必定要出生。为了保护胎儿的利益，我国《继承法》第28条规定："遗产分割时，应当保留胎儿的继承份额。胎儿出生时是死体的，保留的份额按照法定继承办理。"法律上之所以规定保护胎儿的利益，实质上是为未来的民事主体的利益采取的预先保护措施而这种预先保护措施必须以胎儿活体出生为必要条件。

公民死亡分为自然死亡和宣告死亡。法学上的自然死亡，又称生理死亡，是指自然人生命的终结。在何时为死亡的问题上，有不同的学说，如呼吸停止说、脉搏停止说、心脏搏动停止说、脑死亡等不同观点。宣告死亡是指自然人离开住所，下落不明达到法定期限，经利害关系人申请，由人民法院宣告其死亡的法律制度。判决宣告的日期，就是被宣告死亡的公民的死亡日期。

2. 法人的民事诉讼权利能力

《民法总则》第57条规定："法人是具有民事权利能力和民事行为能力，依法独立享有民事权利和承担民事义务的组织。"法人的民事权利能力和民事行为能力，从法人成立时产生，到法人终止时消灭。

3. 其他组织的民事权利能力

《民法总则》第102条规定："非法人组织是不具有法人资格，但是能够依法以自己的名义从事民事活动的组织。"我国《民事诉讼法》规定了其他组织可以作为民事诉讼的当事人。其他组织进行民事诉讼活动，是由其主要负责人为代表人。

符合法律规定条件的其他非法人组织，可以作原告。其主要包括：

（1）个体工商户（包括起字号和未起字号的两种）。个体工商户是在法律允许的范围之内，依法经核准登记，从事工商业经营的自然人。个体工商户的权利能力与行为能力开始于营业执照的取得，终止于营业执照的注销或吊销。

（2）农村承包经营户，农村承包经营户是指在法律允许的范围内，按照承包合同的规定从事商品生产经营的农村集体经济组织的成员。农村承包经营户享有对外订立合同的权利，自由处分其投入承包经营的自有资产和合法收益。

（3）合伙组织（包括起字号和未起字号的两种）。合伙组织，指是两人以上共同出资、共同经营、共担风险的共同体。合伙人对合伙的债务承担连带责任，法律另有规定的除外。

（4）法人分支机构。包括：①法人依法设立并领取营业执照的分支机构；②法人非依法设立的分支机构，或者虽依法设立但没有领取营业执照的分支机构；③中国人民银行、各专业银行设在各地的分支机构；④保险公司设在各地的分支机构。

（5）其他。包括：①依法领取营业执照的私营独资企业；②依法领取营业执照的合伙型联营企业；③依法领取营业执照的中外合作经营企业、外资企业；④经民政部门核准登记的社会团体或者其他行政管理机关核准登记的社会团体；⑤依法领取营业执照的乡镇、街道、村办企业；⑥法律法规特殊规定的未领取营业执照的协作型联营体、破产清算组、业主委员会等。

（四）当事人的诉讼行为能力

诉讼行为能力，是指当事人能够自己实施诉讼行为、行使诉讼权利和履行诉讼义务的资格，它又称为诉讼能力。有诉讼权利能力，又有诉讼行为能力的人，才能够亲自实施诉讼行为，行使诉讼权利、履行诉讼义务。

1. 公民的民事诉讼行为能力

公民的诉讼权利能力与诉讼行为能力在取得和消灭的时间上不同，而且公民的这两种能力可以分离。当事人的诉讼行为能力与诉讼权利能力具有不同的法律后果。根据《民法总则》的规定，公民的民事行为能力分为三种，即完全民事行为能力：18 周岁以上的公民是成年人，具有完全民事行为能力，可以独立进行民事活动，是完全民事行为能力人。16 周岁以上不满 18 周岁的公民，以自己的劳动收入为主要生活来源的，视为完全民事行为能力人。限制民事行为能力：8 周岁以上的未成年人是限制民事行为能力人，可以进行与他的年龄、智力相适应的民事活动；其他民事活动由他的法定代理人代理，或者征得他的法定代理人的同意。不能完全辨认自己行为的精神病人是限制民事行为能力人，可以进行与他的精神健康状况相适应的民事活动；其他民事活动由他的法定代理人代理，或者征得他的法定代理人的同意。无民事行为能力：不满 8 周岁的未成年人是无民事行为能力人，由他的法定代理人代理民事活动。不能辨认自己行为的精神病人是无民事行为能力人，由他的法定代理人代理民事活动。相比较而言，公民的民事诉讼行为能力分为两种：有诉讼行为能力和无诉讼行为能力。只有具有完全民事行为能力的公民才有诉讼行为能力，无民事行为能力和限制民事行为能力的公民都没有诉讼行为能力。无诉讼行为能力的公民，由其法定代理人、监护人代为诉讼。

2. 法人或其他组织的诉讼行为能力

法人及其他组织的诉讼权利能力和诉讼行为能力同时产生，同时消灭。即从成立时产生，到终止时消灭。

（五）正当当事人

正当当事人是“不正当当事人”的对称。又称“适格当事人”。与特定诉讼中的争议标的具有直接利害关系，能够承受诉讼的实体法律后果的当事人。

在实体利害关系当事人的定义下，确定当事人或者是以实体法为标准，或者是以判决所认定的利害关系人为标准。但是，根据正当当事人的概念，当事人应当在诉讼开始时就加以确定，诉讼主体地位不应当依其是否为实际的利害关系人而定，是否成为当事人也无须等到法院审理案件之后确定。所以，当事人应当在原告起诉时确定。我国《民事诉讼法》对原告和被告的确定采用了不同的标准。具体来说，它要求原告是“与本案有直接利害关系的人”，而被告只要是“明确的被告”即可。

就当事人双方而言，正当原告是民事权益受到侵犯或与他人发生民事权益争执而提起诉讼的人；正当被告是侵犯原告民事权益或与原告发生民事权益争执而被提起诉讼的人。正当当事人是具有诉讼权利能力的人，但有诉讼权利能力的人不一定是正当当事人。作为正当当事人，取得进行特定诉讼的权能，应该能够对该诉讼承受实体后果，即对该诉讼具有实体法上的直接利害关系，能够享受因争议标的产生的实体权利，承担因争议标的产生的实体义务。这种“正当”的有无，法院不仅要依民事诉讼法，更主要的是依民事实体法予以查明和判定。当事人不正当时，法院应予更换。

只有正当当事人起诉或者应诉，以自己的名义实施诉讼，并受本案判决拘束，诉讼才有实质意义。这种以自己的名义为当事人而受本案判决拘束的权能，称为诉讼实施权或诉讼行为权。具有诉讼实施权的原告，称为正当原告；具有诉讼实施权的被告，称为正当被告。

二、对本案的认识

通过本案的一审、二审的审理、判决结果，不难看出，本案的焦点在于高淳县民政局是否是本案适格诉讼主体，能否就本案被害无名男子的死亡向被上诉人王某胜、吕某、天安保险江苏分公司主张赔偿的问题。

法院裁判的目的是为了解决民事法律关系主体之间的争议，化解他们之间的纠纷。民事法律关系主体也正因为发生了民事权利义务争议，才有必要以民事诉讼的方式解决争议。为了使诉讼在适格的当事人之间进行，从而使法院的裁判具有实际意义，需要有一定的标准来判断起诉或者应诉的当事人是否是本案的正当当事人。

如上分析，一般来讲，作为正当当事人，应当同时具备以下两个方面的条件：一是程序方面条件，当事人必须能够作为独立的主体参加诉讼，即必须具备法律规定的相应诉讼权利能力；二是实体方面条件，当事人必须同相关争议案件之间存在法律上的利害关系。只有同时具备上述两个条件，才能成为正当当事人。任何一方面条件存在瑕疵，均可认为当事人不适格。

本案系因交通事故引发的人身损害赔偿案件。死亡受害人为城市生活无着的流浪乞讨人员，经公安部门刊发启示未发现其近亲属，政府民政部门作为原告提起民事诉讼，要求赔偿义务人承担赔偿责任的，因民政部门不是法律规定的赔偿权利人，与案件不存在民事权利义务关系，且其法定职责不包括代表或代替城市生活无着的流浪乞讨人员提起民事诉讼，故民政部门不是案件的适格诉讼主体，一审、二审依法驳回起诉并无不当。

案例八

中国长城资产管理公司昆明办事处与昆明新人人海鲜酒楼有限责任公司、昆明新人人金实酒楼有限责任公司借款合同纠纷案[1]

【案情】

最高人民法院民事判决书

上诉人（原审被告）：昆明新人人海鲜酒楼有限责任公司。住所地：云南省昆明市环城西路×××号。

法定代表人：潘某松，该公司总经理。

委托代理人：胡某鹏，北京市××律师事务所律师。

被上诉人（原审原告）：中国长城资产管理公司昆明办事处。住所地：云南省昆明市人民西路×××号。

负责人：许某民，该办事处总经理。

委托代理人：杨某，北京市××律师事务所律师。

被上诉人（原审被告）：昆明新人人金实酒楼有限责任公司。住所地：云南省昆明市××小区金实路。

法定代表人：潘某松，该公司总经理。

上诉人昆明新人人海鲜酒楼有限责任公司（以下简称“海鲜酒楼”）为与被上诉人中国长城资产管理公司昆明办事处（以下简称“长城公司昆明办事处”）、昆明新人人金实酒楼有限责任公司（以下简称“金实酒楼”）借款合同纠纷一案，不服云南省高级人民法院［2006］云高民二初字第25-3号

〔1〕 载北大法宝：http://www.pkulaw.cn/case/pcas_117563939.html? match=Exact.

民事判决，向本院提起上诉。本院依法组成由审判员金剑锋担任审判长、审判员王东敏、代理审判员殷媛参加的合议庭进行了审理，书记员赵穗军担任记录。本案现已审理终结。

原审法院审理查明：1998 年 1 月至 2001 年 12 月间，海鲜酒楼分 4 笔共向中国农业银行昆明市分行贷款 1900 万元。2001 年 12 月 31 日，海鲜酒楼分 2 笔共向中国农业银行昆明市护国支行贷款 1070 万元。1999 年 10 月 12 日，海鲜酒楼向中国农业银行富民县支行（以下简称“富民县农行”）出具《担保承诺书》一份，承诺愿为富民粤宝开发有限责任公司（以下简称“粤宝公司”）1997 年 12 月 23 日在富民县农行贷款 350 万元提供担保，担保期限至 2001 年 12 月 30 日，如到期粤宝公司无力归还贷款，海鲜酒楼愿意代粤宝公司偿还以上贷款本息。之后，粤宝公司归还了 20 万元借款本金。2001 年 10 月 30 日，海鲜酒楼再次向富民县农行出具《担保承诺书》一份，承诺愿意为粤宝公司向富民县农行贷款 330 万元的延期贷款继续提供担保，并愿承担连带责任及还款责任。

根据财政部财债字［2000］102 号《关于印发〈金融资产管理公司有关财政财务政策的规定〉的通知》及财金［2000］44 号《关于资产管理公司资本划转有关问题的补充通知》文件的规定，中国农业银行、中国长城资产管理公司共同下发了中长资函［2001］813 号《关于资本项下投资项目接收、划转的批复》及中长资发［2003］22 号《关于划转资本项下投资项目有关问题的通知》。根据该两份文件精神，省农行将其对海鲜酒楼享有的 3300 万元的债权本金，作为资本划转（即转让）给长城公司昆明办事处，并已获批准。2001 年 12 月 30 日，省农行、原告以及海鲜酒楼签订《协议》一份，约定省农行对被告海鲜酒楼享有的以上 3300 万元债权全部转让给长城公司昆明办事处。

2003 年 3 月 18 日，为进一步明确债务的偿还，海鲜酒楼、金实酒楼、又一村公司共同与长城公司昆明办事处签订《债务协议》一份，主要约定：海鲜酒楼、金实酒楼和又一村公司共同作为债务主体负有向长城公司昆明办事处归还全部债务的义务；贷款期限调整为 6 年，即 2002 年 1 月 1 日至 2007 年 12 月 31 日；偿还期限为逐年归还长城公司昆明办事处债务本金，即 2003 年归还 400 万元，2004 年归还 450 万元，2005 年归还 500 万元，2006 年归还 800 万元，2007 年归还 1150 万元。此外，该协议第 9 条第 3 款、第 11 条第 1 款还明确长城公司昆明办事处为了确保债权安全性、收益性和流动性，有权按规定期限收回或提前收回债权本金、利息；长城公司昆明办事处、海鲜酒楼、金实酒楼、又一村公司四方中任何一方违反该协议约定的任何一款，对方均有权依法采取相应维护措施。同日，海鲜酒楼、金实酒楼、又一村公司还共同与长城公司昆明办事处签订《抵押（担保）合同》一份，约定：为保证按《债务协议》的约定履行还款义务，海鲜酒楼、金实酒楼及又一村公司愿意对所欠长城公司昆明办事处的债务承担连带保证责任，同时，海鲜酒楼自愿用坐落于昆明市环城西路×××号C座1-3层1151平方米（产权证号：200204×××号）、昆明市环城西路×××号附属楼1151平方米（产权证号：9803×××号）的房产设定抵押，为《债务协议》项下的债务提供抵押担保。长城公司昆明办事处、海鲜酒楼、金实酒楼及又一村公司还就《债务协议》和《抵押（担保）合同》于2003年10月8日到昆明市公证处办理了公证。2003年10月13日，长城公司昆明办事处与海鲜酒楼就海鲜酒楼用于抵押的财产到昆明市房产管理局办理了抵押登记，长城公司昆明办事处还领取了登记部门颁发的昆明市房他字第200312×××号和200312×××号《房屋他项权证》。

因海鲜酒楼、金实酒楼和又一村公司并未按照《债务协议》的约定履行还款义务，长城公司昆明办事处又与海鲜酒楼、金实酒楼和又一村公司于2005年8月12日签订《补充协议》一份，约定：海鲜酒楼、金实酒楼和又一村公司对省农行所划转给长城公司昆明办事处的3300万元债权予以确认，并将还款期限修改为一年期，即自2005年9月21日起至2006年9月20日止，海鲜酒楼、金实酒楼及又一村公司必须在还款期限之前归还长城公司昆明办事处全部贷款本息，在约定的还款期间如海鲜酒楼、金实酒楼和又一村公司连续两个季度不能按现行贷款利率支付利息，则长城公司昆明办事处有权提前收回全部贷款本息。

2004年1月6日、2004年7月13日、2004年12月21日、2005年6月21日以及2005年12月31日，长城公司昆明办事处向海鲜酒楼、金实酒楼及又一村公司先后进行了五次催收。在长城公司昆明办事处催收期间，2005年9月21日至2005年12月21日间，海鲜酒楼共欠当季利息465 465元未予以支付；2005年12月22日至2006年7月31日间应支付当季利息1 119 974. 80元，实际支付720 000元，尚欠399 974. 80元未付。截至2006年7月31日，被告海鲜酒楼、金实酒楼、又一村公司共欠贷款本金3300万元，利息及罚息4 293 247. 69元，本息合计37 293 247. 69元。因多次催收未果，长城公司昆明办事处遂诉至法院。

原审法院审理认为：省农行、长城公司昆明办事处与海鲜酒楼签订的《协议》以及长城公司昆明办事处与海鲜酒楼、金实酒楼及又一村公司签订的《债务协议》《补充协议》以及《抵押（担保）合同》系依据国家法律和相关政策的规定自愿签订，系各方当事人真实意思表示，且《抵押（担保）合同》的抵押双方也到房产登记部门办理了抵押登记，上述四份合同合法有效。在《协议》中约定的省农行向长城公司昆明办事处转让的3300万元债权，由海鲜酒楼向农行借贷的2970万元和为粤宝公司借贷的330万元担保债务组成，海鲜酒楼在签订《协议》时自愿作为债务人来偿还粤宝公司向富民县农行借贷的330万元债务，该行为并不违反国家法律和行政法规的规定，对此应予准许；在签订《债务协议》《补充协议》时，海鲜酒楼、金实酒楼、又一村公司对上述转让的3300万元债权进行了确认，并自愿作为债务人共同偿还上述3300万元债务，该行为亦未违反国家法律和行政法规的规定，对此也应予准许。上述四份合同签订后，各方当事人均应按上述四份合同的约定，积极履行自己的义务，但海鲜酒楼、金实酒楼及又一村公司并未按双方最后签订的《补充协议》约定的最后还款期限，即在2006年9月20日前偿还3300万元的债务，亦未按季足额支付利息，其行为已构成违约，应承担相应的违约责任。长城公司昆明办事处从省农行处受让取得了本案3300万元债权，其有权向债务人海鲜酒楼、金实酒楼及又一村公司主张权利，长城公司昆明办事处在本案中放弃对又一村公司起诉，仅起诉海鲜酒楼和金实酒楼系其自主行使权利的行为，对此该院予以准许；在本案中，长城公司昆明办事处要求被告海鲜酒楼、金实酒楼承担偿还贷款本息的责任及实现其抵押权的主张有事实和法律依据，对此该院予以支持。鉴于本案合同约定的最后还款期限已届满，双方所签的《债务协议》和《补充协议》因履行期限届满已自然到期，并不存在还要解除的问题，本案中只是存在各方当事人是否按约履行以及是否有违约行为的问题，因此，长城公司昆明办事处请求解除《债务协议》及《补充协议》的主张事实上已无必要。此外，因长城公司昆明办事处未能向法庭提交其支付律师代理费用的相关证据，对其要求对方承担其为实现债权而产生的费用的主张该院不予支持。据此，该院依照《中华人民共和国民法通则》第108条、《中华人民共和国合同法》第60条第1款、第206条、第207条以及《中华人民共和国担保法》第53条之规定，判决：一、由被告海鲜酒楼、金实酒楼于判决生效之日起10日内向原告长城公司昆明办事处归还借款本金3300万元，截至2006年7月31日的利息及罚息4 293 247.69元，本息合计37 293 247.69元，及2006年8月1日起至款项还清之日止的利息及罚息（利息及罚息按照中国人民银行规定的同期逾期贷款利率计付）；二、被告海鲜酒楼、金实酒楼不能偿还上述借款及利息时，原告长城公司昆明办事处可以被告金实酒楼的抵押物，即位于昆明市环城西路×××号C座1-3层产权证号为200204×××号和9803×××号的房产，折价或者以拍卖、变卖该财产的价款优先受偿。三、驳回原告长城公司昆明办事处的其他诉讼请求。案件受理费99 739.45元，财产保全费27 760元，鉴定费1500元均由被告海鲜酒楼、金实酒楼共同负担。

海鲜酒楼不服原审法院的上述民事判决，向本院提起上诉称：1. 一审判决程序违法。一审审理期间，一审法院于2007年2月28日向上诉人送达了于2007年4月2日进行证据交换，2007年4月3日开庭审理的诉讼文书，并要求上诉人将上述诉讼文书转交本案另外两被告（即昆明新人人金实酒楼有限公司、昆明新人人又一村饮食有限责任公司），在上诉人明确表示无法转交上述开庭诉讼文书后，一审法院将上述开庭文书留置上诉人处，视为对其余两被告的送达。2007年4月2日，上诉人就此向一审法院提出了书面异议，上诉人认为，原审被告金实酒楼，原审被告又一村饮食有限责任公司系独立法人，有各自不同的投资主体和法人资产结构，其注册地址和经营场所均不与上诉人注册地址和经营场所一致，一审法院将诉讼文书留置上诉人处视为对其余两被告的送达，明显不当，剥夺了诉讼当事人的诉讼权利，同时也剥夺了上诉人对本案实体问题与本案其他被告相互质证，甄别的计划以及影响了裁判者对全案的审查和判断。2. 一审判决认定本案所涉及合同有效明显失当。一审法院认为省农行与上诉人和被上诉人签订的《协议》以及上诉人与被上诉人签订的《债务协议》《补充协议》以及《抵押（担保）合同》有效，显失偏颇。2001年12月30日省农行，上诉人、被上诉人签订协议，该协议第3条约定："如果乙、丙双方（即上诉人与长城公司）同意合作，重组公司……即有关3300万元的债权将由甲方转让给乙方。"可见，本协议系附条件的法律行为，即本协议生效的条件为上诉人与长城公司"同意合作，重组公司"。本协议在履行过程中，长城公司以上诉人支付投资利润较少为由拒绝重组上诉人，本协议即丧失了生效的条件。上诉人与被上诉人长城公司其后签订的

《债务协议》《补充协议》《抵押（担保）合同》，应认定为无效合同。2000年11月10日，国务院《金融资产管理公司条例》第2条明确规定："金融资产管理公司，是指经国务院决定设立的收购国有银行不良贷款、管理和处置因收购国有银行不良贷款形成的资产的国有独资银行金融机构。"第10条规定，金融资产管理公司在其收购的国有银行不良贷款范围内，从事业务活动，而本案所涉贷款，在原省农行时是按农行正常贷款进行管理的，按照银行贷款五级分类管理办法，该贷款不是不良贷款。长城公司受让及处置该贷款的行为系无效行为。

被上诉人长城公司昆明办事处答辩称：1. 一审法院在本案的审理过程中不存在程序违法的问题。在一审人民法院对本案进行审理的过程中，被答辩人海鲜酒楼为了达到继续占用国有资产进行经营获取经营利益的目的，故意拖延诉讼钻法律的空子，在程序上大做文章，在明知一审法院完全具有管辖权的情况下，为拖延诉讼提出管辖权异议，并在一审法院驳回其对管辖权提出的异议后，向最高人民法院提出上诉，其拖延诉讼的目的和企图由此可见一斑。就在最高人民法院同样作出驳回被答辩人海鲜酒楼管辖权异议的上诉后，被答辩人在一审法院依法向其送达开庭传票、证据交换等相关诉讼文书后，在法庭于2007年4月2日依法对本案公开开庭审理时，被答辩人及其委托代理人均无正当理由拒不到庭参加庭审。被答辩人在根本不遵守庭审时间，不尊重法庭审理的情况下，又故技重演公然以"一审判决程序违法"，"剥夺了诉讼当事人的诉讼权利"为由请求二审法院对本案"发回重审"，可见被答辩人为达到拖延诉讼的目的已到了无以复加的地步。2. 一审判决对本案所涉合同性质的认定完全符合法律的规定并无任何不当。省农行、答辩人与被答辩人签订的《协议》以及答辩人与被答辩人签订的《债务协议》《补充协议》以及《抵押（担保）合同》完全系各方当事人自愿签订的，系各方当事人真实的意思表示，且所签订的协议及合同的内容并不违反国家的法律和相关政策的规定，所签《抵押（担保）合同》中涉及的抵押物也依法向登记机关办理了抵押登记。因此一审法院对本案所涉四份合同，作出合法有效的认定完全符合法律的规定，根本不存在"明显失当"的问题。而被答辩人在按照《债务协议》的约定履行了向答辩人归还部分借款的银行利息后，便拒不按照债务协议的约定按期向答辩人归还借款本息，在答辩人多次催收无果的情形下，答辩人为维护自身权益免受被答辩人的继续侵害，向人民法院依法提起诉讼。因此被答辩人将其拒不按照协议约定履行支付利息致使答辩人向法院提起诉讼的违约行为，诡辩成答辩人认为其支付投资利润较少因而拒绝重组公司的无效行为，被答辩人真是为达目的已到了不择手段的地步。综上，一审判决无论在程序上还是在实体的处理不均符合法律的规定并无任何不当，被答辩人在根本未参加法庭对案件进行实体审理的情况下，为达其非法目的提出的上诉请求及事实和理由根本不能成立，为此答辩人请求二审人民法院在查明事实的基础上，依法驳回被答辩人的上诉请求，维持一审法院客观公正的判决。

【导读】

本案争议的焦点在于被告方数个企业的法定代表人为同一人，人民法院将法律文书仅送达给其中一个企业法人，是否属于程序违法。

一、基本知识——送达

（一）送达的概念和特征

1. 概念

送达，是指人民法院依照法律规定的程序和方式，将诉讼文书送交当事人或者其他诉讼参与人的行为。执行送达任务，向当事人及其他诉讼参与人履行送达义务的人，称为送达人；接受法院送达的诉讼文书的当事人或者其他诉讼参与人，称为受送达人。依法将诉讼文书交给受送达人的方法，称为送达方式。

诉讼文书一经送达，就会产生一定的法律后果。当事人及其他诉讼参与人可以在规定的期间内引起某种诉讼权利，履行某种诉讼义务。否则，就可能丧失进行该项诉讼行为的权利，或者要承担法律规定的后果。例如，一审法院判决送达当事人后，当事人有权在收到判决书后 15 天内提起上诉；调解书送达双方当事人签收后，即具有与生效判决同等的法律效力，一方当事人如不自动履行，对方当事人有权申请执行。因此，规范送达行为和送达方式，对于保障当事人和其他诉讼参与人的合法权利，保证诉讼活动的顺利进行具有重要意义。

2. 特征

送达是人民法院单方实施的诉讼行为，对人民法院与当事人、其他诉讼参与人之间的诉讼法律关系的发生、变更和消灭有重大意义。具有以下特征：

（1）送达的主体只能是法院。直接送达人员必须是人民法院工作人员，一般情况下是审理该案件的审判人员和书记员，有特殊情况的可以由法警协助送达。当事人或者其他诉讼参与人向人民法院递交诉讼文书，不能称其为送达。

（2）受送达人是当事人或者其他诉讼参与人。当事人和其他诉讼参与人之间、法院之间相互递送材料以及法院对其他单位或者个人发送材料，都不是送达。

（3）送达的内容是各种诉讼文书，如起诉状副本、开庭通知书、判决书、裁定书等。

（4）送达必须按法定的程序和方式进行。《民事诉讼法》对送达的程序和方式作了较为具体的规定，法院必须按规定送达方为有效送达，如违反法律规定的程序和方式，就不具有送达的效力。

（二）送达的方式

送达必须依法定方式进行，根据《民事诉讼法》规定，送达的方式有以下六种：

1. 直接送达

直接送达，是执行送达任务的司法警察或者书记员将应当送达的诉讼文书，直接交付给受送达人签收的送达方式。受送达人在送达回证上签收日期即送达日期。诉讼文书以直接送达为原则，凡是能够直接送达的，都应当采取直接送达的方式。只有在客观上无法直接送达的，才能选择其他送达方式。

根据《民事诉讼法》规定，以下情况都属于直接送达：

（1）受送达人是公民的，应当由本人签收；本人不在的，交他的同住成年家属签收。

（2）受送达人是法人或者其他组织的，应当由法人的法定代表人、该组织的主要负责人或者办公室、收发室、值班室等负责收件的人签收或者盖章。

（3）受送达人有诉讼代理人的，人民法院既可以向受送达人送达，也可以向其诉讼代理人送达。

（4）受送达人已向人民法院指定代收人的，送交代收人签收，但调解书除明确授权指定代收人外不能由他人代收。

（5）人民法院可以通知当事人到人民法院领取。当事人到达人民法院，拒绝签署送达回证的，视为送达。审判人员、书记员应当在送达回证上注明送达情况并签名。

（6）人民法院可以在当事人住所地以外向当事人直接送达诉讼文书。当事人拒绝签署送达回证的，采用拍照、录像等方式记录送达过程即视为送达。审判人员、书记员应当在送达回证上注明送达情况并签名。

必须注意，离婚诉讼的诉讼文书的送达有特殊性，如果受送达的一方当事人不在时，不宜交由对方当事人签收。

直接送达中，受送达人在送达回证上签收日期即送达日期。受送达人是自然人，且其本人签收的，该自然人在送达回证上的签收日期为送达日期；不是其本人签收的，其同住成年家属在送达回证上的签收日期为送达日期。受送达人是法人或者其他组织的，法人的法定代表人、其他组织的负责人或者该法人、其他组织负责收件的人在送达回证上的签收日期为送达日期。受送达人的诉讼代理人或指定代收人签收的，其在送达回证上的签收日期为送达日期。视为送达的情形下，审判人员、书记员在送达回证上注明的日期为送达日期。

同时，根据《民诉法解释》第 133 条的规定，调解书应当直接送达当事人本人，不适用留置送达。当事人本人因故不能签收的，可由其指定的代收人签收。之所以强调直接送达，是因为调解书一经接受，即发生法律效力；当事人如果不接受，即视为调解未能成立。

2. 留置送达

留置送达，是指受送达人拒收诉讼文书时，送达人把诉讼文书留在受送达人住处的送达方式。留置送达属于强制送达，与直接送达具有同等的法律效力。

（1）留置送达的适用情形。受送达对象拒绝接受法律文书是适用留置送达的第一前提。只有在受送达对象拒绝接受法律文书时才可以适用留置送达，在具体执行中不能颠倒两者的适用次序。根据《民事诉讼法》《民诉法解释》的相关规定，适用留置送达的情形主要包括以下几个：

第一，受送达人是自然人的，受送达人或者他的同住成年家属拒绝接收诉讼文书。这里的“拒绝接收”须为留置送达的对象明确表示拒绝接收，如在其住所无法找到留置送达对象，送达人不得采取留置方式。对于居住同一住所的其他人员或者未共同居住的家属，也不得适用留置送达。

第二，受送达人是法人或者其他组织的，该法人的法定代表人、该组织的主要负责人或者办公室、收发室、值班室等负责收件的人拒绝签收或者盖章。

第三，受送达人指定诉讼代理人为代收人的，诉讼代理人拒绝接收诉讼文书。需要注意的是，向受送达人指定的其他代收人送达时，不可适用留置送达；如诉讼代理人并非代收人，向其送达时，亦不可适用留置送达。

（2）留置送达的程序。

第一，邀请有关人员到场见证或采用拍照、录像等方式记录送达过程。邀请有关当事人所在的基层组织或者其他有关人员到场，对送达人员的送达法律文书的整个过程予以见证。实际上，这就是由无利害关系的第三方来见证留置送达的法律事实。同时，根据《民事诉讼法》第86条的规定，也可以把诉讼文书留在受送达人的住所，并采用拍照、录像等方式记录送达过程。

第二，说明情况、记明事由。在无利害关系人见证的情况下，送达人员应当向见证人讲明送达的情况及有关事由，让见证人明白适用留置送达的原因，并将受送达人拒绝接受法律文书的理由及具体情况进行记录。

第三，送达人及见证人的签名或盖章。在证明整个留置送达的过程中，无利害关系第三方见证人的证明效力要优于送达人员及其他与双方当事人有利害关系人的证明。所以，在邀请见证人时，最好邀请两名以上的见证人对整个留置送达过程进行见证，并请见证人在送达回证或者其他现场记录上签名或盖章。

需要说明的是，调解书不能留置送达。

3. 电子送达

（1）电子送达概述。司法文书送达是诉讼程序中至关重要的环节，送达的有效性直接影响案件审理的效率。近年来，我国案件数量急剧增长，城乡人口流动频繁，当事人实际住所地难以确定，这使得司法文书的送达任务日渐繁重，而传统的送达方式效率低下，需耗费法院大量时间、人力和财力资源。“送达难”特别是送达效率低下问题，已经成为众所周知的、困扰人民法院司法活动的瓶颈问题。随着信息网络社会的到来，电子通信技术的普遍运用已经为解决司法文书“送达效率低下”问题提供了社会条件。《民事诉讼法》第87条规定：“经受送达人同意，人民法院可以采用传真、电子邮件等能够确认其收悉的方式送达诉讼文书，但判决书、裁定书、调解书除外。采用前款方式送达的，以传真、电子邮件等到达送达人特定系统的日期为送达日期。”电子送达是指经受送达人同意，人民法院采用传真、电子邮件等能够确认其收悉的方式，将送达文书的电子版本发送至受送达人的接收终端的送达方式。电子送达与直接送达、邮寄送达等传统方式有同等的法律效力。

（2）适用电子送达的条件。电子送达实行自愿原则，其适用前提是受送达人同意。受送达人同意电子送达的，应当自行提供确切的传真号码、电子邮件地址、移动通信设备等，并在送达地址确认书中予以确认。受送达人不同意的，不能适用电子送达。人民法院依职权或依对方当事人的申请，在查明受送达人传真号码、电子邮件地址后适用电子送达的，不产生送达的法律效力。

（3）电子送达的适用范围。电子送达的适用范围为除判决书、裁定书和调解书以外的诉讼文书，一般地，可以采用电子方式送达的诉讼文书包括案件受理通知书、开庭传票、举证通知书、应诉通知书等。

（4）电子送达的具体媒介。电子送达可以采用传真、电子邮件、移动通信等即时收悉的特定系统作为送达媒介。为了保证电子送达的安全性和可信性，人民法院采用电子送达的传真机、电子邮箱、移动通信设备等应当是为送达专用的、安全的设备，并为受送达人所知晓和信赖。

为切实落实2016年《最高人民法院工作报告》任务，推进诉讼文书电子送达，方便当事人诉讼，最高人民法院打造出全国法院统一新型电子送达平台。该平台基于查找受送达人电子地址，实现诉讼文书的多渠道送达，目前试运行阶段已实现新浪微博、新浪邮箱、支付宝等三大平台的电子送达，未来将陆续接入更多第三方平台，拓展电子送达渠道。

（5）电子送达日期的确定。因电子送达无须制作送达回证，为证明送达已经完成，并记载送达日期，《民事诉讼法》第87条规定，电子送达以到达对方特定系统的日期为送达日期。同时，依照《民诉法解释》第135条的规定，这里的“到达受送达人特定系统的日期”，为人民法院对应系统显示发送成功的日期，但受送达人证明到达其特定系统的日期与人民法院对应系统显示发送成功的日期不一致的，以受送达人证明到达其特定系统的日期为准。

理解和适用上述规定，应当注意以下三点：

一是电子送达日期的确定以发送主义为基本原则，只要受送达人明确同意该送达方式，并主动提供了相应的传真、电子邮件、移动通信设备等即时收悉的特定系统信息，人民法院将诉讼文书发送到该系统时，即视为完成了送达，而不问受送达人是否真正实际收到了该文书，受送达人也不得以此为由主张送达不生效力。

二是允许受送达人提出反证证明电子送达的准确日期。即如果受送达人证明到达其特定系统的日期与人民法院对应系统显示发送成功的日期不一致的，则以受送达人证明到达其特定系统的日期为电子送达的日期。

三是在审判实践中，人民法院应当提取相应的送达凭证，包含送达内容、送达方式、送达结果等信息，尤其是要保存好诉讼文书已经发送成功以及到达对方特定系统的相关证据，并入卷备查。

4. 委托送达

委托送达，是指受诉人民法院直接送达诉讼文书有困难时，委托受送达人所在地人民法院代为送达的方式。

委托送达一般是在受送达人不在受诉法院的辖区内，直接送达有困难时适用。接受委托的只能是人民法院，一般为受送达人住所地的法院，并与委托法院应为同级法院或下级法院。人民法院需要委托送达时，应当出具委托函，将委托的事项和要求明确地告知受托的人民法院，并附送达回证。受委托人民法院应当自收到委托函及相关诉讼文书之日起 10 日内代为送达，送达日期为受送达人在送达回证上签收的日期。

5. 邮寄送达

邮寄送达，是指人民法院直接送达有困难时，将诉讼文书附送达回证交邮局用挂号信寄给受送达人的送达方法。挂号信回执上注明的收件日期为送达日期。挂号信回执上注明的收件日期与送达回证上收件日期不一致的，或者送达回证没有寄回的，以挂号信回执上注明的收件日期为送达日期。邮寄送达以当事人提供准确的送达地址为前提，以邮政机构专业、中立的送达方式做保证。凭借专业、快捷、经济、中立等优点已被当前多数基层人民法院所普遍采用。

（1）不适用邮寄送达的情形。根据 2005 年 1 月 1 日起施行的最高人民法院《关于以法院专递方式邮寄送达民事诉讼文书的若干规定》（法释［2004］13 号）（以下简称《法院专递送达规定》）第 1 条的规定，下列三种情形不得适用邮寄送达：①受送达人或者其诉讼代理人、指定代收人同意在指定的期间内到人民法院接受送达的；②受送达人下落不明的；③法律规定或我国缔结或者参加的国际条约中约定有特别送达方式的。

（2）当事人邮寄送达地址的确认。根据《法院专递送达规定》第 3 条至第 5 条、第 11 条的规定，当事人在送达地址确认书中应明确送达地址的邮政编码、详细地址以及受送达人的联系电话等内容。当事人拒绝提供以上信息，经人民法院告知后仍不提供的，自然人以其户籍登记中的住所地或者经常居住地为送达地址；法人或者其他组织以其工商登记或者其他依法登记、备案中的住所地为送达地址。因受送达人自己提供或者确认的送达地址不准确、拒不提供送达地址、送达地址变更未及时告知人民法院，导致诉讼文书未能被受送达人实际接收的，除非受送达人能够证明自己在诉讼文书送达的过程中没有过错，否则以文书退回之日为送达之日。

（3）邮寄送达完成的判断标准。根据《法院专递送达规定》第 9 条、第 11 条的规定，有下列情形之一的，即为送达：①受送达人在邮件回执上签名、盖章或者捺印的；②受送达人是无民事行为能力或者限制民事行为能力的自然人，其法定代理人签收的；③受送达人是法人或者其他组织，法人的法定代表人、该组织的主要负责人或者办公室、收发室、值班室的工作人员签收的；④受送达人的诉讼代理人签收的；⑤受送达人指定的代收人签收的；⑥受送达人的同住成年家属签收的；⑦受送达人本人或者受送达人指定的代收人拒绝签收，导致诉讼文书未能被受送达人实际接收的，除受送达人能够证明自己在诉讼文书送达的过程中没有过错的情形外，文书退回之日视为送达之日。

（4）邮寄送达异议的提出与邮件的退回。根据《法院专递送达规定》第 10 条的规定，签收人是受送达人本人或者是受送达人的法定代表人、主要负责人、法定代理人、诉讼代理人的，签收人应当场核对邮件内容。签收人发现邮件内容与回执上的文书名称不一致的，应当场向邮政机构的投递员提出，由投递员在回执上记明情况后将邮件退回人民法院。签收人是受送达人办公室、收发室和值班室的工作人员或者是与受送达人同住的成年家属，受送达人发现邮件内容与回执上的文书名称不一致的，应当在收到邮件后的 3 日内将该邮件退回人民法院，并以书面方式说明退回的理由。

6. 转交送达

转交送达，是指在特定情况下，不宜或者不便直接送达时，法院将诉讼文书通过受送达人所在单位转交的送达方式。

根据《民事诉讼法》规定，转交送达是在受送达人身份特殊的情况下适用的，具体包括：①受送达人是军人的，通过其所在部队团以上单位的政治机关转交；②受送达人被监禁的，通过其所在监所或者劳动改造单位转交；③受送达人被劳动教养的，通过其所在劳动教养单位转交。

代为转交的机关、单位在收到诉讼文书后，必须立即交受送达人签收，以受送达人在送达回证上的签收日期为送达日期。

7. 公告送达

公告送达，是指人民法院以公告的方式，将需要送达的诉讼文书的有关内容告知受送达人的送达方式。无论受送达人是否知悉公告内容，经过法定的公告期限，即视为已经送达。公告送达对于解决法院送达难、保护当事人诉讼权利、威慑恶意规避诉讼当事人具有十分重要的现实意义。

（1）公告送达的适用情形公告送达是一种推定送达，有下列情况之一的，才能适用公告送达：①有证据证明受送达人下落不明；②没有证据证明受送达人下落不明，但通过直接送达、留置送达、委托送达、邮寄送达等方式无法将诉讼文书送达受送人的。

需要说明的是，根据《民事诉讼法》的规定，基层人民法院及其派出法庭适用简易程序审理的案件，如果当事人一方下落不明的，应转为普通程序。因此，适用简易程序的案件，不适用公告送达。

调解书、执行被执行人到期债权的履行通知书及支付令等法律规定的其他不可公告送达的诉讼文书不得使用公告送达。

（2）公告送达的要求。公告送达的目的是为了让受送达人见到公告后，能从公告上了解所送达的诉讼文书的主要内容、相应的权利义务及法律后果。因此，公告送达应当保证受送达人享有从公告上获悉诉讼情况的权利。

第一，公告的方式。法院采取公告送达，既可以在法院的公告栏、受送达人原住所地张贴公告，也可以在报纸、信息网络等媒体上刊登公告。法律对公告方式有特殊要求的，应按要求的方式进行公告。具体而言，对受送达人下落不明的，若知受送达人活动在特定的区域的，在该区域主要的公共场所采取张贴公告，若无法知道受送达人活动区域的，可通过省级以上的报纸公告。没有证据证明受送达人下落不明的，在法院公告栏、受送达人可能的住所地、工作地、亲戚朋友聚居地张贴公告，或者采取报纸、信息网络等媒体上刊登公告。

第二，公告送达应当说明公告送达的原因。公告送达传票的，应当说明出庭地点、时间及逾期不出庭的法律后果；公告送达起诉状或上诉状副本的，应当在公告中说明起诉或上诉的要点，受送达人答辩期限及逾期答辩的法律后果；公告送达判决书、裁决书的，应当说明裁判主要内容。裁判是第一审法院作出的，还应当说明上诉权利、上诉期限和上诉审人民法院。

第三，人民法院应当在案卷中说明公告送达的原因和经过。要求记明适用公告送达的原因，是为了便于审查适用公告送达理由的合法性；要求记明适用公告送达的经过，其目的是为了便于审查公告送达过程的合法性。

同时，由于我国姓氏的特点，公民同名很多，有时即使在一个比较小的地区都会有几个甚至十几个人同名，因此，在运用公告送达时应尽量加注包括性别、年龄、户籍所在地、身份证号码等相关信息，减少因同名而引起误会，有利于受送达人获取信息，从而增强公告的社会效果，同时避免给同名同姓的案外人带来不必要的麻烦。

（3）公告的期限。依据《民事诉讼法》第 92 条的规定，公告期间为 60 日，即自人民法院发出公告之日起，经过 60 日，即视为送达。发出公告日期以最后张贴或者刊登的日期为准。

（三）民事诉讼当事人送达地址确认规则

1. 送达地址的提供或者确认

当事人起诉或者答辩时应当向人民法院提供或者确认自己准确的送达地址，并填写送达地址、送达方式确认书。当事人拒绝提供的，人民法院应该告知其拒不提供送达地址的不利后果，并记入笔录。

当事人在提起上诉、申请再审、申请执行时未书面变更送达地址的，其在第一审程序中确认的送达地址可以作为第二审程序、审判监督程序、执行程序的送达地址。即当事人在一审中提交的送达地址确认书，只要当事人未书面变更送达地址，即可在一审、二审、再审和执行程序通用，无须当事人再行确认。

2. 送达地址的推定

当事人拒绝提供自己的送达地址，经人民法院告知后仍不提供的，自然人以其户籍登记中的住所地或者经常居住地为送达地址；法人或者其他组织以其工商登记或者其他依法登记、备案中的住所地为送达地址。

3. 法律后果及其除外条件

因受送达人自己提供或者确认的送达地址不准确、拒不提供送达地址、送达地址变更未及时告知人民法院、受送达人本人或者受送达人指定的代收人拒绝签收，导致诉讼文书未能被受送达人实际接收的，文书退回之日视为送达之日，但受送达人能够证明自己在诉讼文书送达的过程中没有过错的除外。

（四）送达回证

送达回证，是人民法院按照法定格式制作的，用以证明完成送达行为的书面凭证。其内容包括：实施送达的法院，受送达人的姓名、职务、住所或者居住地，应当送达文书的名称和案件编号；送达方式；送达人、受送达人或者见证人签名、盖章、签收日期等。

送达回证是人民法院向受送达人送达诉讼文书时必须具备的附件之一。由于法律文书或诉讼文书的送达会产生相应的法律后果，不仅能够证明人民法院是否履行了法定的职责，完成了送达任务，还是受送达人接受或者拒绝签收送达文书的证明，能够证明当事人是否耽误了诉讼期间，是衡量一切诉讼参与人特别是当事人的诉讼行为是否有效的依据，因此无论人民法院采取何种送达方式，都应当有送达回证，受送达人需要在送达回证上记明收到的日期，并签名或者盖章，该签收日期即为送达日期。在邮寄送达中，如果挂号信回执上注明的收件日期与送达回证上注明的收件日期不一致的，以送达回证上注明的收件日期为送达日期。在公告送达中，因公告期满的日期即为送达日期，所以公告送达无需送达回证。

二、对本案的认识

收取法律文书，是当事人的法定权利，人民法院应当予以保障，应当按法定程序、法定方式向当事人送法相关法律文书。本案一审中，一审法院于2007年2月28日向上诉人送达了于2007年4月2日进行证据交换，2007年4月3日开庭审理的诉讼文书，并要求上诉人将上述诉讼文书转交本案另外两被告（即金实酒楼、又一村有限公司），在上诉人明确表示无法转交上述开庭诉讼文书后，一审法院将上述开庭文书留置上诉人处，视为对其余两被告的送达。本案的特殊之处在于一审二被告海鲜酒楼与金实酒楼虽为两个不同的法人，但其法定代表人均为同一人。在此种情况下，人民法院向其中的一个被告直接送达法律文书，并通过该企业法人向被告方其他企业法人转交或者留置送达，是否属合法送达，是否依法保障了被转交、留置送达的另一个法人的诉讼权利，司法实践中有不同认识。最高人民法院通过本案予以明确，并确立了裁判规则：人民法院审理民事案件中，鉴于被告方数个企业法人的法定代表人为同一人，且其在各企业法人中的法定职权与义务基本相同，故在向被告方送达开庭传票等法律文书时，仅送达至其中一个企业法人，并通过该企业法人向被告方其他企业法人转交或者留置送达的做法，并不影响当事人的诉讼权利，不属于审判程序违法。该案以及该裁判规则对司法实践有一定的指导意义。

案例九

君信创业公司诉绿谷伟业公司等出资合同纠纷案

【案情】

最高人民法院民事判决书

上诉人（原审原告）：宁夏君信创业投资有限公司。住所地：宁夏回族自治区银川市开发区科技街×号×××室。

法定代表人：侯某乾，该公司董事长。

委托代理人：王某，金××律师事务所律师。

被上诉人（原审被告）：上海绿谷伟业生态工程有限公司。住所地：上海市四川北路××××号××××室。

法定代表人：吴某新，该公司董事长。

委托代理人：汪某岭，上海市××律师事务所律师。

原审第三人：宁夏博尔泰力药业股份有限公司。住所地：宁夏回族自治区银川市高新技术开发区×号路南×号路西。

法定代表人：王某效，该公司董事长。

委托代理人：丁某，上海市××律师事务所律师。

上诉人宁夏君信创业投资有限公司（以下简称“君信创业公司”）为与被上诉人上海绿谷伟业生态工程有限公司（以下简称“绿谷伟业公司”）及原审第三人宁夏博尔泰力药业股份有限公司（以下简称“博尔泰力药业公司”）出资合同纠纷一案，不服宁夏回族自治区高级人民法院［2003］宁民商初字第17号民事判决，向本院提起上诉。本院依法组成由审判员吴庆宝担任审判长，代理审判员宫邦友、刘敏参加的合议庭进行了审理，书记员赵穗军担任记录。本案现已审理终结。

原审法院经审理查明，1998年6月，由宁夏药物研究所（以下简称“药研所”）、上海绿谷集团共同投资组建成立了宁夏东方神草制药有限公司，注册资本1000万元，药研所出资700万元（以实物折价投资）；上海绿谷集团公司出资300万元（货币160万元、实物原料折价140万元）。同年8月，宁夏东方神草制药有限公司更名为宁夏绿谷制药有限公司。2000年3月，上海绿谷集团将其持有的宁夏绿谷制药公司的全部股份及其全部权益转让给绿谷伟业公司。2000年8月1日，宁夏绿谷制药公司股东会议决议增资扩股，将宁夏绿谷制药公司注册资本增加至3800万元。决定：药研所增资1200万元，绿谷伟业公司增资1600万元；增资后，药研所与绿谷伟业公司各占宁夏绿谷制药公司50%的股份；新增出资应于2000年9月30日前分批缴足。2000年9月6日，宁夏绿谷制药公司股东会议决议，同意药研所将其持有的宁夏绿谷制药公司的1900万元股份全部转让，其中200万元转让给原告君信创业公司，100万元转让给内蒙古临河兴科药业有限公司。同意绿谷伟业公司转让部分股份，其中300万元转让给北京市大地科技实业总公司，100万元转让给北京君益润泰投资咨询有限公司，200万元转让给上海北融资产管理有限公司。原股东一致同意放弃本次股份转让的优先认购权。2000年10月，上述各方订立了《发起人协议》，约定：1. 将宁夏绿谷制药公司变更为博尔泰力药业公司；2. 各发起人需在公司变更批准后10日内履行出资义务；3. 公司注册资本3800万元；4. 发起人未按本协议规定的期限、数额缴纳出资，每违约一天，违约方应缴付其违约部分出资额的千分之五作为违约金给履约方，该违约金依履约方出资比例分配。绿谷伟业公司新增扩股的1600万元，共有15笔的记载。投资的时间是1999年9月24日至2000年9月18日。其中由宁夏绿谷药业公司汇出代为投资的计787万元。其余为绿谷伟业公司相关账户汇出。合计1600万元。博尔泰力药业公司向绿谷伟业公司出具了相应的出资收据。随后，药研所、绿谷伟业公司实际完成了股份转让。宁夏绿谷制药公司及现在的博尔泰力药业股份公司均承认绿谷伟业公司投资1600万元已经实际到位。经验资机构验证，各股东出资已到位，出具了验资报告，并经工商机关进行了登记注册。

另查明，1997年2月，上海绿谷集团公司与药研所共同投资组建成立了宁夏绿谷药业公司，现更名为宁夏博尔泰力药业营销有限公司。上海绿谷集团公司以实物折价400万元和货币资金50万元出资；药研所以实物折价50万元出资，公司注册资本为500万元。1998年12月，宁夏绿谷药业公司增资扩股，将注册资本增至1000万元，其中上海绿谷集团公司占700万元，药研所占300万元。由上海绿谷集团公司控股。2000年3月，上海绿谷集团公司将其在宁夏绿谷药业公司的股份全部转让给绿谷伟业公司。2000年9月，宁夏绿谷制药公司（即母公司）完成增资扩股后，上海绿谷伟业公司和药研所将宁夏绿谷药业公司（即子公司）90%的股份转让给宁夏绿谷制药公司。绿谷伟业公司和药研所各保留5%的股份。2003年10月21日，君信创业公司以绿谷伟业公司出资不实为由起诉至原审法院，请求判令其向君信创业公司承担违约责任，保护合法权益不受侵犯。

宁夏回族自治区高级人民法院认为，本案争议的焦点是：绿谷伟业公司是否存在虚假出资的事实。

君信创业公司提供的主要证据《宁夏审计厅关于宁夏博尔泰力药业股份有限公司股权投资等有关问题的审计调查报告》，系宁夏回族自治区审计厅就宁夏博尔泰力药业公司中国有资产存在的问题，进驻宁夏博尔泰力药业公司进行审计调查后向宁夏回族自治区政府领导提交的内部审计调查报告，不符合民事诉讼证据的形式要件和鉴定结论的证据要求，不予采信。君信创业公司的其他证据只能证明绿谷伟业公司出资的具体形式和资金来源，君信创业公司与绿谷伟业公司在一审庭审过程中均不提出审计鉴定申请。该院认为绿谷伟业公司是否存在虚假出资行为涉及企业财务管理的专门性问题，按照最高人民法院《关于民事诉讼证据的若干规定》，根据君信创业公司在一审中提供的证据，无法认定绿谷伟业公司是否属于虚假出资。故君信创业公司的诉讼请求不能成立，该院依照《中华人民共和国民事诉讼法》(1991年）第128条、最高人民法院《关于民事诉讼证据的若干规定》第2条第2款之规定，判决如下：一、驳回君信创业公司的诉讼请求；二、案件受理费87 360元、保全费77 870元，合计165 230元，由君信创业公司承担。

君信创业公司不服宁夏回族自治区高级民法院上述民事判决，向本院提起上诉称：第一，原判对上诉人和被上诉人关于本案焦点即被上诉人绿谷伟业公司是否存在虚假出资的观点和理由没有作出评判，而是根据被上诉人控股的第三人（前身为绿谷制药公司）出具的“出资收据”和以其控股公司名义委托的中介机构出具的“验资报告”认定被上诉人足额出资。然而，该等文件均可以伪造或按照被上诉人的意志出具，尤其是在被上诉人一直控股第三人和宁夏绿谷药业公司，在两公司历史沿革中始终居于支配地位的背景下，上诉人通过核查营销公司的财务账目，发现无论过去的上海绿谷集团还是现在的被上诉人均没有对该公司如中介机构审计报告和验资报告所称的投资数额。被上诉人提供的《对账单》是在其控股宁夏绿谷药业公司期间制作的，中介机构审计报告和验资报告也是在其控股宁夏绿谷制药公司和宁夏绿谷药业公司期间委托出具的，该等文件的真实性、客观性很难令人信服。第二，就如何认定《宁夏审计厅关于宁夏博尔泰力药业股份有限公司股权投资等有关问题的审计调查报告》的证据效力问题，原判将书证与鉴定结论混淆。上诉人在提供该证据时并未将其作为鉴定结论单独使用，只是认为其内容与上诉人自己查明的事实相符而将其作为书证使用。宁夏审计厅的审计调查报告是在审计国有资产时发现被上诉人虚假出资的事实，其与本案当事人无任何关联关系，且原审法院专门就该报告进行了核实并进行质证，其证据效力应当得到肯定。根据“高度盖然性占优势”的证明标准，上诉人所举的该份由国家机关依职权制作的公文书证与被上诉人提供的单方制作和单方委托社会中介机构出具的证据相比，具有较强的证明力。即使没有宁夏审计厅审计调查报告，根据上诉人调取证据的请求，被上诉人应当提供其财务账目，但其拒不提供，说明该财务账目对其不利，应当依据推定规则推定上诉人主张成立。原判认为“被告是否存在虚假出资行为涉及企业财务管理的专门性问题”，“原告的现有证据无法认定被告是否属于虚假出资”，既然如此，原审法院应该依据职权委托中介机构对此问题进行审计，但原审法院不进行委托，导致能够查清的问题不去查，能够得出的结论拒绝作。这不仅违背了最高人民法院《关于民事诉讼证据的若干规定》，也违反了“法院不能拒绝裁判”的审判原则。综上，上诉人君信公司认为原判无论在事实上还是适用法律上均存在错误，请求二审法院撤销原审判决；判决被上诉人补足1307万元出资额或在不能补足时减少其在第三人的等额股份；判决被上诉人因虚假出资违反合同约定而向上诉人支付309万元违约金。

被上诉人绿谷伟业公司辩称：（一）上诉人提供的宁夏审计厅出具的审计调查报告不具备最高人民法院《关于民事诉讼证据的若干规定》中的关于诉讼证据使用的“真实性”“关联性”和“合法性”的要求。1. 证据的来源不明：上诉人向一审法院递交的审计报告只是一份复印件，上面没有加盖审计单位的印鉴，也没有具体审计人员的签名。一审庭审过程中，上诉人无法说明该份审计报告的合法来源，只声称是其上级公司宁夏圣雪绒国际集团有限公司提供。2. 证据的形成过程不合法：《中华人民共和国审计法》明确规定，审计机关的审计对象是国有企业、国有资产占控股地位或主导地位的企业；审计机关应当在审计前三日向被审计单位送达审计通知书；审计报告送达审计机关前应当征求被审计单位的意见。发起成立本案第三人博尔泰力药业公司的七家发起人的总共3800万股股份中没有一家是国有企业或国有资产占控股地位或主导地位的企业。此外，审计厅在审计过程中没有征求过第三人及其子公司的意见，也没有征求过公司股东和董事会的意见。因此，该次审计既非法定审计也非各方共同委托的审计；既未提供审计行为所依据的法律规定和审计过程中使用的证据材料，也未提供审计结论所依据的法律规定和事实依据。3. 该审计报告是一份孤证：根据君信创业公司在一审中提交的全部证据材料，宁夏审计厅的审计调查报告是君信创业公司用来支持其诉讼请求及否定绿谷伟业公司所提供证据的内容真实性的唯一证据。该审计报告的结论与第三人各方股东共同委托的会计师事务所所作的历次审计报告的内容和结论矛盾，但上诉人未能提出与该审计报告记载的事实和结论相关联、印证的证据。（二）上诉人提交的审计报告的证明效力并不强于被上诉人提交的证据，也不能依据“高度盖然性占优势”的证明标准否认被上诉人提交的证据。首先，根据一审查明的事实，被上诉人向第三人增资的行为时间发生在先，而第三人向宁夏绿谷药业公司借款的时间发生在后。被上诉人从未成为过第三人的控股股东，也不存在利用控股优势编造虚假债务的行为。而且同期，第三人在受让被上诉人持有的宁夏绿谷药业公司的股份时，应支付给被上诉人767万元的股权转让款。该笔股权转让款直至2003年4月才由第三人支付给被上诉人。当时，被上诉人完全可以用对第三人的债权转成对第三人的股权，从而达到增资的目的。因此，被上诉人认为上诉人的结论仅仅是一种推定，没有法律依据。其次，上诉人仅仅用审计调查报告来证明上诉人的推定结论，逃避了其应承担的举证责任。再者，被上诉人认为其在一审庭审过程中提交合议庭的历次验资报告和审计报告均由第三人各方股东共同委托，与该公司各股东、被上诉人、第三人之间没有任何关联关系的中介机构审计后出具，且为各方股东认可，为相关行政管理机关接受备案。被上诉人认为其提交的这一系列证据的证明力大于上诉人提交的单一审计调查报告。

第三人博尔泰力药业公司未参加二审诉讼，亦未作陈述。

本院除认可原审法院查明事实外，二审期间，上诉人君信创业公司向本院提交宁夏回族自治区银川市中级人民法院［2004］银行终字第63号行政判决书和银川市兴庆区人民法院［2004］兴行初字第52号行政判决书。

本院经审理认为：本案的待证事实为被上诉人绿谷伟业公司在宁夏绿谷制药公司（后更名为宁夏博尔泰力药业股份有限公司）增资扩股过程中是否存在利用控股优势编造债务进行资金循环手段虚假出资。争议的焦点是对双方证据证明力的认定。

一、上诉人君信创业公司的主要证据——《宁夏审计厅关于宁夏博尔泰力药业股份有限公司股权投资等有关问题的审计调查报告》经原审法院核实并经质证，系宁夏回族自治区审计厅就博尔泰力药业公司中国有资产存在的问题，进驻博尔泰力药业公司进行审计调查后向宁夏回族自治区政府领导提交的内部审计调查报告，其中涉及被上诉人绿谷伟业公司出资情况，其证据属性为书证而非司法机关委托审计部门出具的鉴定结论。且该审计报告亦未能直接、充分地证明被上诉人虚假出资的事实，不能作为定案依据：1. 宁夏审计厅的该次审计行为并非法定审计。根据《中华人民共和国审计法》以及《中华人民共和国审计法实施条例》的相关规定，审计机关的审计对象是国务院各部门和地方各级人民政府及其各部门的财政收支，国有的金融机构和企业事业组织的财务收支，以及其他依照审计法有关规定应当接受审计的国有企业、国有资产占控股地位或主导地位的企业的财政收支、财务收支。而发起成立第三人博尔泰力药业公司的七家发起人的总共3800万股份中没有一家是国有企业或国有资产占控股地位或主导地位的企业，因此，不属于审计厅的审计范围。2. 该次审计非争议各方共同委托的审计，系宁夏审计厅就博尔泰力药业公司中国有资产存在的问题，进驻博尔泰力药业股份公司进行审计调查后向宁夏回族自治区政府领导提交的内部审计调查报告，其中涉及被上诉人绿谷伟业公司出资情况，属传来证据、间接证据，不具有针对性。3. 该审计报告既未提供审计行为所依据的法律规定和审计过程中使用的证据材料，也未提供审计结论所依据的法律规定和事实依据，故不予认定。关于上诉人在二审过程中提供的两份行政判决书的效力，虽然该审计报告的证明力在这两份行政判决中得到认可，但与本案并无实质性牵连，不能因而增强该证据的证明力。

二、被上诉人提供了其与宁夏绿谷药业公司之间的《对账单》、公司登记管理机关备案的相关验资报告、被上诉人向第三人的出资凭证、收据和由第三人各方股东共同委托的中介机构出具的审计报告等证据证明其完全真实足额地履行了增资义务。上诉人对被上诉人所提供的证据的证明力不予认可，认为该等文件系由被上诉人及由其控股的公司单方制作或单方委托中介机构出具，均可以伪造或按照被上诉人的意志出具，并请求被上诉人提供其原始的财务账目。针对被上诉人拒不提供其原始账目的行为，上诉人主张适用推定规则，认为上诉人应当提供其财务账目，但其拒不提供，说明该财务账目对其不利，应当推定上诉人主张成立。为此，本院认为，上诉人对被上诉人系列证据证明力的否认以及被上诉人拒不提供原始财务账目的行为，在一定程度上削弱了被上诉人提供的证据的证明力，但并不能必然推导出被上诉人虚假出资的结论。

综上，本院认为，双方当事人对同一事实分别举出相反的证据，但均没有足够的依据否定对方证据，因证据的证明力有限，不能作出对上诉人有利的认定，且君信公司在一、二审中均未对绿谷伟业公司是否构成瑕疵出资申请委托审计，亦未进一步举出对己方有利的证据，故其上诉理由与请求不能成立，本院予以驳回。原审法院认定事实与本院所查明事实基本吻合，且适用法律正确，原审判决应予维持。根据本院《关于民事诉讼证据的若干规定》第 73 条、第 2 条的规定，应由对本案事实负有举证责任的上诉人君信公司承担举证不力的责任。依照《中华人民共和国民事诉讼法》（1991 年）第 153 条第 1 款、本院《关于民事诉讼证据的若干规定》第 2 条、第 73 条之规定，判决如下：

驳回上诉，维持原判。

一、二审案件受理费各 87 360 元，一审保全费 77 870 元，均由上诉人宁夏君信创业投资有限公司负担。

本判决为终审判决。

审　判　长　吴庆宝
代理审判员　宫邦友
代理审判员　刘　敏
二〇〇五年三月七日
书　记　员　赵穗军

【导读】

本案的焦点在于绿谷伟业公司在宁夏绿谷制药公司增资扩股过程中是否存在利用控股优势编造债务进行虚假出资的问题。对该问题的认定涉及举证责任的分配规则。

一、基本知识——证明责任

（一）证明责任概述

证明责任，是指案件审理已尽，实体法律要件事实仍处于真伪不明状态，由负有证实法律要件事实责任的一方当事人承担不利于自己的法律后果。

理解证明责任要注意以下方面：

（1）法律要件事实是能够产生实体法律效果的事实。

（2）证明责任是与审理已尽，诉讼上法律要件事实真伪不明以及出现这种情况时法官不得拒绝裁判联系在一起的。真伪不明现象存在的必然性和分配由此而引起的不利诉讼结果的必要性，是理解证明责任的关键。

（3）证明责任的存在与特定的诉讼模式无关，存在于任何一种诉讼模式之中。

（二）证明责任的分配

证明责任的分配，是指按照一定的标准，将不同法律要件事实的证明责任，在双方当事人之间预先进行分配，使原告对其中的一部分事实负证明责任，被告对另一部分事实负证明责任。证明责任的分配，不仅为法官如何裁判要件事实存否不明的案件提供了准则，而且也为那些不得不卷入诉讼的当事人如何进行攻击和防御指明了方向。如何合理地分配证明责任，既关系到法律的实体公正能否在诉讼中得到实现，又关系到能否构建一个富有效率的诉讼程序，这就使证明责任的分配成为民事证据制度中具有高度理论和实践价值的问题，同时它又是一个极为复杂的富有挑战性的问题。

1. 谁主张谁举证

《民事诉讼法》第64条第1款的规定："当事人对自己提出的主张，有责任提供证据。"同时，《关于民事诉讼证据的若干规定》（以下简称《证据规定》）第2条明确规定："当事人对自己提出的诉讼请求所依据的事实或者反驳对方诉讼请求所依据的事实有责任提供证据加以证明。没有证据或者证据不足以证明当事人的事实主张的，由负有举证责任的当事人承担不利后果。”上述规定，确立了证明责任分配的一般原则，即“谁主张，谁举证”。

2. 证明责任的倒置

所谓举证责任倒置，指基于法律规定，将提出主张的一方当事人（一般是原告）就某种事由不负担举证责任，而由他方当事人（一般是被告）就某种事实存在或不存在承担举证责任，如果该方当事人不能就此举证证明，则推定原告的事实主张成立的一种举证责任分配制度。在一般证据规则中，“谁主张，谁举证”是举证责任分配的一般原则，而举证责任的倒置则是这一原则的例外。《证据规定》第4条规定：“下列侵权诉讼，按照以下规定承担举证责任：（一）因新产品制造方法发明专利引起的专利侵权诉讼，由制造同样产品的单位或者个人对其产品制造方法不同于专利方法承担举证责任；（二）高度危险作业致人损害的侵权诉讼，由加害人就受害人故意造成损害的事实负担举证责任；（三）因环境污染引起的损害赔偿诉讼，由加害人就法律规定的免责事由及其行为与损害结果之间不存在因果关系承担举证责任；（四）建筑物或者其他设施以及建筑物上的搁置物、悬挂物发生倒塌、脱落、坠落致人损害的侵权诉讼，由所有人或者管理人对其无过错承担举证责任；（五）饲养动物致人损害的侵权诉讼，有动物饲养人或者管理人就受害人有过错或者第三人有过错承担举证责任；（六）因缺陷产品致人损害的侵权诉讼，由产品的生产者就法律规定的免责事由承担举证责任；（七）因共同危险行为致人损害的侵权诉讼，由实施危险行为的人就其行为与损害结果之间不存在因果关系承担举证责任；（八）因医疗行为引起的侵权诉讼，由医疗机构就医疗行为与损害结果之间不存在因果关系及不存在医疗过错承担举证责任。”

3. 有关法律对举证责任的特殊规定

主要包括以下几种：一是合同纠纷案件中的举证责任。《证据规定》第5条规定：“在合同纠纷案件中，主张合同关系成立并生效的一方当事人对合同订立和生效的事实承担举证责任；主张合同关系变更、解除、终止、撤销的一方当事人对引起合同关系变动的事实承担举证责任。对合同是否履行发生争议的，由负有履行义务的当事人承担举证责任。对代理权发生争议的，由主张有代理权一方当事人承担举证责任。”二是劳动争议纠纷案件中的举证责任。《证据规定》第6条规定：“在劳动争议纠纷案件中，因用人单位作出开除、除名、辞退、解除劳动合同、减少劳动报酬、计算劳动者工作年限等决定而发生劳动争议的，由用人单位负举证责任。”

4. 综合平衡当事人的举证责任

《证据规定》第 7 条规定：“在法律没有具体规定，依本规定及其他司法解释无法确定举证责任承担时，人民法院可以根据公平原则和诚实信用原则，综合当事人举证能力等因素确定举证责任的承担。”

二、本案解析

本案中，宁夏君信创业公司主张绿谷伟业公司在宁夏绿谷制药公司（后更名为宁夏博尔泰力药业公司）增资扩股过程中存在利用控股优势编造债务进行资金循环手段虚假出资的问题，那么，根据《证据规定》第 2 条“当事人对自己提出的诉讼请求所依据的事实或反驳对方诉讼请求所依据的事实有责任提供证据加以证明。没有证据或者证据不足以证明当事人的事实主张的，由负有举证责任的当事人承担不利后果”的规定，宁夏君信创业公司应就其主张的绿谷伟业公司在宁夏绿谷制药公司（后更名为宁夏博尔泰力药业公司）增资扩股过程中存在利用控股优势编造债务、进行资金循环手段虚假出资的问题提出证据加以证明。对此，宁夏君信创业公司出示《宁夏审计厅关于宁夏博尔泰力药业股份有限公司股权投资等有关问题的审计调查报告》作为主要证据，但经质证，该证据属性为书证而非司法机关委托审计部门出具的鉴定结论，且该审计报告亦未能直接、充分地证明被上诉人虚假出资的事实。绿谷伟业公司提供了其与宁夏绿谷药业公司之间的《对账单》、公司登记管理机关备案的相关验资报告、被上诉人向第三人的出资凭证、收据和由第三人各方股东共同委托的中介机构出具的审计报告等证据证明其完全真实足额地履行了增资义务。在这里，双方当事人对争议焦点绿谷伟业公司在宁夏绿谷制药公司（后更名为宁夏博尔泰力药业公司）增资扩股过程中是否存在利用控股优势编造债务、进行资金循环手段虚假出资的问题均出示证据加以证明，但双方的证据均未能直接、充分地证明被上诉人虚假出资或未虚假出资的事实。在双方当事人对同一事实分别举出相反的证据，但均没有足够的依据否定对方证据的，对案件事实负有举证责任的当事人，应承担举证不力的责任。为此，原一审法院宁夏回族自治区高级人民法院驳回原告的诉讼请求，以及上诉审法院最高人民法院判决维持原一审判决并无不当。

案例十

杨某与伍某合同纠纷案[1]

【案情】

原告杨某与被告伍某于1998年签定《洗矿机转让合同》，合同约定，杨某以26 000元的价格将洗矿机转让给伍某，伍某应在1998年底、1999年底分别支付10 000元，2000年底付清。如2000年底伍某有特殊情况未付清款，则按月息10%付利息给杨某。2004年10月，杨某与伍某因转让合同的履行发生纠纷，当地司法所进行调解未果，原告遂诉至法院。

原告认为，合同即是债务凭证，伍某提供不出已付清款的依据，他就应当还款。因此，伍某应当偿付26 000元转让款。原告提供了起草合同的证人，并提供了在场人证言，证明当时没有写欠条。

被告认为，转让合同是实。但当时签订合同时，被告还出具了26 000元欠条给原告。签订合同时的部分在场人可证实当时写过欠条，原告在司法所调解时也承认写过欠条。被告的欠款已还清，欠条已收回。原告提供不出欠条，说明被告已不欠原告的款。

一审法院经审理认为，原、被告之间签订的1998年洗矿机转让合同是双方真实意思表示，应受法律保护。原告提供的证据确实充分，被告没有按期付清转让款，属违约行为。被告应当支付转让款及利息。考虑到双方约定的利息月息10%过高，依公平原则适当调整利息标准，以每日万分之四为宜。被告辩称已付清了转让款，收回了欠条，双方的债务已经结清。因被告提供的证据不足，法院不予支持。据此，依照《中华人民共和国民法通则》第108条之规定，判决由被告伍某给付原告杨某转让费26 000元，并自2001年元旦起按每日万分之四计息付给原告。

---

〔1〕 载北大法宝：http://www.pkulaw.cn/case/pfnl_1970324853514271.html? match=Exact.

【导读】

本案涉及举证责任的转移。

一、基本知识——举证责任转移

举证责任转移是指在民事诉讼中，承担证明责任的当事人提出本证对要件事实予以证明后，相对方基于使该项证明发生动摇的必要性所承担的提供证据责任，以及不承担举证责任的当事人否认经本证证明的待证事实而提供反证后，承担证明责任的当事人为了使审理案件的法官对待证事实已经形成的心证不发生动摇所承担的提供证据责任。举证责任转移是在结果意义上的举证责任既定的前提下因当事人举证必要的转移而发生移位。

举证责任的转移与举证责任倒置是两个不同的概念。首先，举证责任倒置是在举证责任分配领域出现的概念，它是在双方当事人于结果意义上的举证责任归属尚未确定的前提下发挥作用的，而举证责任转移则是在结果意义的举证责任已经确定的状况下，在当事人履行举证责任的过程中出现的举证行为变动、来回转移的现象。其次，举证责任倒置是个静态的概念，而举证责任转移则是个动态的概念。再次，举证责任倒置是一个抽象的概念，它是对类型化的案件作出的统一规则，而一般与个案无关；举证责任转移则是具体的概念，只有在具体的案件进展过程中，才有可能观察到责任转移的现象。

在举证责任转移的过程中，负担举证责任的当事人提供作为本证的证据后，相对方当事人则需要提供作为反证的证据。反过来，相对方当事人提供的反证达到了一定程度后，负担举证责任的一方当事人则又要提供本证。以贷款纠纷为例，原告向法庭提供了有被告员工签名的送货单，称为本证的证据，被告如果提供其单位员工人事档案或工资名册证明其单位没有该员工，这些称为反证的证据。这种由本证证据向反证证据的变动称为举证责任转移。反过来，在被告提供其单位员工人事档案或工资名册证明其单位没有该员工后，原告提供了社会保险机构出具的证明书，证明被告曾为在送货单上签名的员工投保，这种由反证向本证的变动也称为举证责任转移。按举证责任分配的原则，当事人对自己提出的诉讼请求所依据的要件事实或者反驳对方的诉讼请求所依据的要件事实有责任提供证据加以证明。在要件事实经证明不存在，或者存在与否处于真伪不明状态时，由对要件事实负有举证责任的一方当事人承担不利的法律后果。举证责任转移的动态过程，实际是法官进行举证责任分配的过程，举证责任转移的后果导致了举证责任风险的转移，在举证责任分配指向的当事人对自己提出的诉讼请求所依据的要件事实或者反驳对方的诉讼请求所依据的要件事实不提供证据，或者不能在所提供证据的真实性等问题上说服法官形成确信的心证，将必然存在不利于己的裁判后果。对这种不利后果的承担是结果意义上的举证责任。

举证责任转移关系到当事人诉讼的成败。举证责任分配是由法律规定的，因而它属于法律问题，而举证责任转移的动态过程实际是法官进行举证责任分配的过程，因此在具体操作上，法官必须就举证责任转移履行阐明义务。我国立审分离制度的确立，意味着在诉答阶段是由立案庭对案件进行控制与管理，在此阶段，案件未进行实质性审查，难以对举证责任作出正确合理分配，举证责任转移无从谈起。从保护当事人的合法权益出发，负责阐明举证责任转移的法官应该是对案件有裁决权的法官或受其委托的法官与助理；法官应该在庭前交换证据时起（不进行庭前交换证据的除外）至法庭辩论阶段前对举证责任分配和举证责任转移作必要的阐明，应该阐明而没有阐明是对程序法的违反。当事人不服法官所作的举证责任转移的阐明不能作为拒绝提供证据的依据，否则应承担对己不利的后果，当事人基于法官对举证责任转移的判断失误而承担不利后果的，可以通过上诉或申诉获得救济。

举证责任转移与“谁主张，谁举证”原则是互补的。“谁主张，谁举证”是我国民事诉讼法设置的举证责任分配原则，它经过我国长期的实践证明是行之有效的。然而，“谁主张，谁举证”是模糊的概念，当事人在诉讼中的主张多种多样，性质各异，其主张有可能是权利，也可能是事实，这就要靠法官来分析和判断。笔者认为，对“谁主张，谁举证”应该作动态理解，不能在诉讼伊始就简简单单地把全部举证责任都分配给权利的主张者，让权利主张者疲于奔命地寻找对他来说近乎苛刻的证据，而纵容权利的否定方或反驳方使之“以逸待劳”。在民事诉讼中，法官应该充分发挥程序的指挥权，严格遵守举证责任分配规则，把握举证责任转移的动态过程，这样，才能把“谁主张，谁举证”的原则落到实处。

二、对本案的认识

本案的争议的焦点是1998年伍某与杨某签订转让合同时，伍某是否同时出具了欠条给杨某。杨某认为转让合同即是债务凭证，伍某提供不出已还款的证据就应当还款。而伍某认为，除了合同以外，他还出具过欠条给杨某，欠款已还清，欠条已收回销毁，杨某提供不出欠条，表明欠款已还清。对此问题，双方当事人各执一词，并提供了互相矛盾的证据。本案其实就是事实审，处理这一案件，应当按照民事诉讼证据的举证责任分配的有关规则来审查判断证据，认定事实。本案中，杨某提供了双方认可的转让合同，该合同足以证明原、被告之间存在着 26 000 元的债务关系，在场人的证人证言即使不提供也足以证明。杨某已完成了他的举证责任。伍某否认杨某的事实，则伍某应负举证责任。伍某提出他还出具过欠条给杨某，他已偿还了欠款，但从本案的证据来看，伍某的证据不足以证明自己主张。伍某提供的关键证据是司法所的座谈纪要，伍某认为从纪要看，杨某自认写过欠条。对于该证据，杨某予以否认。从该证据的形式上看，是不完整的，只有第一页，并且无任何一方当事人签字，这是有重大缺陷的证据，其证明力不强。虽有在场人左某荣等人证明打过欠条，但又有其他在场人证明没有打欠条，双方的证人证言之间存在矛盾，不能形成完整的证据链。因此，在举证责任转移后，伍某没有完成自己的举证责任，应当承担举证不利的法律后果，应由伍某偿还欠款本息。

案例十一
济南某置业有限公司财产保全案〔1〕

【案情】

原告赵某与被告济南某置业有限公司建设工程施工合同纠纷一案，人民法院依原告申请对被告进行财产保全，裁定查封了案外人济南万全啤酒原料有限公司名下的长清国有［2014］第0700038号土地（11 524.7平方米）一宗，冻结了济南某置业有限公司名下的6个银行账号。济南某置业有限公司不服，认为上述财产保全行为影响了公司正常开展经营业务，损害了购房者的利益，提出书面异议，请求变更为查封该公司名下的两处商铺，解除对公司多个账户的冻结。

收到被申请人的异议，人民法院进行审查。经审查，被申请人的异议理由成立，因此，依法作出［2016］鲁0124民初3078号之二变更保全裁定，查封了济南某置业有限公司名下的商业房产，解除了对济南某置业有限公司部分银行账户的冻结。

【导读】

本案典型意义在于受诉人民法院依法慎用保全措施，维护企业正常经营。

一、基本知识——保全

（一）保全的概念

保全，“是指人民法院在诉讼活动中或者诉讼开始前，为了保证将来发生法律效力的判决得以执行，而对当事人的财产、争议的标的以及某种特定行

---

〔1〕 载中国法院网：http://lnfy.chinacourt.org/public/detail.php? id=9092.

为采取的一种临时性强制措施”。[1] 财产保全制度的立法目的是为了一旦法院的生效判决确定被申请人负有给付义务且被申请人不依法履行判决时，法院可以依法强制执行所保全的财产，从而确保诉讼中当事人的合法权益能够最终得以实现，即避免当事人仅仅拿到“纸上的正义”，而其最直接、最现实的利益得不到保障。具体来说，财产保全采取的各种措施，固定了被执行人可供执行的财产，或限制了被执行人享有的对第三人到期债权的请求权，为执行提供了可靠的物质基础。其次，财产保全的实施可以减少或免除对被执行人可供执行财产状况的调查取证工作，执行阶段也不用再采取查封、扣押等保全措施，既节省了人力、物力，也减少了执行环节，提高了执行效率，缩短了执行周期。另外，采取财产保全措施可以相对减少执行异议。因为在诉讼保全阶段，法律已经赋予了当事人申请复议权。被执行人在执行阶段对诉讼保全裁定就不能再提出异议，即使提出也应予以驳回。所以，这一制度设计对于预防和解决我国司法实践中长期存在的“执行难”问题，保护当事人的合法权益和维护人民法院的司法权威都具有积极作用。保全的设置是为了保护利害关系人或当事人的合法权益，并维护法院判决的权威性。

（二）保全的种类和适用条件

根据《民事诉讼法》第 100 条规定，保全分为行为保全和财产保全。

1. 行为保全

行为保全，是指法院为了保护当事人一方的合法权益，保证生效的判决或裁定得以顺利执行，避免造成损失或损失扩大，在诉讼前或诉讼过程中，责令另一方当事人作出一定行为或禁止其作出一定行为的强制性措施。行为保全除了具有保障判决执行的目的外，还具有避免造成损失或损失进一步扩大的目的。

1991 年《民事诉讼法》只规定了财产保全而没有规定行为保全。1988 年 1 月 26 日最高人民法院《关于贯彻执行〈中华人民共和国民法通则〉若干问题的意见（试行）》第 162 条规定：“在诉讼中遇有需要停止侵害、排除妨碍、消除危险的情况时，人民法院可以根据当事人的申请或者依职权先行作出裁定。”虽然该《意见》部分条文被废止，但该条的规定为法院及时地制止侵权行为提供了法律依据。1992 年在最高人民法院《关于审理专利纠纷案件

---

〔1〕 江伟主编：《民事诉讼法学》，中国人民大学出版社 2013 年版，第 215 页。

若干问题的解答》（已失效）中明确规定，在人民法院审理专利侵权案件中，经常发生侵权人利用宣告专利无效故意拖延诉讼，继续实施侵权行为……专利权人提出财产保全申请并提供担保的，人民法院认为必要时，可责令被告停止侵权行为或采取其他制止侵权损害继续扩大的措施。虽然这一规定名为“财产保全”，但是其保全内容却是直接针对被告的行为。它在某种程度上可以被视作知识产权领域中行为保全制度的雏形。此后，我国在涉及知识产权的相关立法上，出于与国际接轨的需要，对行为保全制度也做了一些积极尝试。如2000年8月25日第二次修订的《专利法》第61条第1款明确规定：“专利权人或者利害关系人有证据证明他人正在实施或者即将实施侵犯其专利权的行为，如不及时制止将会使其合法权益受到难以弥补的损害的，可以在起诉前向人民法院申请采取责令停止有关行为和财产保全的措施。”2013年修订后的《商标法》第65条规定：“商标注册人或者利害关系人有证据证明他人正在实施或者即将实施侵犯其注册商标专用权的行为，如不及时制止将会使其合法权益受到难以弥补的损害的，可以依法在起诉前向人民法院申请采取责令停止有关行为和财产保全的措施。”同时，最高人民法院在2001年、2002年先后通过的《关于对诉前停止侵犯专利行为适用法律问题的若干规定》《关于诉前停止侵犯注册商标专用权行为和保全证据适用法律问题的解释》和《关于审理著作权民事纠纷案件适用法律若干问题的解释》三个司法解释中也可见到行为保全的相关内容。而且，1999年12月25日的《海事诉讼特别程序法》第四章规定的海事强制令制度也具有行为保全性质[1]。因此，虽然1991年正式施行的《民事诉讼法》以及2007年进行第一次修正时均未正式确立这一制度，但行为保全制度的设立既有理论依据，又有现实需求，而且在个别民商事领域已经开始施行。

2012年修订后的《民事诉讼法》第100条明确规定：“人民法院对于可能因当事人一方的行为或者其他原因，使判决难以执行或者造成当事人其他损害的案件，根据对方当事人的申请，可以裁定对其财产进行保全、责令其作出一定行为或者禁止其作出一定行为；当事人没有提出申请的，人民法院在必要时也可以裁定采取保全措施。”该条新增了行为保全的规定，与财产保

---

〔1〕《海事诉讼特别程序法》第51条规定：“海事强制令是指海事法院根据海事请求人的申请，为使其合法权益免受侵害，责令被请求人作为或者不作为的强制措施。”

全设置在同一法条中，对适用条件、措施及保全裁定作了统一规定。至此，行为保全制度在我国民事诉讼程序中正式得以确立。

2. 财产保全

财产保全，是指人民法院在利害关系人起诉前或者当事人起诉后，为保障将来的生效判决能够得到执行或者避免财产遭受损失，对当事人的财产或者争议的标的物，采取限制当事人处分的强制措施。根据财产保全时间的不同，可将财产保全分为诉前财产保全、诉讼财产保全、执行前财产保全三种。

（1）诉前财产保全。诉前保全，是指起诉之前，对于因情况紧急不立即限制财产转移，将会使利害关系人的合法权益受到难以弥补的损害，依据利害关系人的申请而采取的财产保全措施。诉前财产保全属于应急性的保全措施，目的是保护利害关系人不致遭受无法弥补的损失。

根据《民事诉讼法》第101条“利害关系人因情况紧急，不立即申请保全将会使其合法权益受到难以弥补的损害的，可以在提起诉讼或者申请仲裁前向被保全财产所在地、被申请人住所地或者对案件有管辖权的人民法院申请采取保全措施。申请人应当提供担保，不提供担保的，裁定驳回申请。人民法院接受申请后，必须在四十八小时内作出裁定；裁定采取保全措施的，应当立即开始执行。申请人在人民法院采取保全措施后三十日内不依法提起诉讼或者申请仲裁的，人民法院应当解除保全”的规定，采取诉前保全应当同时具备以下条件：

第一，需要采取诉前财产保全的申请必须具有给付内容，即申请人将来提起案件的诉讼请求具有财产给付内容。如果申请人将来提起案件的诉讼属于单一的确认之诉或变更之诉，没有给付内容，也就不涉及将来执行给付问题，采取财产保全就没有必要。

第二，具有采取财产保全的必要性。所谓必要性，是指客观上存在着需要立即采取保全措施的紧急情况，如果不立即采取保全措施，申请人的合法权益将会遭受今后难以弥补的损害。“情况紧急”往往指财产即将被处分、转移、隐匿、毁损，或侵权行为不断造成严重后果，如果等到法院受理诉讼后再采取保全，则为时已晚，将会给利害关系人的权益造成难以弥补的损害，将来即使起诉、胜诉，其财产权利也难以实现。

第三，必须由利害关系人提出申请。利害关系人是指认为自身的民事权益受到他人侵害或者与他人发生争议的人。诉前财产保全发生在起诉之前，案件尚未进入诉讼程序，诉讼法律关系还未发生，法院不存在依职权采取财产保全措施的前提条件，所以，只有在利害关系人提出申请后，法院才能够采取财产保全措施。利害关系人不提出申请，法院则实行“不告不理”的原则，不给予司法保护。因此，没有利害关系人的申请，人民法院不能依职权采取保全措施。

第四，利害关系人必须提供担保。保全中的担保是用于一旦申请错误致使被申请人的财产遭受损失时，申请人承担赔偿责任的一种物资保证。利害关系人的申请是在起诉前提出的，与诉讼中的财产保全相比，法院对是否存在保全的必要性更加难以把握。采取财产保全措施以后，利害关系人是否必然会向法院起诉，也还是个未知数。就算起诉了，利害关系人是否能胜诉也尚未确定。司法实践中，更有为了某种利益而恶意申请诉前保全的情况。为了防止因财产保全发生错误，使被申请人一方的合法权益遭受损失，《民事诉讼法》明确要求申请人须在申请诉前财产保全的同时必须提供担保，不提供担保的，驳回申请。

（2）诉讼财产保全。诉讼财产保全，是人民法院在受理案件之后、作出判决之前，即在诉讼过程中，为了保证将来生效的判决能够得到有效执行，人民法院依当事人的申请或依职权，对另一方当事人的财产或争议的标的物采取的强制措施的制度。根据《民事诉讼法》第100条第1、2款“人民法院对于可能因当事人一方的行为或者其他原因，使判决难以执行或者造成当事人其他损害的案件，根据对方当事人的申请，可以裁定对其财产进行保全、责令其作出一定行为或者禁止其作出一定行为；当事人没有提出申请的，人民法院在必要时也可以裁定采取保全措施。人民法院采取保全措施，可以责令申请人提供担保，申请人不提供担保的，裁定驳回申请”的规定，采取诉讼保全措施应同时具备以下条件：

第一，案件应当具有给付内容。保全措施一般应适用给付之诉。给付之诉具有给付财产的内容，能够采取强制措施，存在着执行的必要性。如果生效判决不涉及财产的给付，或者不涉及以行为的方式履行义务，就没有采取保全措施的必要性，但这也并不意味着诉讼保全仅限于给付之诉的案件。有的变更之诉，如离婚诉讼，虽不以财产的给付作为直接请求内容，但在法院判准予离婚的判决中，大多涉及夫妻共有财产的分割、子女抚养费的负担等，都存在着具体给付的内容。因此，对于变更之诉的案件要具体分析是否存在适用保全的潜在可能性。而单一的确认之诉和变更之诉，没有给付内容，也就不涉及将来执行给付问题，采取财产保全就没有必要。

第二，必须存在使将来生效的判决难以执行的情形。只有在可能因当事人一方的行为或者其他原因，使判决不能执行或难以执行的情形下，才有采取强制措施保全财产的必要性。这种可能性是有一定事实根据的，而不是主观推测。如财产即将被处分、转移、隐匿、毁损，或侵权行为不断造成严重后果，“由于当事人一方的行为”是指当事人一方擅自将争议的标的物转移、隐匿、毁损或者出卖等行为。“其他原因”是指客观上的某些原因，如争议的财产不易保存，需要变卖后保存价款等。

第三，原则上应当根据当事人的申请进行，确有必要时人民法院可依职权作出裁定。人民法院对财产采取诉讼保全措施，一般应当由当事人提交符合法定条件的申请。只有在诉讼争议的财产有毁损、灭失等危险，或者有证据表明被申请人可能采取隐匿、转移、出卖其财产的，人民法院方可依职权裁定采取财产保全措施。当事人包括民事诉讼中的原告和被告。

第四，诉讼保全是否责令申请人提供担保，由人民法院视情况决定，但人民法院一旦责令申请人提供担保，申请人别无选择，只能提供担保，不提供担保的，驳回申请。

第五，当事人申请诉讼保全应在人民法院立案之后，诉讼结束之前。

（3）执行前财产保全。是指法律文书生效后，进入执行程序前，债权人因对方当事人转移财产等紧急情况，不申请保全将可能导致生效法律文书不能执行或者难以执行，根据债权人的申请而采取的财产保全措施。该制度是对我国民事诉讼保全制度的创新与发展，对破解民事执行难，确保生效法律文书的实现，有效维护司法公正与权威，具有重要意义。

法律文书生效后，债务人履行给付义务期限届满前，由于案件尚未进入执行程序，法院无法对被执行人的财产采取强制措施；即使进入了执行程序，由于我国实行审执分离，立案部门的审查、立案部门移交到执行部门也需时日，执行部门通常也是先发出执行通知后才采取执行措施，因此即使进入了执行程序，法院采取执行措施的最早时间也是在发出执行通知时。这段并不算短的“时间差”，如果债权人由于各种原因没有在诉前以及诉讼中申请保全，仍会给不诚信的被执行人提供可乘之机。而在这段时间里，债权人申请财产保全既不是“诉前”，也不是“诉讼中”，不符合现行民事诉讼法的相关规定。因此在这种情形之下应当赋予债权人以合理的救济方式。为此，《民诉法解释》第163条规定了执行前财产保全制度。至此，诉前保全、诉讼保全与执行前保全共同构成了一个前后衔接、体系完整的财产保全制度体系。

根据《民诉法解释》第163条的规定，适用执行前财产保全应当具备以下条件：

第一，申请的时间必须是在法律文书生效之后进入执行程序之前。进入执行程序后，人民法院发现被执行人存在恶意转移财产等行为，可以立即采取执行措施的，也就没有申请保全的必要。

第二，当事人应当向有执行管辖权的法院提交书面申请。有管辖权的法院是指第一审法院或者与第一审法院同级的被执行的财产所在地的法院。

第三，当事人必须提交给付内容明确的生效的法律文书。作为例外的是，当事人在案件宣判之后至法律文书送达之前申请执行前财产保全的，因为法律文书尚未送达给当事人，可以不提供法律文书。

第四，必须有债务人转移财产等行为或者其他紧急情况，可能导致将来生效法律文书不能执行或者难以实现。所谓债务人转移财产等行为，是指债务人恶意处分自己的财产或将与案件有关的财产毁损、变卖、转移、挥霍或者抽逃资金等。其他紧急情况主要是指客观上的原因，如标的物由于自然原因变质、毁损或者无法长期保存，必须及时处理才能保有其价值。

（三）财产保全的范围和措施

1. 范围

采取保全措施，既要考虑保证当事人或者利害关系人财产权益的实现，又要保护被申请人的合法权益，为此，《民事诉讼法》第102条明确规定："保全限于请求的范围，或者与本案有关的财物。"据此，不论是诉前保全、诉讼还是执行前的保全，保全限于请求的范围，或者与本案有关的财物。

限于请求的范围，是指保全财物的价值与请求保全的数额基本相等，但是不能机械地理解这一点，认为可保全的财产价值超过请求价额就一定不能采取保全措施，使本来可以执行的案件变成难案。比如，原告请求被告返还欠款10万元，被告有辆车，价值15万元，人民法院仍可对该辆车采取保全措施。当然，人民法院也不能对当事人明显超出诉讼请求范围的保全申请仍裁定准许。比如，原告的诉讼请求只有几万元，却冻结了被申请人几十万元的银行存款或固定资产。这种做法与立法也明显不相符。

与本案有关的财物，是指保全的财产应是利害关系人之间发生争议而即将起诉的标的物，或者是当事人之间争议的标的物，或者虽不是本案的标的物，但应与本案有牵连。人民法院采取保全措施，应当严格在法律规定的范围内进行，如果争议的标的物存在，应当针对标的物采取措施；如果争议的标的物不存在，或者不宜直接对该物进行保全时，才对与本案标的物有法律上利害关系的被申请人的其他财物采取保全措施。对与本案有牵连的财物进行保全是对争议标的物保全出现障碍时的一种补救措施。所以，实行诉讼保全的财物必须是被申请人的财物或者债权，对于被申请人租赁使用的他人财物，不得实行诉讼保全，以免因保全措施不当给被申请人造成经济损失。

需要注意的是，诉讼保全的对象界定应以法人、公民合法所有，且能够自由处分为原则。不是合法所有，如土地、淫秽物品，或非自己所有，如保管、租借他人之物，或自己所有，但受管制的物品，均不能进行财产保全。非自己所有，但法律允许予以财产保全，则必须严格依法律的规定范围，例如国有企业经营管理权下可以处分的财物应严格进行财产保全，法律规定被申请人的到期应得收益或债权，必须在有充分的证据和第三人就自己与被申请人享有的债权没有争议的前提下适用。另外还要考虑到一些财产的特殊性质。例如农民的宅基地、居民的公积金一般也不用保全，因为这些财产带有身份属性和社会保障的性质，对其进行转让、剥夺是受到严格限制的。

同时，以下两种情况下的财产不能保全，一是自己所有，但是法律禁止予以财产保全的，例如《民事诉讼法》第103条第2款规定“财产已被查封、冻结的，不得重复查封、冻结”。军队的战备、军需物质、款项，以及公益事业和慈善机构办公产所、救灾扶贫专户也禁止进行财产保全；根据最高人民法院、最高人民检察院、公安部、中国证监会联合下发的《关于查询、冻结、扣划证券和证券交易结算资金有关问题的通知》中，明确规定了对于公民个人或法人的证券和证券交易结算资金不得保全以及轮候保全的情况。对于军队的战备、军需物资、款项以及公益事业和慈善机构办公场所、救灾扶贫专户等。二是对案外人的财产及其善意取得的与案件有关的财产不得采取保全措施。最高人民法院《关于对案外人的财产能否进行保全问题的批复》(法释[1998] 10号)明确指出：“对于债务人的财产不能满足保全请求，但对案外人有到期债权的，人民法院可以依债权人的申请裁定该案外人不得对债务人清偿。该案外人对其到期债务没有异议并要求偿付的，由人民法院提存财物或价款。但是，人民法院不应对其财产采取保全措施。”

2. 措施

根据《民事诉讼法》第103条以及《民诉法解释》的相关规定，保全措施有以下几种：

（1）查封。是指人民法院依法对需要保全的产物清点后加贴封条，就地封存或异地封存的一种强制措施。其目的是禁止动用，主要适用于不动产或不宜移动的其他产物。被查封产物的所有权不变，任何人或单位和个人不得擅自移动和处分。

（2）扣押。扣押是指人民法院对需要采取财产保全措施的财物就地扣留或异地扣留保存，在一定期限内不得动用和处分。这种措施主要适用于动产。

（3）冻结。冻结是对被申请人的存款、资产、债权、股权等收益采取的保全措施。由人民法院发出协助执行通知书，由银行、信用社和有关企业冻结被申请人存款、资产、债权、股权，不准提取和转移。

（4）法律规定的其他方法。这是指除上述三项措施以外的其他方法。

人民法院保全财产后，应当立即通知被保全财产的人。财产已被查封、冻结的，不得重复查封、冻结。

同时，根据《民诉法解释》以及最高人民法院《关于人民法院办理财产保全案件若干问题的规定》（以下简称《财产保全规定》）的有关规定，人民法院在进行财产保全时还应注意以下几个问题：

第一，人民法院对季节性商品、鲜活、易腐烂变质以及其他不宜长期保存的物品采取保全措施时，可以责令当事人及时处理，由人民法院保存价款；必要时，人民法院可予以变卖，保存价款。

第二，人民法院在财产保全中采取查封、扣押、冻结财产措施时，应当妥善保管被查封、扣押、冻结的财产。由人民法院保管的，质权、留置权不因采取保全措施而消灭。不宜由人民法院保管的，人民法院可以指定被保全人负责保管；不宜由被保全人保管的，可以委托他人或者申请保全人保管。查封、扣押、冻结担保物权人占有的担保财产，一般由担保物权人保管。由人民法院指定被保全人保管的财产，如果继续使用对该财产的价值无重大影响，可以允许被保全人继续使用，但是，由人民法院保管或者委托他人、申请保全人保管的，人民法院和其他保管人不得使用。

第三，在不损害债权人合法权益的情况下，允许债务人对被保全财产自行处分。财产保全期间，被保全人请求对被保全财产自行处分，人民法院经审查，认为不损害申请保全人和其他执行债权人合法权益的，可以准许，但应当监督被保全人按照合理价格在指定期限内处分，并控制相应价款。被保全人请求对作为争议标的的被保全财产自行处分的，须经申请保全人同意。人民法院准许被保全人自行处分被保全财产的，应当通知申请保全人；申请保全人不同意的，可以依照《民事诉讼法》第225条规定提出异议。

第四，债务人的财产不能满足保全请求，但对他人有到期债权的，人民法院可以依债权人的申请裁定该他人不得对本案债务人清偿。该他人要求偿付的，由人民法院提存财物或者价款。

第五，人民法院对抵押物、质押物、留置物可以采取财产保全措施，但不影响抵押权人、质权人、留置权人的优先受偿权。

第六，人民法院对债务人到期应得的收益，可以采取财产保全措施，限制其支取，通知有关单位协助执行。

第七，债务人的财产不能满足保全请求，但对他人有到期债权的，人民法院可以依债权人的申请裁定该他人不得对本案债务人清偿。该他人要求偿付的，由人民法院提存财物或者价款。

第八，被保全人有多项财产可供保全的，在能够实现保全目的的情况下，人民法院应当选择对其生产经营活动影响较小的财产进行保全。也就是说，不是确有必要，不得对这类生产经营性财产和特殊动产采取直接查封或者扣押的方式。在确有必要的情况下，对生产经营性财产和特殊动产采取保全措施时，可限制当事人转移、变卖，有条件的允许其继续使用。

第九，被保全财产系机动车、航空器等特殊动产的，除被保全人下落不明的以外，人民法院应当责令被保全人书面报告该动产的权属和占有、使用等情况，并予以核实。可供保全的土地、房屋等不动产的整体价值明显高于保全裁定载明金额的，人民法院应当对该不动产的相应价值部分采取查封、扣押、冻结措施，但该不动产在使用上不可分或者分割会严重减损其价值的除外。对银行账户内资金采取冻结措施的，人民法院应当明确具体的冻结数额。

（三）财产保全的程序

1. 申请

诉前保全必须由利害关系人申请，人民法院不能依职权采取诉讼保全。诉前保全的申请应向被保全财产所在地、被申请人住所地或者对案件有管辖权的人民法院提出。

诉讼保全一般也由当事人提出申请。当事人没有提出申请的，人民法院在必要时也可以裁定采取保全措施。申请诉讼保全，当事人一般应向受诉人民法院提出。

申请执行前财产保全的，债权人应当向作出生效判决的第一审法院或者与第一审法院同级的被执行的财产所在地的人民法院申请。此外，对当事人不服一审判决提起上诉的案件，在第二审人民法院接到报送的案件之前需要采取保全措施的，当事人应当向第一审人民法院申请。第一审人民法院的保全裁定，应当及时报送第二审人民法院。

仲裁过程中，当事人申请财产保全的，应当通过仲裁机构向人民法院提交申请书及仲裁案件受理通知书等相关材料。人民法院裁定采取保全措施或者裁定驳回申请的，应当将裁定书送达当事人，并通知仲裁机构。

无论是诉前保全、诉讼保全还是执行前财产保全，申请一般都应采用书面的形式。即当事人、利害关系人申请财产保全，应当向人民法院提交申请书，并提供相关证据材料。申请书应当载明下列事项：

（1）申请保全人与被保全人的身份、送达地址、联系方式；

（2）请求事项和所根据的事实与理由；

（3）请求保全数额或者争议标的；

（4）明确的被保全财产信息或者具体的被保全财产线索；

（5）为财产保全提供担保的财产信息或资信证明，或者不需要提供担保的理由；

（6）其他需要载明的事项。

申请执行前财产保全的，应当写明生效法律文书的制作机关、文号和主要内容，并附生效法律文书副本。

2. 担保

（1）担保方式。对财产保全担保的方式，《民事诉讼法》和《民诉法解释》只作了原则性规定，司法实践中各地法院适用不一，为此，《财产保全规定》第6条、第7条、第8条对财产保全担保的方式作了统一成文规定。主要包括以下几种：

第一，财产担保。申请保全人或第三人提供的财产担保包括货币担保、物的担保及财产性权利担保。财产性权利担保主要包括汇票、支票、本票、债券、存款单、仓单、提单；依法可以转让的股份、股票等。申请保全人或第三人为财产保全提供财产担保的，应当向人民法院出具担保书。担保书应当载明担保人、担保方式、担保范围、担保财产及其价值、担保责任承担等内容，并附相关证据材料。

第二，保证担保。保证是指第三人为债务人的债务履行作担保，由保证人和债权人约定，当债务人不履行债务时，保证人按照约定履行债务或者承担责任。

第三人为财产保全提供保证担保的，应当向人民法院提交保证书。保证书应当载明保证人、保证方式、保证范围、保证责任承担等内容，并附相关证据材料。

担保人为申请人提供连带保证的，担保人不能为本案当事人，且企业法人的注册资金不低于申请保全所涉财产价值的2倍，提供担保时的企业净资产数额不低于申请财产保全所涉财产价值。担保人应提供由法定代表人签名并加盖企业法人公章的连带保证担保书、企业法人营业执照副本复印件、法定代表人身份证明书、最近一个月的资产负债表、损益表以及基本账户开户银行或审计机构出具的资信状况证明。

第三，责任保险担保。诉讼财产保全责任保险是指保险机构以财产保全申请人为被保险人，并向其提供保险产品作为担保物为其财产保全申请向人民法院提供担保的保险。保险机构按照保险条款及保险单的内容在保险责任限额内履行保险义务，承担财产保全申请人因申请错误致使诉讼保全被申请人遭受损失依法应承担损害赔偿责任。这种新的担保方式，有助于增强当事人的担保能力，进一步降低保全门槛，提高保全适用比例。

保险人以其与申请保全人签订财产保全责任险合同的方式为财产保全提供担保的，应当向人民法院出具担保书。担保书应当载明，因申请财产保全错误，由保险人赔偿被保全人因保全所遭受的损失等内容，并附相关证据材料。

第四，独立保函担保。独立保函是银行或非银行金融机构作为开立人，以书面形式向受益人出具的，同意在受益人请求付款并提交符合保函要求的单据时，向其支付特定款项或在保函最高金额内付款的承诺。金融监管部门批准设立的金融机构以独立保函形式为财产保全提供担保的，人民法院应当依法准许。

对财产保全担保，人民法院经审查，认为违反物权法、担保法、公司法等有关法律禁止性规定的，应当责令申请保全人在指定期限内提供其他担保；逾期未提供的，裁定驳回申请。

（2）担保数额。

第一，责令申请保全人提供财产保全担保的，担保数额不超过请求保全数额的30%；申请保全的财产系争议标的的，担保数额不超过争议标的价值的30%。通常情况下，当事人申请财产保全的，需要提供担保，以便赔偿可能因保全错误对被保全一方造成的损失。《民事诉讼法》对当事人申请诉讼财产保全时应当提供的担保数额未作规定，过去实践中通行做法是要求当事人提供相当于请求保全数额的担保，由于保全仅限制被保全财产的处分，一般不会导致财产灭失，所以，全额担保的数额通常远远高于可能对被保全一方造成的财产损失，导致担保要求过高，保全适用比例过低，保全作用难以有效发挥。

为此，《财产保全规定》第5条规定，在充分考虑因保全可能对被保全财产造成实际损失的情况下，对保全担保数额予以合理调整，规定诉讼保全的担保数额不超过请求保全数额或争议标的财产价值的30%，大大降低了当事人申请保全的成本。

第二，利害关系人申请诉前财产保全的，应当提供相当于请求保全数额的担保；情况特殊的，人民法院可以酌情处理。即对于诉前保全，虽然要求提供相当于请求保全数额的担保，但是在特殊情况下，在具体案件中，人民法院也可以酌情进行调整和处理。

第三，财产保全期间，申请保全人提供的担保不足以赔偿可能给被保全人造成的损失的，人民法院可以责令其追加相应的担保；拒不追加的，可以裁定解除或者部分解除保全。即为了避免担保数额过低，不足以赔偿因保全期间过长、市场发生巨变等增加的可能损失，规定法院有权责令当事人追加担保，对担保数额予以调整，以平衡保护各方当事人的合法权益。

同时，针对实践中，存在明显超标保全损害了债务人和案外人的合法权益的问题，《财产保全规定》第15条明确规定："人民法院应当依据财产保全裁定采取相应的查封、扣押、冻结措施。可供保全的土地、房屋等不动产的整体价值明显高于保全裁定载明金额的，人民法院应当对该不动产的相应价值部分采取查封、扣押、冻结措施，但该不动产在使用上不可分或者分割会严重减损其价值的除外。对银行账户内资金采取冻结措施的，人民法院应当明确具体的冻结数额。”

3. 审查并作出裁定

人民法院进行财产保全，由立案、审判机构作出裁定，一般应当移送执行机构实施。

根据《民事诉讼法》第101条的规定，人民法院接受利害关系人的申请后，必须在48小时内作出裁定；裁定采取保全措施的，应当立即开始执行。

根据《财产保全规定》第4条的规定，人民法院接受财产保全申请后，应当在5日内作出裁定；需要提供担保的，应当在提供担保后5日内作出裁定；裁定采取保全措施的，应当在5日内开始执行。对情况紧急的，必须在48小时内作出裁定；裁定采取保全措施的，应当立即开始执行。

根据《民事诉讼法》第108条的规定，人民法院的保全措施裁定，一经作出，立即发生法律效力。当事人对保全或者先予执行的裁定不服的，不得提出上诉，但可以申请复议一次，复议期间不停止裁定的执行。对保全的裁定负有协助执行义务的有关单位和个人在接到人民法院保全裁定协助执行通知书后，必须及时协助执行。

人民法院裁定采取保全措施后，除作出保全裁定的人民法院自行解除或者其上级人民法院决定解除外，在保全期限内，任何单位不得解除保全措施。

（四）上诉案件、再审案件的财产保全

《民诉法解释》第161、162条和《财产保全规定》第19条对上诉案件、再审案件的财产保全问题作了具体规定。

1. 上诉案件的财产保全

（1）对当事人不服一审判决提起上诉的案件，在第二审人民法院接到报送的案件之前，当事人有转移、隐匿、出卖或者毁损财产等行为，必须采取保全措施的，由第一审人民法院依当事人申请或者依职权采取。第一审人民法院的保全裁定，应当及时报送第二审人民法院。

（2）第二审人民法院裁定对第一审人民法院采取的保全措施予以续保或者采取新的保全措施的，可以自行实施，也可以委托第一审人民法院实施。

2. 再审案件的财产保全

再审人民法院裁定对原保全措施予以续保或者采取新的保全措施的，可以自行实施，也可以委托原审人民法院或者执行法院实施。

再审审查期间，债务人申请保全生效法律文书确定给付的财产的，人民法院不予受理。再审审理期间，原生效法律文书中止执行，当事人申请财产保全的，人民法院应当受理。

（五）不同阶段保全措施的衔接

1. 诉前保全与诉讼、执行阶段的衔接

利害关系人申请诉前财产保全，在人民法院采取保全措施后 30 日内依法提起诉讼或者申请仲裁的，诉前财产保全措施自动转为诉讼或仲裁中的保全措施；进入执行程序后，保全措施自动转为执行中的查封、扣押、冻结措施。自动转为诉讼、仲裁中的保全措施或者执行中的查封、扣押、冻结措施的，期限连续计算，人民法院无需重新制作裁定书。即诉前财产保全措施自动转为诉讼（仲裁）中保全和执行中控制性措施，法院无需再重新制作裁定书。

2. 诉讼保全与执行阶段的衔接

诉讼中当事人申请财产保全，保全裁定未经人民法院依法撤销或者解除，进入执行程序后，保全措施自动转为执行中的查封、扣押、冻结措施，期限连续计算，执行法院无需重新制作裁定书，即诉讼中财产保全措施自动转为执行中控制性措施，法院无需再重新制作裁定书。

依据《民诉法解释》第 487 条的规定，人民法院冻结被执行人的银行存款的期限不得超过 1 年，查封、扣押动产的期限不得超过 2 年，查封不动产、冻结其他财产权的期限不得超过 3 年。超过以上期限，财产保全裁定自动失去法律效力，保全措施自动解除。即查封、扣押、冻结期限届满后，也就不存在自动转化的问题。因此，上述规定受查封、扣押、冻结期限的限制。

（六）续行保全的时限要求及责任承担

财产保全的效力并不是没有终期的，而且不同种类的财产的保全期限也是不同的，每次采取保全措施后只能维持一定的期限。《民诉法解释》第 487 条的规定："人民法院冻结被执行人的银行存款的期限不得超过一年，查封、扣押动产的期限不得超过两年，查封不动产、冻结其他财产权的期限不得超过三年。申请执行人申请延长期限的，人民法院应当在查封、扣押、冻结期限届满前办理续行查封、扣押、冻结手续，续行期限不得超过前款规定的期限。人民法院也可以依职权办理续行查封、扣押、冻结手续。"超过以上期限，财产保全裁定自动失去法律效力，保全措施自动解除。

司法实践中，因诉讼案件的不确定性如疑难、复杂、有重大影响的案件，可能导致在法律规定的期限内不能审结；有些诉讼案件需要经过司法鉴定、审计等法律程序，导致案件审理期限较长。已采取保全措施的财产，特别是不动产，在案件未审结之前或未能进入执行程序前，往往由于疏忽致使保全的财产超过了期限，在法院再次续查封、扣押、冻结之前，所保全的财产可能已被处置。因此，在法院采取保全措施后，仍要继续关注保全措施的到期时间。需要继续采取续保措施的，应当按照《财产保全规定》第 18 条的规定，申请续行保全。

依据《财产保全规定》第 18 条的规定，申请保全人申请续行财产保全的，应当在保全期限届满 7 日前向人民法院提出。逾期申请或者不申请的，由申请人自行承担不能续行保全的法律后果。同时，人民法院进行财产保全时，应当书面告知申请保全人明确的保全期限届满日以及前款有关申请续行保全的事项。

司法实践中通常会送达保全期限告知书，载明上述内容，有的还作了相应的笔录。需注意的是，书面告知义务属于法官的职责所在，只要尽到了书面告知义务，不能续行保全的风险便与法官无涉，由当事人自行承担。

（七）保全的解除

根据《民事诉讼法》的相关规定，有下列情形之一的，人法院应当作出解除财产保全的裁定：

（1）诉前保全的申请人在法定期间内不起诉的。人民法院采取诉前保全措施 30 日内，申请人应当尽快起诉，30 日届满，申请人还不起诉的，表明利害关系人不想通过诉讼程序解决分歧，为保护被申请人的合法权益，避免被申请人的财产因保全时间过长或保全错误而受到损失，人民法院应当解除财产保全。

（2）被申请人提供担保，即反担保。人民法院裁定采取保全措施后，被申请人向人民法院提供了相应的担保，今后的判决有实现的物质基础，这就消除了将来判决生效后不能执行和难以执行的可能性，原来的保全措施则已无必要，因而人民法院应当解除对被申请人的财产保全措施。这里的反担保，既可以是现金、实物或有价证券，也可以是人保。

（3）申请人在财产保全期间申请解除财产保全，人民法院同意其撤回申请的。根据《财产保全规定》第 23 条的规定，申请保全人在下列情形下应当及时申请解除保全：①采取诉前财产保全措施后 30 日内不依法提起诉讼或者申请仲裁的；②仲裁机构不予受理仲裁申请、准许撤回仲裁申请或者按撤回仲裁申请处理的；③仲裁申请或者请求被仲裁裁决驳回的；④其他人民法院对起诉不予受理、准许撤诉或者按撤诉处理的；⑤起诉或者诉讼请求被其他人民法院生效裁判驳回的；⑥申请保全人应当申请解除保全的其他情形。

人民法院收到解除保全申请后，应当在5日内裁定解除保全；对情况紧急的，必须在48小时内裁定解除保全。申请保全人未及时申请人民法院解除保全，应当赔偿被保全人因财产保全所遭受的损失。

（4）人民法院确认被申请人复议意见有理，而作出新的裁定，撤销原财产保全裁定的。

（5）财产保全期间，申请保全人提供的担保不足以赔偿可能给被保全人造成的损失的，人民法院可以责令其追加相应的担保；拒不追加的，可以裁定解除或者部分解除保全。

（6）被申请人依法履行了人民法院判决的义务，财产保全已没有存在意义。

此外，在司法实践中，对被申请人的银行存款予以冻结。一次冻结的有效期为6个月，如果超过了6个月，而当事人没有继续要求财产保全的，视为自动解除财产保全。

需要注意的是，解除以登记方式实施的保全措施的，应当向登记机关发出协助执行通知书。

（八）保全的救济途径

1. 对保全裁定或驳回申请裁定不服的救济途径

（1）申请保全人、被保全人对保全裁定或者驳回申请裁定不服的，可以自裁定书送达之日起5日内向作出裁定的人民法院申请复议一次。人民法院应当自收到复议申请后10日内审查。

（2）对保全裁定不服申请复议的，人民法院经审查，理由成立的，裁定撤销或变更；理由不成立的，裁定驳回。

（3）对驳回申请裁定不服申请复议的，人民法院经审查，理由成立的，裁定撤销，并采取保全措施；理由不成立的，裁定驳回。

2. 当事人及利害关系人对保全执行行为不服的救济途径

申请保全人、被保全人、利害关系人认为保全裁定实施过程中的执行行为违反法律规定提出书面异议的，人民法院应当依照《民事诉讼法》第225

条规定审查处理。即当事人、利害关系人认为执行行为违反法律规定的，可以向负责执行的人民法院提出书面异议。当事人、利害关系人提出书面异议的，人民法院应当自收到书面异议之日起 15 日内审查，理由成立的，裁定撤销或者改正；理由不成立的，裁定驳回。当事人、利害关系人对裁定不服的，可以自裁定送达之日起 10 日内向上一级人民法院申请复议。

3. 案外人对保全不服的救济途径

人民法院对诉讼争议标的以外的财产进行保全，案外人对保全裁定或者保全裁定实施过程中的执行行为不服，基于实体权利对被保全财产提出书面异议的，人民法院应当依照《民事诉讼法》第 227 条规定审查处理并作出裁定。即：人民法院应当自收到书面异议之日起 15 日内审查，理由成立的，裁定中止对该标的的执行；理由不成立的，裁定驳回。案外人、申请保全人对上述裁定不服的，可以自裁定送达之日起 15 日内向人民法院提起执行异议之诉。

人民法院裁定案外人异议成立后，申请保全人在法律规定的期间内未提起执行异议之诉的，人民法院应当自起诉期限届满之日起 7 日内对该被保全财产解除保全。

（九）财产保全错误的赔偿

由于财产保全是人民法院在紧急情况下所采取的临时性应急措施，而且大多发生在诉讼终结之前，即民事权利义务最后确定之前，所以，无论是法院依据申请实施财产保全，还是法院依职权主动采取财产保全措施，都可能出现财产保全措施失误。一旦出现失误，就可能给对方当事人（或利害关系人）造成一定程度的损失。本着公平原则，造成了损失就要向相对方赔偿。因申请错误造成被申请人损失的，由申请人予以赔偿；因人民法院依职权采取保全措施错误造成损失的，由人民法院依法予以赔偿。

1. 因申请错误造成被申请人损失的，由申请人予以赔偿

《民事诉讼法》第 105 条规定，申请有错误的，申请人应当赔偿被申请人因保全所遭受的损失。这既是对被申请人合法权益的保障，又是对申请人滥用权利的制裁。因为诉前财产保全都提供了担保，诉讼财产保全除《财产保全规定》规定的六种情形可以不要求担保外，其他的申请人也都提供了担保，因此，因申请有错误，被申请人因保全遭受的损失由申请人的担保来赔偿。

但是，对如何认定“申请有错误”，《民事诉讼法》及其相关的司法解释

却没有明确的规定。实践中，一般有两种做法，一种是适用无过错责任原则，只要是申请人败诉，给被申请人造成损失就应当赔偿；另一种是适用一般侵权责任过错归责原则，而不能仅依据裁判结果来认定责任的成立与否。

笔者认为，因诉讼财产保全而承担的损害赔偿责任，从理论上与实践上均应适用侵权行为法中的过错责任原则。应结合侵权责任成立的要件，审查申请人在申请财产保全时是否存在过错、财产保全申请是否给被申请人造成了损失，以及财产保全行为与损失之间的因果关系等，以确定申请人是否应当承担赔偿责任以及承担多少的赔偿责任。如果申请人对于诉请不能到法院支持是明知的或是应当明知的，其基于此诉请再申请财产保全存在就存在过错，给他方财产造成损失的，申请人应当赔偿被申请人由此而受到的损失。

2. 因人民法院依职权采取保全措施错误造成损失的，由人民法院依法予以赔偿

最高人民法院《关于审理民事、行政诉讼中司法赔偿案件适用法律若干问题的解释》（法释［2016］20号）第1条明确规定："人民法院在民事、行政诉讼过程中，违法采取对妨害诉讼的强制措施、保全措施、先予执行措施，或者对判决、裁定及其他生效法律文书执行错误，侵犯公民、法人和其他组织合法权益并造成损害的，赔偿请求人可以依法向人民法院申请赔偿。"因此，因人民法院依职权采取保全措施错误造成损失的，由人民法院依法予以赔偿，并适用国家赔偿的程序。根据该《解释》第3条的规定，违法采取保全措施，包括以下情形：

（1）依法不应当采取保全措施而采取的；

（2）依法不应当解除保全措施而解除，或者依法应当解除保全措施而不解除的；

（3）明显超出诉讼请求的范围采取保全措施的，但保全财产为不可分割物且被保全人无其他财产或者其他财产不足以担保债权实现的除外；

（4）在给付特定物之诉中，对与案件无关的财物采取保全措施的；

（5）违法保全案外人财产的；

（6）对查封、扣押、冻结的财产不履行监管职责，造成被保全财产毁损、灭失的；

（7）对季节性商品或者鲜活、易腐烂变质以及其他不宜长期保存的物品采取保全措施，未及时处理或者违法处理，造成物品毁损或者严重贬值的；

（8）对不动产或者船舶、航空器和机动车等特定动产采取保全措施，未依法通知有关登记机构不予办理该保全财产的变更登记，造成该保全财产所有权被转移的；

（9）违法采取行为保全措施的；

（10）其他违法情形。

人民法院赔偿委员会审理民事诉讼中的司法赔偿案件，应当对人民法院及其工作人员行使职权的行为是否符合法律规定，赔偿请求人主张的损害事实是否存在，以及该职权行为与损害事实之间是否存在因果关系等事项一并予以审查。

二、对本案的认识

为保证将来生效的判决能够得到有效的执行，有必要对被申请人的财产进行保全。保全是为了保障申请人的利益，但同时被申请人的利益也需要保障。在经济新常态下，为促进经济发展，维护企业的正常经营需要，对经营暂时困难的企业债务人人民法院要慎用冻结、划拨流动资金等保全手段，在条件允许情况下尽量为企业预留必要的流动资金和往来账户，最大限度降低对企业正常生产经营活动的不利影响。本案中人民法院根据当事人申请，依法变更保全措施，解冻了债务企业的部分银行账号，保障了债务企业的正常生产经营，兼顾了双方当事人的权益。较好地实现了采取保全措施在保障申请人权益的同时，最大限度地保障了被申请人权益。

案例十二

唐某与某建筑劳务公司提供劳务者受害责任纠纷先予执行案[1]

【案情】

申请执行人唐某，系进城务工人员，在某建筑劳务公司承建的工地上从事墙体残留水泥浆清除工作。2014 年 3 月 3 日，唐某在作业过程中不慎从高处摔下，后经医院诊断为颈椎体、颈髓等多处损伤，需要在重症监护室抢救治疗。为取得受害赔偿，唐某于 2014 年 4 月 17 日对该建筑劳务公司及项目发包方某建设公司一并提起诉讼。由于唐某家庭经济情况不佳，无力支付巨额医药费，为解燃眉之急，唐某在诉讼过程中申请先予执行部分赔偿款。经审查，唐某的申请符合先予执行的法定条件，该建筑劳务公司被依法裁定先予支付 22.1 万元。裁定书生效后，该建筑劳务公司未履行义务，唐某依据先予执行裁定申请强制执行。

在执行中，人民法院依法对某建筑劳务公司的银行存款予以扣划，兑付了部分案款。2014 年 6 月 26 日，在法官主持下，双方达成执行和解，并于同日在该案审判法官的调解下，就双方在诉讼中的争议自愿达成调解，约定除前期已支付款项外，某建筑劳务公司还应支付共计 28 万元的赔偿款，执行法院就上述约定依法制作了调解书。在达成调解后次日，某建筑劳务公司将余款足额支付给了唐某。

---

〔1〕 载北大法宝：http://www.pkulaw.cn/Case/pfnl_1970324876419354.html? match=Exact.

【导读】

一、基本知识——先予执行

（一）先予执行的概念

人民法院审理民事案件，从受理到作出判决，判决生效执行需要经过一段时间。在这段时间内，有的原告可能因经济困难，不能维持正常的生活，或者难以甚至无法进行生产经营。这就需要法院在终审判决前，裁定采取先予执行措施。据此，先予执行，是指在诉讼过程中，为解决权利人生活或生产经营上的紧迫需要，人民法院在作出判决前，依据其申请，裁定被申请人现行给付申请人一定的财务或者实施、停止某种行为，并立即执行的一种诉讼制度。

（二）先予执行的适用范围

根据《民事诉讼法》第 106 条的规定，人民法院对下列案件，根据当事人的申请，可以裁定先予执行：

（1）追索赡养费、扶养费、抚育费、抚恤金、医疗费用的；

（2）追索劳动报酬的；

（3）因情况紧急需要先予执行的。

根据《民诉法解释》第 170 条的规定，因情况紧急需要先予执行的案件包括以下几种：一是需要立即停止侵害、排除妨碍的；二是需要立即制止某项行为的；三是追索恢复生产、经营急需的保险理赔费的；四是需要立即返还社会保险金、社会救助资金的；五是不立即返还款项，将严重影响权利人生活和生产经营的。

（三）先予执行的条件

1. 当事人之间权利义务关系明确

裁定先予执行，实际上是在判决确定前，实现未来判决确认的部分实体权利，即预先实现权利人的权利。因此，裁定先予执行必须以当事人之间权利义务关系明确为前提。“权利义务关系明确”是指案件未审理前凭基本的社会经验就可以判断原告是享有权利的一方，被告是应履行义务的一方，且原被告之间不存在对等给付问题。如果当事人之间谁享有权利谁承担义务不明确，也就无所谓预先实现权利的问题。

2. 申请人有实现权利的迫切需要

即如果申请人不预先实现有关的权利，则其生活或生产就会遇到严重影响。所谓“严重影响”，是指申请人难以甚至无法维持基本的生产、生活需要。如果对申请人没有产生这种影响，不能采取先予执行的措施。

司法实践中，申请人有实现权利的迫切需要，主要指两种情况：一是申请人是依靠被告履行义务而维持正常生活的，在法院作出生效判决前，如果不裁定先予执行，原告将难以维持正常的生活。二是原告的生产经营活动，须依靠被告提供一定的条件或履行一定的义务才能进行，在法院作出生效判决前，如果不裁定先予执行，将严重影响原告的生产经营活动。如有的原告缺少生产经营资金，急需被告返还货款购置生产原料，如不先予执行将使原告停产甚至破产的，法院应根据申请及时裁定先予执行。

3. 被申请人有履行能力

因为只有被申请人具有履行的能力，申请人的申请才有可能实现，人民法院作出的先予执行的裁定才有实际意义。如果被申请人无履行能力，比如被申请人要破产了，或者被申请人身无分文，又无任何有价值的财物，不宜裁定先予执行。

4. 当事人提出申请

先予执行是因为当事人一方生产、生活急需而采取的措施，不先予执行将严重影响申请人的生活或者生产经营。而是否急需，只有当事人体会最深。所以只有在当事人提出申请的情况下，人民法院才能裁定先予执行，人民法院不能主动依职权裁定采取先予执行的措施。

只有同时具备上述条件，人民法院才能裁定先予执行。

（四）先予执行的程序

1. 先予执行的申请

先予执行只能由当事人提出申请，人民法院不能在没有权利人提出申请的情况下依职权主动采取措施。申请由权利人向受诉人民法院以书面的形式提出，书写申请书有困难的，可以口头申请。以口头形式提出的，人民法院应当记录在案。

2. 审查和责令提供担保

（1）审查。人民法院对当事人提出的先予执行的申请应当进行审查，审查的内容主要是两个方面：一是申请先予执行的案件是否属于先予执行的范围；二是申请是否符合先予执行的条件。

（2）担保。根据《民事诉讼法》第 107 条的规定，申请先予执行的，人民法院可以责令申请人提供担保，申请人不提供担保的，驳回申请。先予执行中要求提供担保的目的，在于保护被申请人的合法权益，避免因申请人申请错误而使被申请人遭受不应有的损失。法律规定的可以责令申请人提供担保，意味着既可责令申请人提供担保，也可以不责令申请人提供担保。一旦法院决定责令申请人提供担保，申请人提供合法有效的担保便成为先予执行的必要条件之一。如果申请人不能按照法院的要求提供担保，申请将被驳回。提供担保的形式，可采用保证人担保，也可采用实物或现金担保。具体操作的问题，可以参照财产保全的担保。

人民法院应当根据案件的具体情况，尤其是申请人是否具有担保能力的情况，确定申请人是否提供担保。在先予执行的审判实践中，大部分案件不责令当事人提供担保。因为申请人往往是老、弱、病、残者，他们的基本生活都成问题，提供担保对于他们而言存在着极大的困难。换句话讲，如果申请人有能力提供担保，本身就说明申请人有法维持基本的生产、生活需要的能力，不具有先予执行的迫切需要，也就不符合先予执行的条件。但是，有的经济合同纠纷案件的情况要复杂得多，需要先予执行的款项数额较大，万一发生错误，损失难以挽回，在这种情况下人民法院可以要求申请人提供担保。

3. 先予执行的裁定及执行

经审查，法院对符合先予执行条件的申请，应当及时作出先予执行的裁定，并送达双方当事人。对不符合法定条件的申请，则应驳回。

先予执行的裁定送达后即发生法律效力，当事人不服的，不得提起上诉，但可以自收到裁定书之日起 5 日内向作出裁定的人民法院申请复议，但复议期间不停止先予执行裁定的执行。人民法院应当在收到复议申请后 10 日内审查。裁定正确的，驳回当事人的申请；裁定不当的，变更或者撤销原裁定。若原裁定已执行的，人民法院应当采取执行回转措施。

（五）先予执行裁定的最终处理

根据我国《民事诉讼法》的规定，人民法院在案件审理终结时，应当在裁判中对先予执行的裁定及该裁定的执行情况予以说明及提出处理意见。如果原告胜诉，说明先予执行是正确的，先予执行的部分可以在判决中冲抵。

如果原告败诉，或者虽然没有败诉，但在先予执行中得到的利益超过了最后实际判决给予的利益，那就意味着原告通过先予执行所获取的利益已经失去了法律基础，并且因此让被申请人蒙受了损失。所以，人民法院应在判决中指出先予执行是错误的，并责令申请人返还因先予执行所取得的利益。如果申请人拒不返还，适用强制执行程序强制执行。对于被申请人因先予执行遭受损失的，申请人应当赔偿。如果申请人提供担保的，可以用担保的财产赔偿。如果申请人事先没有提供担保，则应在其他财产中赔偿。这样既有益于防止申请人滥用权利，也有利于保护被申请人的合法权益。

（六）违法采取先予执行措施的赔偿

根据最高人民法院《关于审理民事、行政诉讼中司法赔偿案件适用法律若干问题的解释》（法释［2016］20号）的规定，人民法院在民事诉讼过程中，违法采取先予执行措施侵犯公民、法人和其他组织合法权益并造成损害的，应当依照《国家赔偿法》第36条的规定承担赔偿责任，赔偿请求人可以依法向人民法院申请赔偿。这里的“违法采取先予执行措施”，包括以下情形：①违反法律规定的条件和范围先予执行的；②超出诉讼请求的范围先予执行的；③其他违法情形。

人民法院赔偿委员会审理民事诉讼中的司法赔偿案件，应当对人民法院及其工作人员行使职权的行为是否符合法律规定，赔偿请求人主张的损害事实是否存在，以及该职权行为与损害事实之间是否存在因果关系等事项一并予以审查。

二、对本案的认识

在民事诉讼中，即便案件尚未审结，一方当事人也可在符合法定条件的情况下向人民法院申请先予执行。对人民法院依法作出的先予执行裁定，送达原被告后即发生法律效力，当事人必须按照裁定内容履行法律义务，不能以案件尚在审理之中胜负未分为由，拖延履行或拒绝履行，否则另一方当事人可依据先予执行裁定向人民法院申请强制执行。这既是《民事诉讼法》设立先予执行程序的目的，也是先予执行程序独立的价值。

本案中，唐某作为某建筑劳务公司的员工，在其承建的工地上工作的过程中不慎从高处摔下受伤。为取得受害赔偿，唐某于2014年4月17日对该建筑劳务公司及项目发包方某建设公司一并提起诉讼。该案权利义务关系明确，诉讼的结果应该是该建筑劳务公司及项目发包方某建设公司对唐某的一切损失承担责任。诉讼结束尚需一段时间，但由于情况紧急，如果不能立即支付巨额医疗费，唐某便无法接受治疗，或错过最佳的治疗机会。该情形符合先予执行的条件和要求。故此，唐某申请先予执行，受诉法院根据实际情况裁定该建筑劳务公司被依法裁定先予支付 22.1 万元。裁定书生效后，该建筑劳务公司未履行义务，唐某依据先予执行裁定申请强制执行。该案是先予执行程序适用较好的典型案例，不但解决了唐某的燃眉之急，而且在对先予执行裁定执行的过程中，双方达成调解协议，在达成调解后次日，某建筑劳务公司将余款足额支付给了唐某，彻底解决了当事人的纠纷，取得了较好的效果。

案例十三

石甲夫妇诉王某某交通事故赔偿款返还案[1]

【案情】

石甲、郭某某系夫妻关系，石乙系二人之女，王某某之妻。1996年10月28日，石乙与任某英发生交通事故，致石乙死亡。此事故在原审法院审理中，因王某某表示石乙其他法定继承人应享有之份额由其代为接受。原审法院遂以［1997］密民初字第139号民事调解书作出调解：任某英除已支付6462.16元费用外，再赔偿王某某因石乙死亡的丧葬费、死亡补偿费、扶养费、车费、误工费等损失16 000元。该款任某英于1999年底已全部给付王某某。但王某某未将该款中属于石甲、郭某某所有的份额给付二人。王某某称石甲、郭某某曾表示将其应得份额赠与其外孙女，石甲、郭某某予以否认，王某某亦未就此向法院举证。

法院经过审理认为：公民的合法财产受法律保护。王某某在解决交通事故时，其表示石乙其他法定继承人应享有之份额由其代为接受，在实际取得赔偿款后，应将石甲、郭某 某应享有的份额及时予以返还。因王某某实际取得赔偿款的时间是1999年底，现石甲、郭某某主张权利并未超过诉讼时效。关于王某某称石甲、郭某某曾表示将其应得份额赠与其外孙女一节，石甲、郭某某对此予以否认，王某某亦未向法院举证，故对其上诉请求，法院不予支持。综上所述，依照《中华人民共和国民事诉讼法》（1991年）第153条第1款第（一）项之规定，判决如下：驳回上诉，维持原判。一、二审诉讼费各330元，均由王某某负担（一审诉讼费已交纳220元，余款于本判决生效后7日内交至原审法院，二审诉讼费已交纳）。

---

〔1〕 载华律网：http://www.66law.cn/laws/77930.aspx.

【导读】

一、基本知识——诉讼时效

（一）诉讼时效的基本含义

诉讼时效是指民事权利受到侵害的权利人在法定的时效期间内不行使权利，当时效期间届满时，债务人获得诉讼时效抗辩权。在法律规定的诉讼时效期间内，权利人提出请求的，人民法院应强制义务人履行所承担的义务。而在法定的诉讼时效期间届满之后，权利人行使请求权的，人民法院就不再予以保护。值得注意的是，诉讼时效届满后，义务人虽可拒绝履行其义务，权利人请求权的行使仅发生障碍，权利本身及请求权并不消灭。当事人超过诉讼时效后起诉的，人民法院应当受理。受理后，如另一方当事人提出诉讼时效抗辩且查明无中止、中断、延长事由的，判决驳回其诉讼请求。如果另一方当事人未提出诉讼时效抗辩，则视为其自动放弃该权利，法院不得依照职权主动适用诉讼时效，应当受理支持其诉讼请求。

（二）诉讼时效的适用范围

根据我国现行法律的规定，诉讼时效只适用于财产权中的债权性请求权。因此下列权利不适用诉讼时效：

（1）人身权的请求权。

（2）财产性支配权：包括物权和知识产权。

（3）抗辩权。

（4）形成权。

（5）存款本息的请求权具有无特定履行期限，存款人可以随时请求金融机构兑付的特殊性，如果适用诉讼时效，会关系到民众的生存利益，对于民众的生存利益会带来深刻影响，也不符合这个法律存在的特性，所以存款本息不适用。

（6）认购人是基于对国家和对金融机构的信赖购买债权的，他的投资具有类似于储蓄的性质，所以由国债和金融债产生的支付体系请求权不应该适用诉讼时效。

（7）基于投资产生的缴付出资的请求权，不受诉讼时效的规定，主要是考虑到充足的资本是企业开展对外经营活动的保障，也是对外承担民事责任的担保，足额出资也是公司法定义务，缴付出资请求权不应该受到时效的限制，否则有违公司资本充足的原则。

（8）如果对物权请求权适用诉讼时效，那么，超过诉讼时效而被他人占有的财产就会成为无主物。

需要特别注意的是，人身权、物权、知识产权受到侵害后权利人根据侵权行为要求对方承担损害赔偿的请求权由于是债权，所以受诉讼时效的限制。

（三）诉讼时效的中断

诉讼时效的中断是指在诉讼时效期间进行中，因发生一定的法定事由，致使已经经过的时效期间统归无效，待时效中断的事由消除后，诉讼时效期间重新起算。

诉讼时效的中断的法定事由包括以下几种：

（1）权利人提起诉讼。最高人民法院《关于审理民事案件适用诉讼时效制度若干问题的规定》（法解［2008］11号）（以下简称《诉讼时效规定》）第12条明确规定："当事人一方向人民法院提交起诉状或者口头起诉的，诉讼时效从提交起诉状或者口头起诉之日起中断。"第13条规定："下列事项之一，人民法院应当认定与提起诉讼具有同等诉讼时效中断的效力：（一）申请仲裁；（二）申请支付令；（三）申请破产、申报破产债权；（四）为主张权利而申请宣告义务人失踪或死亡；（五）申请诉前财产保全、诉前临时禁令等诉前措施；（六）申请强制执行；（七）申请追加当事人或者被通知参加诉讼；（八）在诉讼中主张抵销；（九）其他与提起诉讼具有同等诉讼时效中断效力的事项。"第14条规定："权利人向人民调解委员会以及其他依法有权解决相关民事纠纷的国家机关、事业单位、社会团体等社会组织提出保护相应民事权利的请求，诉讼时效从提出请求之日起中断。"第15条规定："权利人向公安机关、人民检察院、人民法院报案或者控告，请求保护其民事权利的，诉讼时效从其报案或者控告之日起中断。上述机关决定不立案、撤销案件、不起诉的，诉讼时效期间从权利人知道或者应当知道不立案、撤销案件或者不起诉之日起重新计算；刑事案件进入审理阶段，诉讼时效期间从刑事裁判文书生效之日起重新计算。"

（2）权利人主张权利。《诉讼时效规定》第10条规定："具有下列情形之一的，应当认定为民法通则第一百四十条规定的'当事人一方提出要求'，产生诉讼时效中断的效力：（一）当事人一方直接向对方当事人送交主张权利文书，对方当事人在文书上签字、盖章或者虽未签字、盖章但能够以其他方式证明该文书到达对方当事人的；（二）当事人一方以发送信件或者数据电文方式主张权利，信件或者数据电文到达或者应当到达对方当事人的；（三）当事人一方为金融机构，依照法律规定或者当事人约定从对方当事人账户中扣收欠款本息的；（四）当事人一方下落不明，对方当事人在国家级或者下落不明的当事人一方住所地的省级有影响的媒体上刊登具有主张权利内容的公告的，但法律和司法解释另有特别规定的，适用其规定。前款第（一）项情形中，对方当事人为法人或者其他组织的，签收人可以是其法定代表人、主要负责人、负责收发信件的部门或者被授权主体；对方当事人为自然人的，签收人可以是自然人本人、同住的具有完全行为能力的亲属或者被授权主体。"第11条规定："权利人对同一债权中的部分债权主张权利，诉讼时效中断的效力及于剩余债权，但权利人明确表示放弃剩余债权的情形除外。"

（3）债务人同意履行义务。《诉讼时效规定》第16条规定："义务人作出分期履行、部分履行、提供担保、请求延期履行、制定清偿债务计划等承诺或者行为的，应当认定为民法通则第一百四十条规定的当事人一方'同意履行义务'。"

（四）诉讼时效期间的中止

诉讼时效中止，是指在诉讼时效进行中，因一定的法定事由产生而使权利人无法行使请求权，暂停计算诉讼时效期间。《民法总则》第194条规定：在诉讼时效期间的最后6个月内，因不可抗拒力或其他障碍不能行使请求权的，诉讼时效中止。

诉讼时效中止的条件：

（1）诉讼时效的中止必须是因法定事由而发生。法定事由包括不可抗力；权利被侵害的无民事行为能力人、限制民事行为能力人没有法定代理人，或者法定代理人死亡、丧失代理权、丧失行为能力；继承开始后未确定继承人或者遗产管理人；权利人被义务人或者其他人控制无法行使权利。

（2）法定事由发生在诉讼时效期间的最后6个月内，发生在最后6个月之前（诉讼时效期间）但持续到最后6个月时尚未消失，则产生中止诉讼时效的效力。

（3）诉讼时效中止之前已经经过的期间与中止时效的事由消失之后继续进行的期间合并计算，而中止的时间过程则不计入时效期间，为此，民法把时效中止视为诉讼时效完成的暂时性阻碍。

我国的诉讼时效中止的效力，从中止时效的原因消除后，时效期间继续计算。中止前已经进行的时效仍然有效，中止时效的法定事由消除后，继续以前计算的诉讼时效至届满为止。

（4）中止事由发生在诉讼时效期间最后 6 个月之前，但持续到最后 6 个月时仍然存在，则应在最后 6 个月（注意：这种情况下不能在中止事由发生时，就中止诉讼时效的进行）时中止诉讼时效的进行。

二、本案分析

本案焦点主要集中在石甲夫妇主张返还的 8000 元交通事故赔偿款是否已经超过诉讼时效。对此，主要存在四种不同意见：

（1）认为本案的这笔款项的诉讼时效起算点应该是石甲夫妇和王某某达成委托代领协议的时间，即一审法院对交通事故的民事调解书达成之前的某个时间，因为此时起王某某开始有权侵占石甲夫妇的应得款项。这种意见的后果是明显诉讼时效已过，石甲夫妇要求返还款项的诉讼请求不能支持。

（2）认为本案的诉讼时效起算点应该是一审法院民事调解书中达成的关于赔偿款履行完毕的 1998 年底，因为这调解书是确权性质的而且内容是约定在 1998 年底履行完毕，只有过了这个时间王某某不给付，石甲夫妇才能知道其权益受到侵害。这个意见的后果也是诉讼时效已过，法院不能支持石甲夫妇的诉讼请求。

（3）认为诉讼时效应该从王某某实际代领的款项完全领到的时间开始起算，即 1999 年底，因为只有王某某实际领取了石甲夫妇的应得款项，才有王某某侵占的可能。从这个时间算，石甲夫妇的诉讼请求没有过诉讼时效。王某某应该返还其代领的款项。

（4）认为本案的诉讼时效应该从石甲夫妇向王某某主张返还其应得款项之时开始起算，即在本案中，如果王某某不能举证证明在本案起诉之前某个时间石甲夫妇曾经向他主张过权利，那么本案的起诉时间，2001 年 5 月，才能说石甲夫妇知道权利受到侵害，并推定此时间为诉讼时效的起算点。

不难发现，上述四种观点和做法有本质差异，依第一、二种观点，石甲夫妇的诉讼请求已超过诉讼时效；按第三、四种意见，石甲夫妇的诉讼请求没有超过诉讼时效，而且各自理由迥乎不同。对诉讼时效的起算点的理解不同，导致本案的处理结果天壤之别。因此，如何认定民事审判中诉讼时效的起算点便成为本案的关键所在。

本案当事人主张的权利属于“没有履行期限的债权请求权”这类权利。合同规定了债权的履行，但没有明确履行的期限，特别是没有规定清楚债权履行的起止期限。按照《合同法》的规定，债务人可以随时履行，债权人也可以随时要求履行，但应当给对方必要的准备时间。在此情况下，债权人诉诸法院要求债务人还款，如果债务人举证证明自己之前某个时间已经向债权人要求过履行债务或者债权人之前某个时间已经向自己主张过债权，那么这个时间就是该笔借款诉讼时效的起算点；如果债务人举不出证据来证明债权人在之前什么时间已经向他主张过权利，或者债权人没有证明自己之前已经主张过权利，则起诉的时间就是涉案诉讼时效的起算点。

在本案中，王某某尽管是一种无偿的代理履行行为，但是同样应该履行在这种行为中的诸如通知、协助、保密等附随义务，否则须承担违约责任。从本案来看，由于双方之间这种民事上的代领行为没有约定清楚何时交付，所以，王某某在1999年底领到赔偿款后，就应该及时通知石甲夫妇俩来取这笔款项，如果因故没有通知到他们，那么王某某还仅仅是一种民事上委托代领关系，根本无从谈起侵占的开始。如果王某某有证据证明某年某月某日通知到了石甲夫妇俩，那此时只能说王某某作为债务人在向债权人主张要求履行义务，但必须给予对方必要的准备时间，或者王某某有证据证明在其领到该笔赔偿款后石甲夫妇俩某年某月某日曾向其主张过权利，只有如此，这个某年某月某日才能是本案的诉讼时效起算点。如果王某某不能举证证明这些，那么，本案的起诉时间2001年5月，才是石甲夫妇俩主张权利的时间。

综上所述，对于本案，我们倾向于第四种意见。在这类情形中，债权的产生原因合法而有效，只是原因行为和债的行为是两个不同的行为。由于在原因行为中没有考虑到后果的 可能性，使得对纠纷的解决没有事前约定或法定的明确，从而导致纠纷下的债权没有履行期限。这类纠纷的诉讼时效从债权人主张权利或者债务人要求履行时起算，否则，诉讼时效一直延到起诉时起算。这样不仅切合《民法总则》的法律规定，而且更有利于保护债权人的利益，打击债务人赖账的趋势，从而维护市场经济的正常秩序。[1]

---

〔1〕 载法邦网：http://www.fabao365.com/yichanjicheng/126757/.

案例十四

浙江省义乌市吉甘特进出口有限公司诉东阳市天怡服饰有限公司合同纠纷案[1]

【案情】

浙江省义乌市吉甘特进出口有限公司（以下简称“吉甘特公司”）与东阳市天怡服饰有限公司（以下简称“天怡公司”）于2012年4月27日订立合同，约定由吉甘特公司向天怡公司订购服装，吉甘特公司先行支付货款的30%作为定金。

在合同履行过程中，吉甘特公司以天怡公司加工的货物质量不符合要求为由向义乌市人民法院提起诉讼，要求解除合同，天怡公司返还货款16 966.4元并支付违约金56 300元。而天怡公司则提起反诉，要求吉甘特公司支付货款140 750元和违约金56 300元，并继续履行合同。

义乌法院经审理后认为，天怡公司已按约完成了生产，但吉甘特公司并未依约支付剩余货款，其行为已构成违约，故判令合同继续履行，吉甘特公司支付天怡公司货款98 525元及违约金56 300元；天怡公司交付涉案货物。

吉甘特公司不服，提起上诉。金华市中级人民法院经审理后，除了将违约金调整为42 225元外，其余判决事项与一审相同。判决生效后，双方均未主动履行义务，且均向义乌法院申请执行。

在执行期间，吉甘特公司又以涉案货物有质量问题为由向浙江省高级人民法院申请再审，浙江高院经审查后裁定驳回再审申请。吉甘特公司遂向法院交纳了执行款，天怡公司也向吉甘特公司交付货物。

后吉甘特公司再次向义乌法院提起诉讼，称天怡公司在执行过程中交付的货物有严重的质量问题，要求天怡公司返还已取得的款项共计168 716.4

〔1〕 穆文好、郭翔峰：“一事不再理原则的认定与适用——浙江金华中院裁定吉甘特公司诉天怡公司定作合同纠纷案”，载《人民法院报》2015年4月2日。

元，并收回交付的货物。义乌法院经审理后认为，该案起诉违反了一事不再理原则，系重复起诉，故裁定驳回起诉。吉甘特公司不服，向金华中院提起上诉，金华中院裁定驳回上诉，维持原裁定。

【导读】

一、基本知识——重复诉讼、一事不再理

（一）一事不再理概述

“一事不再理”是民事诉讼中的重要原则，又称“禁止重复起诉”原则，起源于罗马法的诉权消耗理论，意思是对于已经裁判并发生法律效力的案件，当事人的诉权已经消耗，不得再行提起诉讼，否则构成重复起诉。此原则对于已经起诉或者正在审理的案件也适用。“一事不再理”原则既是为了保证既判力的稳定，也是对当事人诉权的一种限制，有利于实现诉讼经济，节约有限的司法资源，维护法律秩序的稳定和司法的权威与公信。

我国《民事诉讼法》没有明确规定一事不再理原则，但通过《民事诉讼法》第124条第5项“对判决、裁定、调解书已经发生法律效力的案件，当事人又起诉的，告知原告申请再审，但人民法院准许撤诉的裁定除外”，以及《民诉法解释》第247条“当事人就已经提起诉讼的事项在诉讼过程中或者裁判生效后再次起诉，同时符合下列条件的，构成重复起诉：（一）后诉与前诉的当事人相同；（二）后诉与前诉的诉讼标的相同；（三）后诉与前诉的诉讼请求相同，或者后诉的诉讼请求实质上否定前诉裁判结果。当事人重复起诉的，裁定不予受理；已经受理的，裁定驳回起诉，但法律、司法解释另有规定的除外”的规定，可以推断出一事不再理原则的适用情形和判断标准。

（二）重复诉讼的情形

根据《民诉法解释》第247条的规定，下列两种情形属于重复诉讼：一是同一诉讼标的的案件，前诉法院已经受理正在诉讼系属中，尚未作出生效判决（具体包括：前诉案件已经审理但没有作出裁判；前诉案件一审已经作出判决，但该判决尚未生效；前诉在上诉过程中尚未作出生效判决），当事人向后诉法院再行起诉的。二是同一诉讼标的的案件，已经为前诉法院所判决，且判决已经生效，当事人对此又提起诉讼的。

（三）重复诉讼的判断标准

根据《民诉法解释》第247条的规定，可以从以下几个方面判断是否属于重复诉讼：

（1）前诉与后诉的当事人是否相同。判断是否重复诉讼，首先就是要看当事人是否相同。如果前诉与后诉的当事人是不同的，那么就不会构成重复诉讼，因为民事诉讼是一种“只要达到纠纷相对性解决之程度即可”的纠纷解决手段。例如，前诉与后诉尽管都是关于同一土地使用权的确认之诉，但前诉是甲向乙提起的确认诉讼，而后诉是甲向丙提起的确认诉讼，这种情形并不构成二重起诉。

（2）前诉与后诉的诉讼请求是否相同。如果前诉和后诉的诉讼标的是相同的，那么后诉就会因为构成重复诉讼（一事再理）而被法院予以拒绝。审判对象或请求对象还过于笼统，更精确或细致的判断标准通常以诉讼标的为依据。按照传统诉讼标的理论，当事人所主张的实体请求权或双方争议的法律关系就是诉讼标的。实体请求作为诉讼标的的判断根据，主要针对给付之诉和形成之诉（过去往往称为变更之诉）。给付之诉和形成之诉都要求有相应的实体请求权，如本金返还请求权、侵权损害赔偿请求权、解除合同请求权、离婚请求权等。因为实体法中对各种实体请求权都有具体的规定，因此，以实体请求权为依据就可以更具体地判定诉讼标的，判定审判对象。

（3）前诉与后诉在主要争点上是否是共通的。如果前诉与后诉在其主要争点方面是共通的，那么后诉的提起也同样应被视为重复诉讼。因为这种情形与前诉和后诉在审判对象方面相同或近似的情形相同，法院对于共同争点的审理也必然形成重复，因此在内容上，也有可能产生实质性矛盾的判决。例如，在确认买卖标的物所有权请求与交付买卖标的物请求的场合，尽管两个诉讼的诉讼标的是不同的，但是作为主要争点的买卖效力问题却是共通的，如果允许后诉当事人提起请求交付买卖标的物的诉讼，则可能发生两个判决实质上相互矛盾的情形。在请求交付土地使用权的诉讼中，当被告将该土地的租赁权作为抗辩提出来时，原告当事人就不能以“请求确认土地租赁权”另行提起诉讼。

（四）对重复诉讼的处理

当事人重复起诉的，裁定不予受理；已经受理的，裁定驳回起诉，但法律、司法解释另有规定的除外。

二、本案解析

本案的一个焦点是吉甘特公司再次向义乌法院提起诉讼属于重复诉讼，违反一事不再理原则。

在本案中，吉甘特公司再次提起诉讼的时间点为裁判生效并经法院强制执行后，属于《民诉法解释》第247条规定的情形之一，符合重复起诉的前提条件。另外，从重复诉讼的判断标准看，在本案中，双方争议的当事人是否依约履行的问题已经在前诉中得到了裁判，法院认定吉甘特公司未按照合同约定提货并支付货款，构成违约，在继续履行合同的同时应当承担违约责任。而吉甘特公司在后诉中提出的仍然是当事人是否依约履行的问题，况且在执行过程中吉甘特公司已经以天怡公司交付的货物不合格为由向浙江高院申请再审，浙江高院审查后裁定驳回了再审申请，因此后诉争议的问题与前诉是相同的，构成诉讼标的同一。而对于诉讼请求是否同一的问题，从字面上看案例中前后诉的诉讼请求似乎存在差别：除了支付违约金的诉请外，前诉是解除合同和返还货款，后诉是退还已经支付款项和交付的货物。但从本案具体情况看，前诉判决已经明确吉甘特公司应当支付剩余货款及违约金、天怡公司交付货物，而吉甘特公司又在后诉中提出了返还已支付的货款和退还货物的诉请，该诉请实际上是否定了前诉裁判，因此虽然后诉的诉讼请求与前诉并不完全相同，但已构成了实质上的同一。

综上分析，本案当事人在前诉判决生效后又提起诉讼，且后诉的诉讼主体、诉讼标的和诉讼请求与前诉是同一的，构成重复起诉，违反一事不再理原则，应予以驳回。义乌法院裁定驳回起诉，以及金华中院裁定驳回上诉、维持原裁定是正确的。

案例十五

上海欧宝生物科技有限公司与辽宁特莱维置业发展有限公司虚假诉讼案[1]

【案情】

上海欧宝生物科技有限公司（以下简称“上海欧宝公司”）于2010年6月13日向辽宁省高级人民法院提起诉讼，诉称：2007年7月24日起分九次陆续借款给辽宁特莱维置业发展有限公司（以下简称“辽宁特莱维公司”）8650万元人民币，用于开发辽宁省东港市特莱维国际花园房地产项目，借期届满后经多次催要，辽宁特莱维公司以商品房滞销为由拒不偿还。辽宁特莱维公司辩称，对上海欧宝公司起诉的事实予以认可，但借款全部投入到特莱维国际花园房地产项目，现因房屋销售情况不好而无力偿还，将努力筹款尽早还清借款本息。辽宁省高级人民法院一审认为，上海欧宝公司要求偿还欠款的请求有理，应当得到支持，于2011年3月作出一审民事判决，支持了上海欧宝公司的全部诉请。

前述判决发生法律效力后，因辽宁特莱维公司的另案债权人谢某提出申诉，辽宁高院裁定再审。再审过程中，上海欧宝公司与辽宁特莱维公司的诉辩意见同原一审诉辩意见。申诉人谢某称，辽宁特莱维公司与上海欧宝公司恶意串通，通过虚构债务的方式，恶意侵害特莱维国际花园房地产项目投资人谢某的合法权益，请求法院查明事实。

再审中查明了大量、复杂的事实：上海欧宝公司先后向辽宁特莱维公司汇款10笔计8650万元，而后者在收到汇款的当日或几日后即将其中的6笔计7050万余元转出，其中5笔计6400万余元转往双方的关联公司翰皇公司；此外，上海欧宝公司在一审诉讼要求辽宁特莱维公司还款期间，仍向后者转款3

〔1〕 载最高人民法院网：http://www.court.gov.cn/zixun-xiangqing-16010.html.

笔计360万元；上海欧宝公司股东为8人，其中曲某丽出资885万元，持股比例73.75%，宗某光为法定代表人；辽宁特莱维公司原法定代表人王某新，由翰皇公司出资1800万元，出资比例90%，2010年8月16日法定代表人变更为上海欧宝公司的股东姜某琪，变更登记时，领取执照人系刘某君，而刘某君又是本案原一审诉讼期间上海欧宝公司的委托代理人，系上海欧宝公司的员工；翰皇公司设立时由王某新出资200万元，曲某丽出资100万元，法定代表人为王某新；王某新与曲某丽系夫妻关系……

再审结合上海欧宝公司与辽宁特莱维公司之间的借款过程及诉讼中发生的情形，王某新夫妻完全控制辽宁特莱维公司、上海欧宝公司、翰皇公司，以及辽宁特莱维公司借款进账后将大部分款项转出的情形，认为不足以认定双方之间存在真实的借款法律关系，判决撤销原一审判决，驳回上海欧宝公司的诉讼请求，但对是否构成虚假诉讼未作出认定。

上海欧宝公司不服辽宁高院再审判决，向最高人民法院提起上诉。最高人民法院第二巡回法庭受理该案后，调取了上海欧宝公司、辽宁特莱维公司以及两公司的共同关联公司翰皇公司、沈阳特莱维化妆品连锁有限责任公司、沈阳沙琪化妆品有限责任公司的银行账户交易明细和工商档案等证据，又查明了大量新的事实，包括关于上海欧宝公司和辽宁特莱维公司之间关系及资金往来等情况。2015年9月底，最高人民法院第二巡回法庭受理该案后，由庭长胡云腾担任审判长，与主审法官范向阳（承办人）、汪国献组成合议庭。鉴于本案当事人之间缺乏常见的诉讼对立，而申诉人谢某及其他债权人又一致反映，该案系关联公司虚构债权制造的虚假诉讼，合议庭调阅了原一审、再审、执行程序的全部卷宗，并依职权调取了欧宝公司、特莱维公司及案涉其他关联公司工商档案和银行账户交易明细，对涉及的几万笔关联交易进行了认真比对和分析。

2015年10月27日，该案在辽宁师范大学法学院公开开庭审理。经过9个多小时的庭审及评议，合议庭当庭宣判：驳回上诉，维持原判；并明确认定上诉人和被上诉人构成虚假诉讼，决定各罚款50万元。同时还宣布，对欧宝公司的法定代表人宗某光、特莱维公司的法定代表人姜某琪、两公司的实际控制人王某新的虚假诉讼行为，将视其情节和认错态度另行处理。

【导读】

一、基本知识——虚假诉讼

（一）虚假诉讼的概念和特征

虚假诉讼，也即打假官司，是指是指民事诉讼中，诉讼行为人出于非法的动机和目的，利用法律赋予的诉讼权利，采取虚假的诉讼主体、事实及证据的方法提起民事诉讼，使法院作出错误的判决、裁定、调解的行为，和恶意诉讼有一定的相似之处。

虚假诉讼与恶意诉讼有共同的特征：一是行为人主观上存在故意和恶意，其行为均具有违法性。对于善意的诉讼，其动机和目的都是善意的，不存在恶意一说，因为其正当性是不被诉讼的胜败所影响的。而恶意诉讼在其主观上是故意的、恶意的，行为人并没有正当的法律事实依据，都是虚构的，在向法院提起诉讼的过程中，侵犯相对人的合法权益，给相对人造成精神上或者财产上的损失，而恶意诉讼人的恶意是不为诉讼的胜败所改变的。假如说行为人在主观上并没有故意或者恶意，那就不应该认定为恶意诉讼。所以恶意诉讼的特点之一就是行为人主观上存在故意和恶意。同时，恶意诉讼人的行为是为了达到自己的非法目的，借助了一些非法的手段侵害他人的合法利益，所以其具有侵权的性质，属于侵权行为，这是违法的；而恶意诉讼又损害了司法权威、激化社会矛盾，属于严重的违法。且对方当事人的损失是由于恶意诉讼行为人的违法行为造成的，所以二者之间存在了法律上的直接的因果关系。二是行为人提起了诉讼且存在损害事实。恶意诉讼的行为人是通过借用正当的诉讼程序来牟取自己的非法利益从而提起的诉讼，包括了民事、行政、刑事和经济诉讼等各方面的诉讼；而恶意诉讼会使得对方当事人受到无法预料的一些损失，例如人力、物力、财力或者精力，一旦恶意诉讼人提起了诉讼，必然使得相对人受到实际损害。假如说恶意诉讼人只有恶意，但是却并没有提起诉讼，则不应该认定为恶意诉讼，因为此时恶意诉讼人并没有对相对人造成损失，所以恶意诉讼应当是行为人提起了诉讼且对相对人造成了损失。

虚假诉讼和恶意诉讼具有上述共同特征的同时，还有其不同于恶意诉讼的特征。一是虚假诉讼的参与主体为原、被告双方当事人，且当事人之间关系的特殊性。调查显示，虚假诉讼案件当事人之间一般存在亲属、朋友等特殊关系。原因是找亲戚或朋友造假进行诉讼，成本较低、操作方便、易于得逞。恶意诉讼的主体通常仅为一方当事人。二是虚假诉讼具有合谋性和非对抗性。虚假诉讼是原、被告双方恶意串通，欺骗法院和法官，获取非法利益，双方当事人不具有对抗性。在很多虚假诉讼中，都是通过调解结案。当事双方均表达愿意调解，有的甚至准备了现成的调解方案，要求法官按照既定方案出具调解书即可。在庭审中，双方更像是合作关系，根本不存在对抗情绪。有些案件中，即便有对抗，也是“虚假”的对抗，以达到迷惑法院和法官的目的；恶意诉讼一般是单方的，不存在双方合谋的情形，因而仍具有对抗性。三是侵害的对象不同。虚假诉讼行为人侵害的是第三者的合法权益，而不是诉讼相对方的权益。因为虚假诉讼的合谋者，是非法利益的共同体，其侵害的对象不可能是相对方，只能是第三者。而恶意诉讼侵害的对象通常仅限于诉讼相对方，而不会是第三人。四是虚假诉讼的原、被告之间不存在真实的民事法律关系，因为他起诉的主体、事实、证据纯粹是子虚乌有；而恶意诉讼原、被告之间可以存在真实的民事法律关系，属于滥用诉讼权利的一类。

（二）虚假诉讼的成因分析

（1）诚实信用的缺失。诚实信用原则在诉讼中表现为当事人诉讼时需要提供合法合理的并且真实的事实证据，不欺诈、不做假。我国现在正大力建设社会主义市场经济，社会也正处在一个转型期，在社会主义市场经济制度确立后，市场经济主体获得了独立的地位，使其利益得到了最大的保护。于是，有些人的欲望逐渐膨胀，想方设法地去追求利益的最大化，在这种想法的驱动下，一些人甘愿冒着风险也要得到最大的利益，于是利益与道德的冲突就逐渐显现出来了。在将利益与道德相互权衡之后，一些人选择站在了利益的这一方而丢弃了道德，于是恶意诉讼、虚假诉讼就由此出现。

（2）民事活动所遵循的当事人意思自治原则与权利自主处分原则及民事审判权的被动性特征客观上为虚假诉讼提供了滋生的条件与生存的空间。民法属于私法，法律对待民事关系遵循当事人意思自治的原则和权利自主处分的原则。只要双方当事人形成合意，法律就应予以尊重。另一方面，法院民事审判权呈现被动性的特征。被动性要求法院不能主动介入、干预当事人的诉讼活动。诉讼中采用当事人主义的审判方式。原、被告是对抗的双方，法院是中立的裁判者。当事人提出主张、答辩、抗辩、放弃、承认、变更、调解与和解等，均具有自主性。对当事人的自认行为，自主处分行为，达成的和解、调解协议只要不违法，法院均不应否定。民事诉讼的这种性质为虚假诉讼者提供了可乘之机。只要虚假诉讼双方当事人互相串通，虚构事实与证据，从表面上达到事实清楚、证据充分，诉辩双方对事实和证据没有异议，法院就不大可能去审查双方证据和民事法律关系的真实性。正因为如此，虚假诉讼者往往能轻易得逞。

（3）证据制度的不够严密为虚假诉讼的得逞提供了可能。民事活动所遵循的当事人意思自治原则以及民事审判权的被动性特征，客观上决定了识别杜绝虚假诉讼，尤其是事前事中识别杜绝虚假诉讼相对困难。法院在诉讼中要充分尊重当事人对诉讼标的的处分权，只对当事人请求的事项和在请求的范围内进行审判。法院作出判决，只根据当事人提出的事实和证据，当事人自认的一般可以认定为事实。实践中，虚假诉讼的证据一般为书证，虚假诉讼者为达到自己的非法目的，编制的书证形式上完全符合法定条件，书证上的签名、印章等也都是真的，被告也都没有异议。从现行证据规则看，这些证据完全可以认定。这就为旨在进行诉讼欺诈的人留下了缺口。

（4）法律没有明确认定虚假诉讼的标准。虚假诉讼一般发生在关联公司、亲友之间，具有一定的隐蔽性，加之，现行法律对虚假诉讼的认定标准未作统一规定，尤其是民事诉讼法司法解释将“恶意串通”的证明标准提高到刑事犯罪才要求的“排除合理怀疑”程度，使在民事诉讼程序中打击虚假诉讼面临一定的难度。

（5）法律规制力度不够，导致虚假诉讼者所能获得的非法利益或达到的非法目的较之法律风险与代价严重失衡。虚假诉讼的违法性和应受谴责性人所共知。进行虚假诉讼是要冒一定法律风险的，但是虚假诉讼者在种种非法利益的诱惑面前往往会忘却风险，而选择非法利益。深层次的原因在于法律规制力度不够，使得进行虚假诉讼者所能获得的非法利益，远超过法律风险与可能付出的。长期以来有观点将虚假诉讼归结到这些人的法律意识和法治观念不够强，这实际上与人的法律意识和法治观念强不强并无大的联系。因为进行虚假诉讼的人必然是掌握一定法律知识和诉讼技能的人，或是以这类人为幕后指使的人，不少法律专业人士甚至主动参与到虚假诉讼中，一个不懂法律知识和诉讼技能的人是不具备虚假诉讼条件的。这些敢于知法犯法、铤而走险的人，通常是高智商的法律专业人士，而并非无畏的无知者。虚假诉讼的进行也是这些人对非法利益与法律风险进行衡量后的选择。

（6）部分法官的素质不够高。虚假诉讼的得逞有赖于法院的司法权，即必须利用诉讼手段获得裁判。越过法官这一“关”，是虚假诉讼得逞的必由之路。因而法官素质的高低与虚假诉讼的多少直接关联，法官素质越高就越能遏制虚假诉讼的发生，反之亦然。现实中也有极端的例子，极个别法官与虚假诉讼者狼狈为奸，里应外合，炮制假案。这也是个别法官素质低下的表现。

（三）对虚假诉讼的法律规制

随着司法权威的逐步确立，尤其是立案登记制改革以来，虚假诉讼发案率一直居高不下。当事人提起虚假诉讼的目的无外乎是获取非法利益，有的是利用虚假诉讼在夫妻离婚诉讼中多分财产，有的是使其他债权人受偿数额落空或者减少，有的是阻止正在进行的执行程序。虚假诉讼严重扰乱了正常的民事诉讼秩序，损害了第三人的合法权益，冲击了社会诚信体系，破坏了正常司法秩序。为进一步防范和打击虚假诉讼，司法机关也在着力建规立制、相互配合，依法合力查处虚假诉讼，共同维护司法权威和司法公正。

2012 年《民事诉讼法》修改之前，因虚假诉讼而受到损害的案外第三人的权利救济途径，主要通过申请再审加以解决，但申请再审条件严格，启动非常困难，这就给案外人的权利救济造成程序上的阻碍。2012 年修改，自 2013 年 1 月 1 日起施行的《民事诉讼法》第 112 条明确规定：“当事人之间恶意串通，企图通过诉讼、调解等方式侵害他人合法权益的，人民法院应当驳回其请求，并根据情节轻重予以罚款、拘留；构成犯罪的，依法追究刑事责任。”同时，还增加了对案外被侵害人的救济渠道：因不能归责于本人的事由未参加诉讼，但有证据证明发生法律效力的判决、裁定、调解书的部分或者全部内容错误，损害其民事权益的，可以自知道或者应当知道其民事权益受到损害之日起 6 个月内，向作出该判决、裁定、调解书的人民法院提起诉讼。人民法院经审理，诉讼请求成立的，应当改变或者撤销原判决、裁定、调解书；诉讼请求不成立的，驳回诉讼请求。与申请再审相比，第三人提起撤销之诉在程序上更便捷，更有利于案外人通过正当的司法途径保护其合法权益。上述规定，为规制虚假诉讼、恶意诉讼提供了最基本的法律依据和程序规则，对遏制虚假诉讼、恶意诉讼有极其重要的意义和价值。

为严厉打击虚假诉讼违法犯罪行为，保护案外人合法权益，维护社会诚信和诉讼秩序，提升司法权威和司法公信力，最高人民法院在广泛调研基础上，根据《刑法》《侵权责任法》《民事诉讼法》等法律的相关规定，结合民商事审判实践中已经发现的虚假诉讼情况，经最高人民法院审判委员会民事行政审判专业委员会第234次会议讨论，通过了《关于防范和制裁虚假诉讼的指导意见》，于2016年6月20日公布并实施，共18条，主要对虚假诉讼的界定，虚假诉讼的表现特征，认定虚假诉讼的途径和方法，对参与虚假诉讼不同主体的制裁以及对虚假诉讼的防范等问题进行规定。

同时，《刑法修正案（九）》明确将虚假诉讼行为规定为犯罪行为，这必将有效震慑意图提起虚假诉讼的不法分子。

二、对本案的认识

本案中，辽宁特莱维公司与上海欧宝公司恶意串通，通过虚构债务的方式提起诉讼，其目的在于侵害特莱维国际花园房地产项目投资人谢某的合法权益，是一起典型的捏造事实、虚构借贷关系而提起的虚假诉讼案，符合恶意诉讼的全部构成要件。本案是最高人民法院认定的第一起虚假民事诉讼案，对各级人民法院在审理涉及虚假诉讼案件时具有积极地参考价值。

一个时期以来，虚假诉讼十分猖獗，禁而不止，该案只是其中之一种典型。当事人提起虚假诉讼的目的无外乎是获取非法利益，有的是利用虚假诉讼在夫妻离婚诉讼中多分财产，有的是使其他债权人受偿数额落空或者减少，有的是阻止正在进行的执行程序。虚假诉讼严重扰乱了正常的民事诉讼秩序，损害了第三人的合法权益，冲击了社会诚信体系。为进一步加强对虚假诉讼行为的打击力度和效果，维护社会诚信，人民法院应在不轻易限制当事人起诉权的同时，对其诉讼中的程序性权利，要基于诚实信用原则，预防其诉权滥用可能导致的严重后果。这就要求各级法院要进一步增强虚假诉讼的防范意识、提高甄别能力，对确属虚假诉讼的，除明确认定外，还应当重视依法对当事人和直接责任人给予罚款、拘留等处罚；构成犯罪的，要及时移送公安机关追究刑事责任。

案例十六

中国农业银行哈尔滨市太平支行与哈尔滨松花江奶牛有限责任公司、哈尔滨工大集团股份有限公司、哈尔滨中隆会计师事务所有限公司借款合同纠纷案

【案情】

最高人民法院民事判决书

上诉人（原审被告）：哈尔滨松花江奶牛有限责任公司。住所地：黑龙江省哈尔滨市太平区东风镇××村。

法定代表人：董某，该公司董事长。

委托代理人：姜某恩，黑龙江××律师事务所律师。

委托代理人：李某波，哈尔滨工大集团股份有限公司法律顾问。

被上诉人（原审原告）：中国农业银行哈尔滨市太平支行。住所地：哈尔滨市道外区东直路×××号。

负责人：王某明，该行副行长。

委托代理人：张某栋，黑龙江××律师事务所律师。

原审被告：哈尔滨工大集团股份有限公司。住所地：黑龙江省哈尔滨市南岗区西大直街×××号。

法定代表人：张某成，该公司董事长。

委托代理人：张某东，该公司法律部主任。

委托代理人：李某波，该公司法律顾问。

原审被告：哈尔滨中隆会计师事务所有限公司。住所地：黑龙江省哈尔滨市南岗区中宣街×号。

法定代表人：赵某杰，该公司董事长。

上诉人哈尔滨松花江奶牛有限责任公司（以下简称“奶牛公司”）因与被上诉人中国农业银行哈尔滨市太平支行（以下简称“太平农行”）、原审被告哈尔滨工大集团股份有限公司（以下简称“工大集团”）、哈尔滨中隆会计师事务所有限公司（以下简称“中隆会计所”）借款合同纠纷一案，不服黑龙江省高级人民法院［2006］黑高商初字第20号民事判决，向本院提起上诉。本院依法组成由审判员钱晓晨担任审判长，代理审判员刘敏、杨征宇参加的合议庭进行了审理。书记员袁红霞担任记录。本案现已审理终结。

原审法院查明：1998年3月3日，哈尔滨松花江奶牛场（以下简称“奶牛场”）与太平农行签订《最高额抵押担保借款合同》，借款金额1900万元，借款期限自1998年3月3日至1999年2月28日，利率7.92‰，逾期按日利率0.4‰计收利息，奶牛场以自有的办公楼、运输工具及牛舍提供抵押担保，但未办理抵押登记。太平农行如约发放了贷款，借款到期后，奶牛场未履行偿还义务。2001年2月，黑龙江省经济贸易委员会组建黑龙江乳业集团总公司（以下简称“黑乳集团”），奶牛场隶属于黑乳集团。2003年，黑龙江省政府对黑乳集团进行资产重组，黑龙江省投资总公司（以下简称“省国投”）委托黑龙江中瑞资产评估有限责任公司（以下简称“中瑞公司”）对包括奶牛场在内的黑乳集团进行资产评估，奶牛场的净资产为9124.28万元，该评估结论的有效使用期限自2003年6月30日至2004年6月29日。2003年9月22日，工大集团以7900万元对价收购了黑乳集团。2004年5月，工大集团以奶牛场的净资产4750万元出资，与哈尔滨通成投资顾问有限责任公司（以下简称“通成公司”）共同组建奶牛公司，同年7月12日，中隆会计所依据中瑞公司的评估报告出具验资报告，证明工大集团出资真实。2004年12月，太平农行向奶牛公司发出《债务逾期催收通知书》，对借款本金3515万元（含本案所涉1900万元）及利息进行催收。2006年6月，太平农行再次以《债务逾期催收通知书》向奶牛公司进行催收，本金为3515万元，利息一栏用笔划掉。奶牛公司在两份催收通知书上盖章予以确认。

另查明，2004年7月14日，奶牛场因改制变更为奶牛公司，企业类型、经营范围、注册资本在哈尔滨市工商行政管理局道外分局作了变更登记。

2006年4月28日，太平农行向原审人民法院提起诉讼，称：借款期限届满后，奶牛场未能清偿到期债务；工大集团作为奶牛场的买受人应当以其所有财产包括在奶牛公司的股权承担民事责任；中隆会计所作为股东出资的验资机构，出具验资证明不实，应当在其证明不实的金额范围内，对太平农行承担连带赔偿责任。请求判令：奶牛公司、工大集团、中隆会计所共同偿还欠款1900万元；截至2006年3月20日的利息12 208 529元、逾期利息4 624 847.37元、律师费107.5万元及诉讼费。

原审法院经审理认为：太平农行与奶牛场签订的《最高额抵押担保借款合同》中的借款部分，是双方当事人真实意思表示，且不违反法律法规的禁止性规定，应认定合法有效，抵押担保部分因未办理抵押物登记，抵押担保未发生法律效力。依照双方签订的借款合同，太平农行如约履行了发放借款的义务。借款到期后，奶牛场未予偿还，应承担违约责任。奶牛场变更为奶牛公司后，尽管企业产权结构、组织形式和名称发生变化，但其债权债务关系仍然存在，改制后的奶牛公司实质是对原奶牛场的延续，故奶牛公司应为承担债务的责任主体。

关于借款数额及利息问题。1998年3月3日，奶牛场向太平农行贷款1900万元并在借据的借款人处签字盖章，奶牛公司不否认其签章的真实性。奶牛公司举示的8张借据合计1615万元，借款数额、借款时间与本案借款合同均不符。奶牛公司自认欠太平农行累计借款本金为3515万元，奶牛公司举示的8张借据应为其中的另外8笔借款，与本诉1900万元无关，且本诉借款合同与借款凭据的数额及时间相一致，因此，奶牛公司关于借款数额为1615万元，太平农行未完全履行合同义务的主张没有事实依据，本院不予支持。奶牛公司依据2006年6月的《债务逾期催收通知书》上利息一栏被划掉而主张太平农行已放弃了利息的抗辩主张，因奶牛公司未举示其与太平农行达成免息协议的证据，虽然太平农行将利息栏划掉，只能证明未主张利息的具体数额，不能得出免息的结论，银行贷款的法定孳息不能免除。因此，奶牛公司的免息主张该院不予支持。至于利息数额应当按照借款合同约定及人民银行同期、逾期贷款利率标准计算。

关于工大集团、中隆会计所是否存在虚假出资、验资及责任承担问题。2003年，省政府对黑乳集团进行资产重组，省国投委托中瑞公司对奶牛场的资产进行评估，并以评估价格面向市场公开招标，工大集团通过竞标，以7900万元对价取得了黑乳集团的所有权。工大集团以评估后的奶牛场的净资产出资，中隆会计所依据过期12天的资产评估结论出具验资报告，虽存在瑕疵，但太平农行未举示验资报告具有虚假记载、误导性陈述或者重大遗漏的相关证据，根据最高人民法院《关于审理涉及会计师事务所在审计业务活动中民事侵权赔偿案件的若干规定》第2条第2款规定，不能仅凭此证明工大集团虚假出资、中隆会计所虚假验资，且太平农行非因信赖或使用该验资报告受到损失。因此，太平农行主张中隆会计所承担责任，该院不予支持。2003年9月，工大集团整体收购了包括奶牛场在内的黑乳集团，原奶牛场的资产已转移给工大集团，工大集团在《产权整体转让合同》中承诺“承担被购企业全部债务，保证妥善解决被购企业与债权银行的债务关系”。因此，工大集团应履行合同义务，在奶牛公司不能清偿债务时负有清偿责任。1998年3月3日，太平农行发放贷款，履行期限至1999年2月28日。2004年12月，太平农行向奶牛公司催收该笔贷款，虽然诉讼时效期间已经过，但奶牛公司在《债务逾期催收通知书》上盖章确认，视为双方达成新的债务偿还协议，诉讼时效重新起算。至2006年6月太平农行起诉，未超过诉讼时效期间。工大集团关于诉讼时效期间已过的抗辩主张，该院不予支持。关于太平农行请求支付律师费的主张，因双方没有此项约定，太平农行亦未提供其他证据证实，其主张该院不予支持。

综上，太平农行的诉讼请求部分有理，原审法院予以支持。该院依照《中华人民共和国合同法》第206条、第207条之规定，判决：一、被告奶牛公司于本判决生效之日起10日内给付原告太平农行1900万元本金及利息（利息按借款合同约定及中国人民银行同期及逾期贷款利率计算）。二、被告奶牛公司如不能清偿上述债务，由被告工大集团负责清偿。三、驳回原告太平农行的其他诉讼请求。如果未按判决指定的期间履行给付金钱义务，应当依照《中华人民共和国民事诉讼法》第232条之规定，加倍支付迟延履行期间的债务利息。案件受理费160 010元，由奶牛公司、工大集团负担。

奶牛公司不服原审法院上述民事判决，向本院提起上诉称：一、按照中国人民银行1996年发布的《贷款通则》第29条规定：“所有贷款应当由贷款人与借款人签订借款合同。”一审法院认定上诉人奶牛公司与被上诉人太平农行贷款1900万元的事实没有合同依据，同样被上诉人太平农行向上诉人奶牛公司追讨欠款没有合同依据。二、被上诉人太平农行向一审法院提交的双方签订的《最高额抵押担保借款合同》应是无效合同，该合同的成立是以借款合同为前提，约定的主要内容是借款人没有按照借款合同的约定到期履行还款义务的情况下，以抵押物偿还借款人的借款。然而本案涉及的抵押担保合同不但没有以主合同即借款合同为前提，而且约定的内容没有实际履行。抵押担保合同第一项内容是上诉人以办公楼、运输工具、牛舍等物担保1900万元合同的履行，因为双方并没有办理相关的抵押手续，所以该抵押行为无效，抵押合同无效。三、虽然上诉人奶牛公司给被上诉人出具了1900万借款借据，但该款并没有落实到上诉人奶牛公司的账户上，上诉人奶牛公司并没有按照借据的用途购买饲料，按照我国民事权利和义务相一致的原则，上诉人奶牛公司并没有按照约定使用该借款，就没有存在偿还贷款并支付利息的义务。四、上诉人奶牛公司是企业法人，依法应当独立承担民事责任。工大集团2003年的收购行为，并不影响上诉人民事权利能力和行为能力即民事主体资格的存在。被上诉人所诉的1900万元借款是早在收购的五年之前即1998年发生的，与工大集团没有任何关系，工大集团对此不应承担清偿责任。

奶牛公司在二审期间提交以下新证据：一、太平农行东风分理处出具给奶牛场的07530087××××843账号下1998年3月的银行对账单，证明奶牛场与太平农行签订的《最高额抵押担保贷款合同》约定的1900万元贷款并未实际履行。该对账单显示：1998年3月6日，07530087××××843账户下“贷方”1900万元，当日“借方”1900万元。也即1900万元资金于1998年3月6日在农行东风分理处的奶牛场账户上一进一出。二、奶牛场的《银行存款日记账》表明1900万元贷款并没有到奶牛场的账户。三、1999年3月的奶牛场与东风分理处的银行对账单一份，该证据显示在奶牛场的账户上存在当日转入资金当日划走的情况，从而欲证明太平农行为了追求业绩，经常违规操作，一进一出，进行空贷。对这一证据，上诉人还提交了奶牛场与太平农行1999年3月份的10份银行借还款凭证加以佐证。综上，奶牛公司请求二审法院撤销原审判决，被上诉人承担本案的全部诉讼费用。

被上诉人太平农行答辩称：太平农行向奶牛公司主张偿还借款本息有合同依据，一审判决认定二者之间存在借款合同关系正确，有事实根据。上诉状中的第二项、第三项上诉理由是无理上诉，并且与上诉请求没有关联性。本案中双方签订的《最高额抵押担保借款合同》，对于担保部分，因未办理抵押物登记，抵押担保未生效，一审判决已给予认定。上诉理由第二项所针对的对象并不存在，属无理上诉。上诉理由第三项意图割断奶牛公司与改制更名前的奶牛场二者之间的历史联系，在事实上和法律上都是行不通的。上诉人无权代表原审被告工大集团提出上诉理由，二审依法应当不予审理。对于奶牛公司二审时提交的银行对账单上没有农行的任何印鉴盖章，其真实性不能确认；奶牛场的《银行存款日记账》是单方形成的，没有证据效力。此外，太平农行提交1997年12月9日的借方传票《中国农业银行借款借据》显示，1997年12月8日奶牛场向太平农行借款1900万元，证明本案诉请的1900万元借款本金，系从1997年陈欠倒贷而来，即银行业内的惯例借新还旧，1900万元确已归奶牛场实际使用。综上，原审判决认定事实清楚，请求二审法院依法维持原判。

原审被告工大集团在本院二审期间称，太平农行要求工大集团承担偿还责任已经超过诉讼时效，工大集团不应承担偿还责任。

本院对原审判决所认定的事实予以确认。

本院认为：根据当事人上诉、答辩内容，本案二审的争议焦点有三个方面问题：一、奶牛场与太平农行是否实际发生了1900万元的债务；二、如实际发生，奶牛公司是否应当承担奶牛场的此笔债务；三、对于上诉人提出的工大集团不应当承担责任的理由与请求是否属于二审审理范围。

一、奶牛场与太平农行是否实际发生了1900万元债务

首先，一审判决中关于奶牛场与太平农行之间1998年3月签订的《最高额抵押担保借款合同》中的借款部分合法有效，抵押担保部分未发生法律效力的认定，本院予以认可。上诉人奶牛公司认为奶牛场与太平农行之间签订的《最高额抵押担保借款合同》是无效合同的主张本院不予支持。关于上诉人提出的1900万元贷款并没有落实到奶牛场的账户上，奶牛场也并未按照约定使用该贷款，因此没有偿还贷款并支付利息义务的主张，本院二审期间，上诉人提交1998年3月的农行东风分理处的对账单和奶牛场单位的《银行存款日记账》表明太平农行在发放贷款后即扣回，该事实系源于太平农行与奶牛场的陈年欠款，由于太平农行与奶牛场长期存在借贷关系，多次发生放款即扣回的情形，不排除以新贷还旧贷的可能。双方之间的债权债务关系除了放款、扣回的事实证明外，当事人的自认也是证明这一关系的重要证据。奶牛公司曾于2004年12月17日在太平农行对3515万元的本金和15 127 783.41元利息的《债务逾期催收通知书》上盖公章、法定代表人签字、盖章；于2006年6月13日在太平农行对借款本金3515万元进行再次催收的《债务逾期催收通知书》上盖章。虽然债务人在催款通知单上签字或盖章的行为并不必然表示其愿意履行原债务，但可以表明其认可原债务的存在并确认收到催

款通知。此外，中隆会计所提供的两份会计报表，其中资产负债表之短期借款项的数额均为人民币3566万元，这也和太平农行主张的奶牛场欠太平农行的借款总额相一致。并且这一证据的证明力比上诉人提交的《银行存款日记账》具有优势。因此，依据1998年3月3日奶牛场与太平农行签订的《最高额抵押担保借款合同》中的借款部分、1998年3月3日奶牛场在贷款1900万元的借款借据上签字盖章、奶牛公司在《债务逾期催收通知书》上签字盖章的事实，本院认定太平农行和奶牛场之间1900万元的债权债务事实存在。

二、奶牛公司是否应当承担奶牛场的此笔债务

2004年5月，工大集团以奶牛场的净资产出资与通城公司共同组建奶牛公司，属于国有企业改制为公司形式的变更，即：国有企业参入新的股份形成有限责任公司。企业改制后，其权利义务应当由变更后的企业承受。本案二审开庭时奶牛公司认可奶牛场的债务由奶牛公司承担。太平农行向奶牛公司发出债务催收通知书的行为，也表明太平农行作为债权人对此项债务人的变更也予以认可。因此，奶牛公司承担此笔奶牛场的债务双方无争议，本院予以认可。

三、对于上诉人提出的工大集团不应当承担责任的理由与请求是否属于二审审理范围

第二审程序因当事人提起上诉而开始，上诉权是法律赋予当事人的一项诉讼权利，当事人既可以行使也可以放弃。第一审判决后当事人不上诉，表明当事人服从第一审人民法院对他们之间民事权利义务的处理。本案中作为原审被告的工大集团并未在法定期间内向本院提起上诉，只是在向合议庭提交的代理词中表示工大集团不应承担奶牛公司不能清偿太平农行债务时的清偿责任。根据《民事诉讼法》第151条的规定，第二审人民法院审理上诉案件，应当对当事人上诉请求的有关事实和适用法律进行审查。因此对于工大集团提出的请求二审应不予审查。奶牛公司在上诉状中提出工大集团不承担责任的主张，因工大集团是独立的企业法人，奶牛公司无权就工大集团是否承担责任提出上诉请求，因此，对奶牛公司提出的工大集团不应当承担责任的请求本院不予审查。

综上，一审判决认定事实清楚，适用法律正确。本院依照《中华人民共和国民事诉讼法》第153条第1款第1项之规定，判决如下：

驳回上诉，维持原判。

二审案件受理费135 800元，由哈尔滨松花江奶牛有限责任公司承担。本判决为终审判决。

审　判　长　钱晓晨
代理审判员　刘　敏
代理审判员　杨征宇
二〇〇八年一月十七日
书　记　员　袁红霞

【导读】

本案的典型意义在于最高人民法院通过正确适用二审程序审理一起上诉案件，确立了二审审理范围的裁判规则，对学习和理解二审程序具有一定的意义。

一、基本知识——第二审程序

（一）第二审程序概念和功能

1. 概念

第二审程序是指由于民事诉讼的当事人不服第一审法院未生效的第一审裁判而在法定期间内向上一级人民法院提起上诉，而引起的诉讼程序，要求撤销或者变更原裁判引起的诉讼程序，是第二审级的人民法院审理上诉案件所适用的程序。

我国民事诉讼实行两审终审制，除最高人民法院作出的第一审判决和裁定，其他各级人民法院作出的第一审的判决和裁定不能立即生效，必须要经过一定的上诉期。在上诉期内，当事人有权对未生效的判决和裁定向一审法院的上一级法院提出上诉，因此第二审程序又称上诉程序。二审人民法院对上诉进行审理所作出的判决，具有终局的法律效力，当事人不能再行上诉，从这个角度说，第二审程序又被称为终审程序。

第二审程序并不是民事诉讼的必经程序，也不是人民法院审理案件的必经程序，如果当事人在案件一审过程中达成调解协议或者在上诉期内未提起上诉，一审法院的裁判就发生法律效力，第二审程序也因无当事人的上诉而无从发生，当事人的上诉是第二审程序发生的前提。

2. 功能

上诉制度是司法体制的重要构成部分，发挥着多样化的司法功能，并且需要在不同的价值目标之间进行平衡与取舍。

（1）纠正错误的功能。一般认为，纠纷解决受多种错综复杂的因素影响，因为受法官认识水平和认识能力的限制，不能完全排除一审法官审判存认定事实以及适用法律错误的可能性。此外还有个客观存在的事实，就是当事人之间纠纷都发生在诉讼开始之前，一审法官无法还原“现场”，只能根据有限的证据推断案件的真实情况，这就大大增加了一审法官对案件事实作出错误认定的可能性。在一审裁判未生效前，通过二审程序由二审法院对案件事实独立进行评定，可以发现并纠正初审裁判的错误，从而提高审判工作水平和办案质量，保证案件的裁判公正、客观。也能在一定程度上遏制一审法官在认定事实过程中的主观态意，也有助于减少误判。因此，在一审程序的基础上，设立具有纠正错误功能的第二审程序是基于“两次审判比一次审判更有利于确保司法公正”的价值理念，也是权利救济的必然选择。

（2）程序制约的功能。一审的主要任务是确认争议双方当事人的民事权利义务，解决民事纠纷第二审程序是以当事人的上诉权和上级人民法院的审判监督权为基础而建立的民事诉讼法定程序，仅要对当事人之间争议的民事法律关系予以确认，而且担负着监督检查下级法院审判工作的任务。民事诉讼第二审程序在纠正一审程序及其裁判错误以及为当事人的权利提供进一步救济的同时，事实上也形成了对一审法官行使权力和一审程序中当事人行使权利的监督。这不仅可以有效控制一审法官在审理案件中对事实的认定和法律的适用的态意和偏私，督促他们认真对待手中的权力，提高一审裁判的公正性，还可以促使当事人在一审程序中全面、客观的提供事实与证据。因此，“上诉程序之所以能够纠正错误，不仅因为它给当事人多提供一次机会，更因为它的存在本身构成对一审程序的监督，从而减少了一审判决出现错误的几率”。〔1〕

（3）安抚当事人，提高司法裁判的正当性和可接纳度。第二审程序给不服第一审裁判的当事人提供了一次救济机会。当事人通过行使上诉权，使自

〔1〕 齐树洁：《民事上诉制度研究》，法律出版社2006年版，第30页。

己的合法权益不致因一审的错误裁判而损害，不仅充分保障了当事人的程序参与权，而且为当事人双方提供了一个释放不满的渠道，对于双方当事人尤其是败诉方有一定的安抚作用，从而增强当事人对审判的信任，提高当事人自觉履行裁判的可能以及司法判决的正当性。

（4）保证法律的正确实施。法院对案件事实的认识受到当事人诉讼能力、审判法官的审判水平等多方面的影响，一次审理往往对案件不能全面认识，第二审程序的设立有利于法院更好地行使审判权，使国家的法律得到正确的实施，维护法院的司法权威。

综上所述，“上诉制度之设置，一则在谋求裁判本身之正确，一则在谋求法律解释之统一，于前者言，乃当事人受其利益，于后者言，乃国家受其利益也”。[1]

（二）上诉的提起

民事诉讼当事人，不服地方各地人民法院未生效的第一审判决、裁定，在法定期限内提出上诉状请求上一级人民法院进行审判的诉讼行为，称为上诉。法律赋予当事人的这一诉讼权利，叫上诉权；提起上诉的案件，就叫上诉案件。

上诉是民事诉讼法规定的一项诉讼制度，保证这项制度的正确贯彻执行，是严格依法办案的一个重要方面，审理好上诉案件是保证办案质量重要的一环。上诉是当事人的诉讼权利，这是审级制度决定的，是否上诉，当事人有权自己决定，任何人都不得限制与剥夺。

1. 上诉提起的条件

根据《民事诉讼法》及《民诉法解释》的有关规定，上诉应当具备以下条件：

（1）提起上诉的主体必须合格，即提起上诉必须是享有上诉权或可依法行使上诉权的人。提起上诉的主体必须合格是指上诉人和被上诉人必须是案件的直接利害关系人。上诉人是指依法提起上诉的当事人；被上诉人是指与上诉人的上诉请求具有对立性的当事人；享有上诉权的人是指一审裁判中享受权利或者承担义务的人。因此，在一审裁判中不具有实体权利义务的人既不能成为上诉人，也不能被列为被上诉人。依照法律规定，合格的上诉人和

〔1〕王甲乙、杨建华、郑健才：《民事诉讼法新论》，三民书局2001年版，第539页。

被上诉人具体包括：第一审案件中的当事人，包括一审中的原告、被告、共同诉讼人、代表人诉讼中的代表人和被代表的成员、有独立请求权的第三人以及一审裁判中确定承担民事责任的无独立请求权的第三人。

提起上诉的人均列为上诉人，被上诉人一般是一审中的对方当事人。双方当事人和第三人都提起上诉的，均列为上诉人。人民法院可以依职权确定第二审程序中当事人的诉讼地位。

必要共同诉讼人的一人或者部分人提起上诉的，根据《民诉法解释》第319条的规定，按下列情形分别处理：①上诉仅对与对方当事人之间权利义务分担有意见，不涉及其他共同诉讼人利益的，对方当事人为被上诉人，未上诉的同一方当事人依原审诉讼地位列明；②上诉仅对共同诉讼人之间权利义务分担有意见，不涉及对方当事人利益的，未上诉的同一方当事人为被上诉人，对方当事人依原审诉讼地位列明；③上诉对双方当事人之间以及共同诉讼人之间权利义务承担有意见的，未提起上诉的其他当事人均为被上诉人。

普通的共同诉讼，共同诉讼人对诉讼标的不存在共同利害关系，他们各自享有独立的上诉权，其中一人的上诉行为对其他共同诉讼人不发生拘束力。在普通共同诉讼中，以提起上诉的人为上诉人，以被提起上诉的人为被上诉人。未提起上诉或未被提起的普通共同诉讼人，均不能追加为上诉人和被上诉人。

由于代表人诉讼的特殊性，代表人诉讼案件的上诉，应根据下述情况予以解决。人数确定的代表人诉讼，诉讼标的是共同的，其中一人或者部分成员上诉，经未提起上诉的代表人或其他成员认可的，应视为代表人诉讼的全体成员行使上诉权，将全体代表人诉讼的成员列为上诉人。如果未经没有提起上诉的代表人和部分成员认可，第二审人民法院可将未提起上诉的代表人和被代表的未提起的成员，按原审的诉讼地位予以确定，第二审人民法院的判决，对全体人数确定的代表人诉讼成员发生效力。对人数不确定的代表人诉讼的案件，第一审人民法院作出判决后，部分代表人或者部分已登记的成员提起上诉，第二审人民法院应将未提起上诉的代表人及部分成员，按原审诉讼地位确定，第二审人民法院所作的判决，对已登记的全体代表人及其被代表的成员发生效力，判决对尚未登记的其他成员，在法律上也有预决效力。

法人或其他组织作为当事人的，由其法定代表人或主要负责人提起上诉。无民事行为能力和限制民事行为能力人的法定代理人，有权代理被代理人提起上诉。经过当事人特别授权的委托代理人，也可以被代理人的名义提起上诉。在第二审程序中，作为当事人的法人或者其他组织分立的，根据《民诉法解释》第336条的规定，人民法院可以直接将分立后的法人或者其他组织列为共同诉讼人；合并的，将合并后的法人或者其他组织列为当事人。

上诉案件的当事人死亡或者终止的，人民法院依法通知其权利义务承继者参加诉讼。需要终结诉讼的，适用《民事诉讼法》第151条规定，则一审判决不产生法律效力。

上诉权可以由当事人自己行使，也可以委托他人代为行使，但是代为行使上诉权的；必须是法律明文规定可以行使上诉权的人。第一审案件中，公民作为当事人的，只要具有民事诉讼行为能力，都可由自己行使上诉权依法提起上诉；无民事诉讼行为能力，由他的法定代理人，或者人民法院指定的代理人，代理被代理人行使上诉权，但上诉人仍为无行为能力或限制行为能力人。法人作为当事人的，由法人的法定代表人行使上诉权；其他组织作为当事人的，由他们的主要负责人行使上诉权。必要共同诉讼人可以全体提起上诉，也可以一人或部分人提起上诉。普通共同诉讼人，各自都可以独立行使上诉权。当事人一方人数众多的共同诉讼，由诉讼代表人行使上诉权。经过当事人特别授权的委托诉讼代理人，向人民法院提交特别授权委托书的，可以代理被代理人行使上诉权，但上诉人仍是被代理人。不享有上诉权的人，或者不是法律规定可以代为行使上诉权的人，都不能以自己的名义或者当事人的名义提起上诉；提出上诉的，人民法院应裁定予以驳回。有的案件原、被告双方和第三人都提起上诉，只要都享有上诉权，应当都列为上诉人。

（2）提起上诉的对象必须是依法允许上诉的判决或裁定。当事人不服并依法行使上诉权，请求上一级人民法院予以纠正的判决、裁定，称上诉对象。能够成为上诉对象的判决包括地方各级人民法院适用第一审普通程序和简易程序作出的未生效的判决；第二审人民法院发回重审后的判决；第一审人民法院依审判监督程序再审后作出的判决。能够成为上诉对象的裁定包括不予受理、对管辖权异议、驳回起诉等未发生法律效力的裁定。调解协议不能成为上诉对象。

不允许上诉的裁判有：最高人民法院作出的第一审民事判决和裁定；依照小额诉讼程序作出的判决以及管辖权异议、驳回起诉的裁定；按照特别程序、督促程序、公示催告程序、作出的判决和裁定；第二审人民法院作出的判决和裁定。此外，对人民法院的调解书、决定、通知也不得上诉。

（3）必须在法定期限内提起上诉。当事人对第一审人民法院的判决、裁定提起上诉，必须在法律规定的期限内进行。民事诉讼法规定，当事人不服地方人民法院第一审判决的，有权在判决书送达之日起 15 日内向上一级人民法院提起上诉；当事人不服地方人民法院第一审裁定的，有权在裁定书送达之日起 10 日内向上一级人民法院提起上诉。超过上诉期间，原一审法院的判决、裁定即发生效力，当事人也就丧失了上诉权。

上诉期间的计算，是从一审判决书、裁定书送达当事人后的第 2 日起计算。当事人分别接受人民法院裁判书的，以各自收到裁判书的时间计算上诉期。当事人在各自的上诉期间内，享有上诉权。普通共同诉讼人的上诉期的计算，是以共同诉讼人各自收到法院裁判书的时间计算，各自独立地行使上诉权。必要的共同诉讼人因共同诉讼人之间诉讼标的有共同利害关系，故共同诉讼人的上诉期的计算，以最后一个共同诉讼人收到裁判书的时间计算。最后一个共同诉讼人的上诉期满，共同诉讼人不上诉的，即丧失上诉权。

当事人耽误上诉期间的，《民事诉讼法》第 83 条规定："当事人因不可抗拒的事由或者其他正当理由耽误期限的，在障碍消除后的 10 日内，可以申请顺延期限，是否准许，由人民法院决定。"当事人在障碍消除后的 10 日内申请顺延期限的，人民法院经查明确系由于不可抗拒的事由或者有其他正当理由而延误上诉期的，应当准许顺延期限，以保护当事人的上诉权利。

对上诉期限的计算还应当注意以下两个方面的问题：一是当事人一方在国内，一方在国外的案件，因法律规定的上诉期限不同，必须在双方当事人上诉期限都届满后，判决才发生法律效力。法律规定，国内一方当事人不服一审判决的上诉期限为 15 日，国外一方当事人不服一审判决的上诉期限为 30 日。15 日届满，国内一方当事人未提出上诉，即丧失了上诉权，但法律文书尚未发生法律效力，只有国外一方当事人的上诉期限届满后，判决才生效。二是必要共同诉讼的上诉期限。应从最后收到判决书的当事人收到判决书之日起计算。因为共同诉讼人可能分散居住各地，收到判决书的时间也不同，这样规定，有利于保护共同诉讼人的上诉权。非必要的共同诉讼中，因各共同诉讼人可以独立行使上诉权，其上诉期限从各自收到判决书之日起计算。

（4）上诉必须递交上诉状。上诉状是上诉人不服第一审人民法院的裁判，请求上一级人民法院撤销或者变更原审人民法院裁判的诉讼文书。没有上诉状就难以判明当事人是否行使上诉权和上诉请求的范围，第二审人民法院也无从进行审理和裁判。上诉状是上诉人提起上诉的法定方式，也是第二审人民法院接受上诉请求的依据。上诉不仅是上诉人申明不服一审裁判所确定的内容，而且表明上诉人与对方当事人或与共同诉讼人之间的权利义务有争议，所以《民事诉讼法》要求上诉应当以书面方式进行。

第一审人民法院宣判时或者判决书、裁定书送达时，当事人口头表示上诉的，人民法院应告知其必须在法定期间内提出上诉状；未在法定上诉期间内递交上诉状的，视为未提出上诉。当事人虽然当庭声明不上诉，在法定上诉期内仍然有上诉权。如果在上诉期间内提交上诉状并缴纳上诉费用的，仍能引起二审程序。

根据《民事诉讼法》第165条的规定，上诉应当递交上诉状。上诉状的内容，应当包括当事人的姓名，法人的名称及其法定代表人的姓名或者其他组织的名称及其主要负责人的姓名；原审人民法院名称、案件的编号和案由；上诉的请求和理由。其中，上诉的请求和理由，上诉的请求和理由是上诉状的重要内容。“上诉请求”，是上诉人通过上诉所要达到的目的，即上诉人通过上诉要求上一级人民法院变更或撤销原裁判的一种意思表示。“上诉理由”，则是上诉人提出上诉请求的具体根据，包括对第一审查明的事实、证据的不同认识，在第一审未提供的新的事实、理由和证据，也包括请求追加当事人的理由、根据，以及对适用法律、执行审判程序的不同意见的理由和根据等。

在宣告判决、裁定时，当事人上诉的口头表示，不能代替上诉状，但当事人已口头表示上诉的，应当告知他们在法定上诉期限内书写上诉状，不要采取简单的做法，等到上诉期满以当事人没有提出上诉处理，但当事人在人民法院告知后，未在法定上诉期间递交上诉状的，则视为未提出上诉。上诉状中欠缺的部分可告知上诉人补正，但不能以此为理由剥夺其上诉权。上诉状应当通过原审人民法院提出，并按照对方当事人或者代表人的人数提出副本。如果当事人将上诉状直接寄交第二审人民法院，第二审人民法院应当在收到后的5日内，将上诉状移交原审人民法院。当事人提起上诉，应依法交纳诉讼费。诉讼费一般应在递交上诉状的同时交纳。当事人虽递交上诉状，但未在指定的期限内交纳上诉费的，按自动撤回上诉处理。

上述四个条件，必须同时具备，上诉才能成立，才能引起第二审程序的发生。当事人已提出上诉的案件，第一审判决、裁定不发生效力，但对第一审人民法院所作的财产保全、先予执行的裁定效力不发生影响，仍应执行。

（5）提起上诉的途径。上诉人的上诉状应当通过原审人民法院提出，并按对方当事人或法定代表人的人数递交上诉状副本。这是为了让对方当事人了解上诉人的上诉请求和理由，以保证其能充分地行使答辩权，及时地提交答辩状，为进行二审诉讼程序做好充分准备。这里所称“对方当事人”，包括被上诉人和原审其他当事人。

上诉状应当通过原审人民法院提出，是法律规定的一般原则。由原审人民法院通知被上诉人应诉比较方便，而且，要经原审人民法院上报原审案件的卷宗。同时，原审人民法院也方便审查上诉人提出上诉状是否超过了法定上诉期限，上诉状的内容是否欠缺，如果欠缺通知上诉人及时补正。同时亦可对上诉人提出上诉理由提出意见附卷报送，供二审人民法院在审理时参考。因此，这样规定便于当事人行使上诉权，也便于案件得到及时解决。

法律也允许上诉人直接向第二审人民法院递交上诉状。这是为了消除上诉人的疑虑，保障上诉人行使上诉权，是立法的原则性与灵活性相结合的体现。第二审人民法院收到上诉状后，应当在 5 日内将上诉状移交原审人民法院，便于原审人民法院及时办理上诉手续和对上诉状进行审查。

（三）上诉的受理

上诉案件的受理是指人民法院通过法定程序，对上诉主体资格及上诉状进行审查，对符合法定条件的上诉依法决定立案审理的诉讼行为。《民事诉讼法》第 167 条规定：“原审人民法院收到上诉状，应当在五日内将上诉状副本送达对方当事人，对方当事人在收到之日起十五日内提出答辩状。人民法院应当在收到答辩状之日起五日内将副本送达上诉人。对方当事人不提出答辩状的，不影响人民法院审理。原审人民法院收到上诉状、答辩状，应当在五日内连同全部案卷和证据，报送第二审人民法院。”

原审人民法院收到上诉状后，首先对上诉人是否具有上诉权进行审查，即审查上诉人是否具备上诉主体资格。只有符合法律规定的上诉人条件，才有权提起上诉。其次，对上诉状形式要件进行审查。上诉状必须符合《民事诉讼法》第 165 条规定的内容，发现上诉状的内容有欠缺需要补正的，原审人民法院应告知上诉人及时补正。再次，原审人民法院对上诉人的上诉是否超过法定上诉期进行审查。对逾期提起上诉的，要审查逾期上诉的原因是否符合顺延上诉期限的法定事由。

原审人民法院对上诉的形式要件和实质要件进行审查后，认为符合法定条件的上诉，应在 5 日内将上诉状副本送达被上诉人，并告知其在 15 日内提出答辩状。逾期不提出答辩状的，不影响第二审人民法院的审理。原审人民法院收到上诉状、答辩状，应当在 5 日内，连同全部案卷、诉讼证据和二审案件诉讼费缴费凭证，报送上诉审人民法院。同时，原审人民法院应当在收到答辩状 5 日内，向上诉人送达答辩状副本。

第二审人民法院收到上诉状后，应当在 5 日内将上诉状移交原审人民法院，便于原审人民法院及时按上述程序办理上诉手续和对上诉状进行审查。

（四）上诉的撤回

上诉的撤回，是指上诉人在提起上诉之后，在第二审裁判宣告之前，向二审法院申请撤回上诉的行为。在第二审法院审理案件的过程中，上诉人有权撤回上诉。上诉人申请撤回上诉并经二审法院测定准许撤回上诉的，二审程序即告终结。准予撤回上诉的裁定应当制作书面裁定，是终审裁定，是一审判决发生法律效力的依据。

上诉人撤回上诉后，便丧失了上诉权，不能再提起上诉，并应负担诉讼费用。

《民事诉讼法》第 173 条规定："第二审人民法院判决宣告前，上诉人申请撤回上诉的，是否准许，由第二审人民法院裁定。"《民诉法解释》第 337 条规定："在第二审程序中，当事人申请撤回上诉，人民法院经审查认为一审判决确有错误，或者当事人之间恶意串通损害国家利益、社会公共利益、他人合法权益的，不应准许。"因此，撤回上诉虽是当事人的诉讼权利，但该项权利在一定程度上受国家的干预。

（五）上诉案件的审理

1. 上诉程序的审理范围

《民事诉讼法》第 168 条明确规定："第二审人民法院应当对上诉请求的有关事实和适用法律进行审查。"所谓上诉请求的有关事实和适用法律，是指证明和确认上诉请求能否成立的事实和法律依据。上诉请求的有关事实，包括上诉人在一审中提出的事实和证据，以及在上诉审中提出新的事实和证据。上诉请求的法律适用，包括原审人民法院审理过程中对《民事诉讼法》的适用是否正确，以及对案件裁判所适用的实体法是否正确，但审理的事实和法律问题，是围绕着当事人的上诉请求进行的，即只审理与上诉请求有关的事实和法律问题。如果上诉人请求改变或撤销判决的全部，则二审法院就应对一审判决中认定的全部事实和适用法律进行审查；如果上诉人只请求改变或撤销判决的一部分，则二审法院只围绕上诉请求的部分事实认定和适用法律进行审查即可。因此，就上诉范围而言，一是仅限于上诉请求的范围；二是我国的上诉审，既是事实审，也是法律审，是事实审和法律审的统一。二审人民法院审理的范围应当以当事人的上诉请求的范围为依据。在我国民事诉讼试行法中规定，二审人民法院要全面审查第一审人民法院认定的事实和法律适用问题，不受上诉请求范围的限制。在现行的《民事诉讼法》中对此作了修改。这样修改是符合诉讼的本质要求的。首先，民事诉讼实行的是“不告不理”原则，就是人民法院不能依职权主动保护当事人的权利。从当事人角度而言，当事人有权处分自己实体权利和诉讼权利，这包括主张自己的权利和放弃自己的主张。其次，二审程序不是对第一审程序的简单的重复，二审程序设立的目的是为了纠正一审人民法院的错误裁判，解决在第一审中未能解决的纠纷。对于当事人之间已经不存在分歧和争议的问题就没有必要再进行审查。二审人民法院对案件不一定进行全面的审查，而是将审查的重心放在与当事人上诉请求有关的问题上。这样既集中精力解决纠纷，又缩短了审理周期，及时地保护当事人的权益。

同时，《民诉法解释》第 323 条规定：“第二审人民法院应当围绕当事人的上诉请求进行审理。当事人没有提出请求的，不予审理，但一审判决违反法律禁止性规定，或者损害国家利益、社会公共利益、他人合法权益的除外。”表明上诉案件的审理范围受上诉请求范围的限制并非绝对的，体现了自由处分与国家干预的结合，是二审审判监督功能的体现。如果当事人或者一审的裁判行为既损害了另一方当事人的利益，同时又损害国家利益、社会公共利益，即使受损害的当事人在上诉请求中不主张权利，二审人民法院也应当纠正。如《合同法》第 52 条中规定了损害国家利益、集体利益或者社会公共利益的合同无效。此类合同纠纷的当事人对有些事项在上诉请求中虽未涉及，二审人民法院也不能以“不告不理”为由不予审查。因为这些上诉请求未涉及事项虽然有些可以认定是当事人放弃权利，但是这些事项损害了国家、集体利益或者社会公共利益，这是当事人无权处分的，二审人民法院应当进行审查。

2. 第二审审判组织

适用第二审程序审理上诉案件，必须全部组成合议庭进行，即使是事实核对清楚，可以不开庭审理的案件，也必须组成合议庭进行审理，不适用第一审程序对简单的民事案件可以独任审理的规定。同时，合议庭只能由审判员三人以上的单数组成，陪审员不能参加。这是由第二审人民法院的审判职能及上诉案件的特殊性决定的。当事人提起上诉的案件，既是上诉人与对方当事人之间的权利义务还有争议，且案情较为复杂，又是上诉人不服一审判决，认为一审法院的裁判认定事实错误，或适用法律不当。因此，第二审人民法院审理上诉案件，不仅要对当事人之间的权利义务争议重新进行审理，还负有审查监督每一审人民法院的审判工作是否正确的任务。所以，第二审人民法院审理上诉案件，必须由审判员组成合议庭。

需要讨论的问题是，这些案件重审判决后，当事人一方如果仍然不服，提起上诉，二审法院应当如何组成合议庭审理？审判实践中存在两种不同的做法。一种认为，重审后上诉的案件仍然应当由原合议庭审理，理由是原合议庭对该案件熟悉，审理中可以尽快了解案情，查清事实，及时作出判决。我们认为，对发回重审后上诉的案件，也应当另行组成合议庭审理，理由如下：

首先，1991年《民事诉讼法》第152条规定："第二审人民法院对上诉案件，应当组成合议庭，开庭审理。经过阅卷和调查，询问当事人，在事实核对清楚后，合议庭认为不需要开庭审理的，也可以径行判决、裁定。"据此，二审法院对上诉案件的审理方式一种为组成合议庭开庭审理后作出判决或裁定，另一种为通过阅卷，调查和询问当事人后径行判决、裁定。

发回重审的案件虽然没有对案件实体处理的具体的结果，但在发回重审时，经过法定的二审审理程序，合议庭评议过程中，已经形成了对案件处理上的认识。根据二审中形成的观点，在发回重审之时往往要给原审法院出具一个内函，指出应当查明的事实或者程序上应当注意的问题，实际上对案件的处理给出了一个方向。案件再次上诉后，二审中如果仍由原合议庭进行审理，原合议庭往往顺着原来的思路对案件作出裁判，即先定后审。如果另行组成合议庭审理，便于对案件的换位思考，在二审发回重审内函意见和原审判决结果的基础上，对案件作出更加正确的判决。

其次，最高人民法院《关于审判人员严格执行回避制度的若干规定》（已失效）第 3 条规定："凡在一个审判程序中参与过本案审判工作的审判人员，不得再参与该案其他程序的审判。"这一规定是完全与《民事诉讼法》第 41 条第 2、3 款的规定精神一致的。在一审程序中参与过本案审判工作的审判人员，不能再参与该案发回重审后的审判，那么，在二审程序中参与过本案审判工作的审判人员同样不得参与该案再次上诉后的审理。上述规定，确立了"同一案件一个合议庭只审理一次"的原则。

因此，虽然法律对发回重审的案件上诉后是否应当另行组成合议庭审理无明确规定，但另行组成合议庭审理发回重审的上诉案件，既是保证公正的客观要求，也符合"同一案件一个合议庭只审理一次"的原则。

3. 审理方式

世界各国关于二审的审理方式一般有开庭审理、不开庭审理、书面审理三种。《民事诉讼法》第 169 条明确规定："第二审人民法院对上诉案件，应当组成合议庭，开庭审理。经过阅卷、调查和询问当事人，对没有提出新的事实、证据或者理由，合议庭认为不需要开庭审理的，可以不开庭审理。"根据该条的规定，第二审人民法院审理上诉案件的方式以开庭审理为原则，不开庭审理为例外。

（1）开庭审理。开庭审理，即人民法院于确定的日期在当事人和其他诉讼参与人的参加下，依照法定的程序和形式，在法庭上对案件进行实体审理的诉讼活动。《民事诉讼法》对第二审开庭审理的程序没有规定，根据《民事诉讼法》第 174 条"第二审人民法院审理上诉案件，除依照本章规定外，适用第一审普通程序"以及《民诉法解释》第 324 条"开庭审理的上诉案件，第二审人民法院可以依照民事诉讼法第一百三十三条第四项规定进行审理前的准备"的规定，第二审人民法院审理上诉案件应适用第一审普通程序的审前准备程序、开庭审理程序的规定，即第二审人民法院审理上诉案件，一般都应传唤双方当事人和其他诉讼参与人到庭，开庭调查、辩论，并在此基础上进行合议庭评议和判决。这对上诉案件的正确裁判是必要的，所以《民事诉讼法》把开庭审理作为原则予以规定。

（2）不开庭审理。第二审人民法院审理上诉案件原则上应当开庭审理，但是，经过阅卷、调查和询问当事人，对没有提出新的事实、证据或者理由，合议庭认为不需要开庭审理的，可以不开庭审理，即径行裁判。需要说明的是不开庭审理和书面审理有明显的区别：不开庭审理，不仅要通过阅卷，而且要调查和询问当事人，充分听取当事人及其代理人的意见，同时，当事人没有提出新的事实、证据或者理由。在上述情况下，认为不需要开庭审理的，可以不开庭，直接作出判决或者裁定，而书面审理仅仅是通过阅卷即直接作出裁判。因此，在我国二审法院审理上诉案件原则上应当开庭审理，只有在例外情况下才可以不开庭审理，禁止书面审理。

根据《民诉法解释》第 333 条的规定，第二审人民法院对下列上诉案件，有下列情形之一的可以不开庭审理：①不服不予受理、管辖权异议和驳回起诉裁定的；②当事人提出的上诉请求明显不能成立的；③原判决、裁定认定事实清楚，但适用法律错误的；④原判决严重违反法定程序，需要发回重审的。根据《民诉法解释》第 325 条的规定，下列情形，可以认定为《民事诉讼法》第 170 条第 1 款第 4 项规定的严重违反法定程序：一是审判组织的组成不合法的；二是应当回避的审判人员未回避的；三是无诉讼行为能力人未经法定代理人代为诉讼的；四是违法剥夺当事人辩论权利的。

上述四种不开庭审理情形的共同点是：二审审理所依据的事实清楚，没有出现新的事实、证据或者理由，不需要通过开庭审理查证；同时，人民法院不开庭审理案件，不妨碍和影响当事人依法行使诉权。

因此，第二审人民法院审理上诉案件，应当组成合议庭进行审理。只有在合议庭通过阅卷、调查和询问当事人，将案件事实调查清楚之后，认为没有出现新的事实、证据或者理由，不需要通过开庭审理查证后，才能够作出不开庭审理的决定。这是不开庭审理和书面审理的本质区别。

4. 审理地点

根据《民事诉讼法》第 169 条第 2 款的规定，第二审人民法院审理上诉案件，可以在本院进行，也可以到案件发生地或者原审人民法院所在地进行。这些做法的目的是方便当事人、方便人民法院审理，提高办案效率，维护当事人的合法权益。

（四）上诉案件的调解和和解

1. 调解

法院调解是民事诉讼法的一项基本原则，贯穿于民事审判程序的始终，因此第二审人民法院审理上诉案件，也可以进行调解。第二审法院审理上诉案件时，可根据自愿、合法原则主持当事人进行调解。当事人双方可以就上诉请求范围内的实体问题进行调解，也可以对一审判决认定而上诉人未提出异议的实体问题进行调解。调解达成协议的，应当制作调解书，由审判人员、书记员署名，加盖人民法院的印章。调解书一经合法送达，即与终审判决具有同等的法律效力，原审法院的判决即视为撤销，所以二审的调解书中不用写明撤销原审判决。

"视为撤销"与"撤销原判"的含义不同。"撤销原判"必须以原审人民法院的判决有错误为前提，而调解协议的内容是双方当事人在自愿的基础上，通过互谅互让达成的，并不等于原判决有错误；"撤销原判"是人民法院行使审判权的结果；"视为被撤销"是当事人行使处分权的结果，不是第二审人民法院撤销了第一审人民法院的判决，而是第二审人民法院的调解书生效后，第一审判决失去了法律效力。

2. 和解

《民诉法解释》第339条规定："当事人在二审达成和解协议的，人民法院可以根据当事人的请求，对双方达成的和解协议进行审查，并制作调解书送达当事人；因和解而申请撤诉，经审查符合撤诉条件的，人民法院应予准许。"

由此可见，在第二审程序中，当事人的和解采取了两种处理方式：第一，双方达成和解协议后，当事人真实的意愿是履行和解协议，一方和双方均不愿接受原审裁判，这时，如果以准许一方当事人撤回上诉请求的方式结案，引起的法律后果就是一审判决发生法律效力。和解协议的履行只能靠双方当事人自觉而没有任何法律保障，一旦一方当事人反悔，另一方当事人就可以向人民法院申请强制执行已经发生法律效力的一审判决，而这恰恰是违背双方当事人达成协议和解时的真实意思表示的。所以，在这种情况下，第二审人民法院应根据当事人的请求，对双方达成的和解协议进行审查并制作调解书送达当事人，以便和解协议的执行得到法律保障。第二，双方当事人在第二审期间达成和解协议后，明确表示愿意在一方或双方反悔，不履行和解协议时执行第一审判决，因此申请撤回上诉，让一审判决生效。这种情况下，人民法院也应当尊重当事人依法行使处分权，裁定准许撤诉。

二审期间上诉人以双方当事人达成和解协议为由撤回上诉，后和解协议未履行，是否执行一审判决，法律并没有明确的规定，实践中也存在争议。一种意见认为，和解协议的达成实质变动了一审判决所确定的实体内容。二审期间双方当事人达成和解协议后，和解协议为双方当事人对于自己实体权利义务的处分，其已经替代了一审判决中确定的当事人的权利义务。因此，当事人撤回上诉，一审判决并不生效，此种情况下，并不能执行一审判决。如果一方当事人不履行和解协议，另一方可以以和解协议为依据，提起新的诉讼。另一种意见认为，当事人不执行和解协议，应当恢复执行一审判决，即参照《民事诉讼法》第 230 条第 2 款“申请执行人因受欺诈、胁迫与被执行人达成和解协议，或者当事人不履行和解协议的，人民法院可以根据当事人的申请，恢复对原生效法律文书的执行”的规定处理。笔者认为，应当执行一审判决。因为通常情况下，双方当事人达成的和解协议，往往是权利人对于义务人作出让步，如果和解协议未履行，执行一审判决，能更好地维护权利人的权利，以减轻其诉累。因此，当事人不执行和解协议，应执行一审判决。

（五）二审法院发现一审案件违反专属管辖或者不应由人民法院受理情形的处理

1. 裁定撤销原裁判并移送有管辖权的人民法院

《民事诉讼法》第 127 条第 2 款规定：“当事人未提出管辖异议，并应诉答辩的，视为受诉人民法院有管辖权，但违反级别管辖和专属管辖规定的除外。”也就是说，无管辖权的法院可以因为被告没有提管辖异议而获得管辖权，这是一种默示的合意管辖。但这种合意管辖是不可以突破级别管辖和专属管辖的。因此，人民法院依照第二审程序审理案件，认为第一审人民法院受理案件违反专属管辖规定的，应当裁定撤销原裁判并移送有管辖权的人民法院。

2. 驳回起诉

人民法院依照第二审程序审理案件，认为依法不应由人民法院受理的，可以由第二审人民法院直接裁定撤销原裁判，驳回起诉。这样处理，一是强化上级人民法院对下级人民法院的监督措施，使这种监督权行之有效。如果规定只能由原审法院驳回起诉，而原审法院在接到重审裁定后仍坚持原来的意见，第二审人民法院又没有改变原判决、直接驳回起诉的权力，在这种诉讼程序中上级法院的监督权就会形同虚设，失去作用。二是可以减少当事人的讼累，使之尽早得知所诉不属于人民法院主管范围，及时向有关部门申请解决问题。

（六）二审程序中对当事人推翻其一审诉讼行为的规制

审判实践中，经常出现当事人在二审程序中随意否定其一审诉讼行为的现象，尤其是部分当事人违反诚信原则，为达不法目的而否认其在一审程序中所做的诉讼行为。对此如何处理，是困扰审判实践的一大问题。

依据《民事诉讼法》中的诚实信用原则，当事人负有真实陈述、促进诉讼及禁反言、禁止诉讼权利滥用等义务。具体而言，当事人在诉讼上不能主张已知不真实的事实或自己认为不真实的事实；不得干扰诉讼，滥用诉讼法赋予的权利；对相信其作出的行为并基于此行为而实施诉讼活动的其他人，不得随意通过否定自己先前言行的方法，损害其合法权益，等等。正是基于上述法理，很多国家的法律均有类似的规定，当事人在第一审程序中实施的诉讼行为所产生的法律效果，原则上在第二审程序中对该当事人具有当然拘束力，除非有相反的证据推翻其先前行为。

为此，《民诉法解释》第 342 条参考相关立法例，对当事人在二审程序中随意否定其一审诉讼行为进行了规制。第 342 条规定："当事人在第一审程序中实施的诉讼行为，在第二审程序中对该当事人仍具有拘束力。当事人推翻其在第一审程序中实施的诉讼行为时，人民法院应当责令其说明理由。理由不成立的，不予支持。"当然，第二审法院对当事人否认一审诉讼行为进行审查时，要在程序稳定性和当事人利益之间进行权衡，根据具体案情作出裁断。

（七）审理期限

《民事诉讼法》第 176 条明确规定："人民法院审理对判决的上诉案件，应当在第二审立案之日起三个月内审结。有特殊情况需要延长的，由本院院长批准。人民法院审理对裁定的上诉案件，应当在第二审立案之日起三十日内作出终审裁定。"根据该条的规定，二审法院对判决上诉的审理期限为 3 个月。有特殊情况 3 个月内不能审结需要延长的，应报本院院长批准。但可以延长多长时间，《民事诉讼法》以及《民诉法解释》都没有明确规定。根据最高人民法院《关于严格执行案件审理期限制度的若干规定》（法释［2000］29 号）第 2 条的规定，审理对民事判决的上诉案经本院院长批准，可以延长 3 个月。对裁定的上诉案件，《民事诉讼法》明确规定，应当在第二审立案之日起 30 日内作出终审裁定，并没有规定可以延长，但《民诉法解释》第 341 条明确规定："人民法院审理对裁定的上诉案件，应当在第二审立案之日起三十日内作出终审裁定。有特殊情况需要延长审限的，由本院院长批准。"

二、本案评析

就民事诉讼程序而言，本案争议的焦点在于对上诉人奶牛公司提出的工大集团不应当承担责任的理由与请求是否属于二审审理范围。

本案一审判决对实体权利的判决实际上包括两项：一是对奶牛公司的判决，即被告奶牛公司于本判决生效之日起 10 日内给付原告太平农行 1900 万元本金及利息；二是对被告工大集团的判决，即如果被告奶牛公司于本判决生效之日起 10 日内不能履行给付原告太平农行 1900 万元本金及利息的清偿义务，由被告工大集团负责清偿。对上述判决，奶牛公司和工大集团如不服都可以提起上诉。奶牛公司在法定期限内提起了上诉，工大集团未提起上诉，只是在向合议庭提交的代理词中表示工大集团不应承担奶牛公司不能清偿太平农行债务时的清偿责任。上诉权是法律赋予当事人的一项诉讼权利，当事人可以行使，也可以放弃。奶牛公司在法定期限内提起上诉，二审法院应当受理并审理，但上诉请求应限于一审判决对其的判决范围，无权对工大集团的判决提起上诉。对工大集团的判决，上诉权属于工大集团，只能由工大集团提起上诉。但作为原审被告的工大集团并未在法定期间内提起上诉，客观上放弃了上诉权。因此，根据《民事诉讼法》第 153 条的规定，本案二审的范围应仅限于上诉人奶牛公司关于一审判决对其于本判决生效之日起 10 日内不能履行给付原告太平农行 1900 万元本金及利息的清偿义务的上诉请求，对奶牛公司提出的工大集团不应当承担责任的请求，因工大集团未提起上诉，不属于二审的审理范围，二审法院不予审查符合法律规定。

案例十七

儋州惠安庄园开发有限公司与中国农业银行股份有限公司海口金贸支行、儋州华诺房地产开发有限公司、王某金融借款合同纠纷案

【案情】

最高人民法院民事裁定书

再审申请人（一审第三人）：王某，男，××××年××月×日出生，汉族，住海南省海口市美兰区。

委托诉讼代理人：公某，海南××律师事务所律师。

被申请人（一审原告、二审上诉人）：中国农业银行股份有限公司海口金贸支行，住所地：海南省海口市人民大道××号××大厦二楼。

负责人：黄某，该支行行长。

被申请人（一审被告、二审被上诉人）：儋州华诺房地产开发有限公司，住所地：海南省儋州市那大镇中兴大道××××号。

法定代表人：杨某林，该公司董事长。

被申请人（一审被告、二审被上诉人）：儋州惠安庄园开发有限公司，住所地：海南省儋州市那大群英区文化北路××号。

法定代表人：庄某银，该公司董事长。

再审申请人王某因与被申请人中国农业银行股份有限公司海口金贸支行（以下简称“农行金贸支行”）、儋州华诺房地产开发有限公司（以下简称“华诺公司”）及儋州惠安庄园开发有限公司（以下简称“庄园公司”）金融借款合同纠纷一案，不服海南省高级人民法院［2016］琼民终60号民事判决，向本院申请再审。本院依法组成合议庭进行了审查，现已审查终结。

王某申请再审称，原判决符合《中华人民共和国民事诉讼法》第200条第6项的规定，请求再审本案。主要理由：(一) 华诺国际建筑面积19 353.02平方米共175套房产的所有权已被生效法律文书所确认，且海口海事法院依王某的申请已将该175套房产的产权执行过户至王某名下，王某已是该175套房产的合法产权人。王某与华诺公司签订《商品房买卖合同》，由其购买华诺公司开发建设的位于儋州市那大镇中心大道××××地块（国有土地使用权证号：儋国用［2012］第×××号）华诺国际一期房产175套，建筑面积19 353.02平方米，总购房款29 029 530元。合同签订后，双方到房管部门办理了上述175套房产预售备案登记手续及商品房预告登记手续，王某依约支付了全部购房款。后因华诺公司未履行交房及办证义务，经海南省仲裁委员会仲裁，双方当事人达成调解书，确认王某对上述175套房产的所有权以及华诺公司应当履行的交付义务。调解书生效后，华诺公司未履行交房义务，王某向海口海事法院申请强制执行，该院裁定将上述175套房产过户至王某名下。依据《物权法》第28条之规定，该房产及所附土地一并为王某所有。(二) 根据法律规定，农行金贸支行对儋国用［2012］第×××号《国有土地使用权证》项下土地使用权不享有抵押权。农行金贸支行仅对儋国用［2011］第×××号《国有土地使用证》项下80.1亩用途为工业用地的土地使用权享有抵押权。上述土地用途已变为商住用地，原工业用地土地证已被注销。依据《物权法》第187条及《土地登记办法》第36条之规定，因该案涉工业用地的土地使用权证被注销，其土地使用权已经消灭，依附于该土地的抵押权也随之消灭。儋州市国土环境资源局在抵押双方未持相关抵押权利证明材料申请土地使用权抵押登记，更在未出具土地他项权利证明书的情况下，在儋国用［2012］第×××号《国有土地使用权证》复印件的附页上事后填写相关抵押内容，明显违反了办理他项权利证明的法定程序，农行金贸支行不能据此取得抵押权。原审认定该违法行为产生抵押登记的法律效力，损害了王某的合法权益。

农行金贸支行、华诺公司、庄园公司未提交书面意见。

本院经审查认为，《中华人民共和国民事诉讼法》第164条第1款规定：“当事人不服地方人民法院第一审判决的，有权在判决书送达之日起十五日内向上一级人民法院提起上诉。”第168条规定：“第二审人民法院应当对上诉请求的有关事实和适用法律进行审查。”依据上述法律的规定，两审终审制是我国民事诉讼的基本制度。当事人如认为一审判决错误的，应当提起上诉，通过二审程序行使诉讼权利。即当事人首先应当选择民事诉讼审级制度设计内的常规救济程序，通过民事一审、二审程序寻求权利的救济。再审程序是针对生效判决可能出现的重要错误而赋予当事人的特别救济程序。如在穷尽了常规救济途径之后，当事人仍然认为生效裁判有错误的，可以向人民法院申请再审。对于无正当理由未提起上诉且二审判决未改变一审判决对其权利义务判定的当事人，一般不应再为其提供特殊的救济机制，否则将变相鼓励或放纵不守诚信的当事人滥用再审程序，从而使得特殊程序异化为普通程序。这不仅是对诉讼权利的滥用和对司法资源的浪费，也有违两审终审制的基本原则。本案中，海南省第二中级人民法院作出［2015］海南二中民二重字第2号民事判决，判令庄园公司与华诺公司向农行金贸支行支付借款利息，农行金贸支行对华诺公司位于儋州市那大镇中兴大道×××的80.1亩商住用地（儋国用［2012］第×××号《国有土地使用证》）的土地使用权以上述利息为限享有抵押优先受偿权。王某既未提出反诉或独立的请求，在一审判决后又未提起上诉，一般情况下，应视为其接受一审判决结果。此种情形下，海南省高级人民法院二审仅审查农行金贸支行的上诉请求，并作出相应判决，符合《最高人民法院关于适用〈中华人民共和国民事诉讼法〉的解释》第323条"第二审人民法院应当围绕当事人的上诉请求进行审理。当事人没有提出请求的，不予审理，但一审判决违反法律禁止性规定，或者损害国家利益、社会公共利益、他人合法权益的除外"之规定。现王某提出的再审请求，主张一审判决损害其合法权益，明显与其在本案一、二审诉讼期间行使处分权的行为相悖。本案中，二审裁判结果为驳回农行金贸支行的上诉，维持原判决，即二审判决并未改变一审判决对王某权利义务的判定。故本院对王某的申请再审事由依法不予审查。

综上，本院依照《中华人民共和国民事诉讼法》第204条第1款、《最高人民法院关于适用〈中华人民共和国民事诉讼法〉的解释》第395条第2款之规定，裁定如下：

驳回王某的再审申请。

审 判 长　孙祥壮
审 判 员　宫邦友
审 判 员　李　伟
二〇一六年十二月二十三日
法官助理　陶峰军
书 记 员　黄　琪

【导读】

一、基本知识——再审程序

（一）再审程序概述

1. 概念

民事再审程序，是指人民法院对已经发生法律效力[1]的判决、裁定、调解书，基于法律规定的特别事由，对案件依法再行审理的程序。在我国，再审程序通常与审判监督程序的概念通用，在立法上也是规定在《民事诉讼法》第十六章“审判监督程序”标题之下的。但是，再审程序与审判监督程序也存在着明显的差别。再审程序源于大陆法系的再审之诉。在大陆法系，再审程序普遍以再审之诉方式进行，即“当事人或继受人对于已确定之终局判决，声明不服，请求法院再开已终结之诉讼程序，谓之再审程序”。[2]重视的是司法裁判的私人的、个案的、补救的价值，突出的是当事人诉权救济理念。我国审判监督制度无疑是中国经验与传统大陆法系、苏联法的混合产物，强调国家公权对民事权利的救济，是基于社会公共利益保护目的而设置的特别制约机制，理念上注重法院依职权纠错和检察监督纠错，即直接拥有再审程序启动权的机构是法院，在没有当事人申请再审的情况下，法院可以直接决定启动再审程序。这也应该是我国在法律上将再审程序称为“审判监督程序”的原因。

我国 1982 年《民事诉讼法（试行）》即单章设立“审判监督程序”。经过多年的实践，审判监督程序对纠正错案，维护司法公正，保护当事人的诉讼权利和实体权利，起到了重要作用。但是，司法实践中，当事人申请再审难问题等一直成为困扰着我国《民事诉讼法》的顽症。为了解决当事人“申诉难”，切实保障当事人申请再审的权利，同时规范申请再审的行为，避免有的当事人无理缠诉，我国 2008 年对 1991 年《民事诉讼法》首次进行修改，

---

〔1〕“法律效力”一词源自原苏联法，其强调法律对于法秩序的维护意义，体现了强烈的国家主义色彩，以法德日为代表的传统大陆法系国家则普遍使用“既判力”一词。就内涵而言，既判力只是确定裁判拘束力的一种，而法律效力还包括预决力、执行力等拘束力。由于政治、历史等原因，我国民事诉讼法中并未规定既判力制度，而是多处使用“法律效力”一词，但既判力及其他确定裁判拘束力理论逐渐为学术界所认可，且日渐渗透至我国司法实务。

〔2〕杨建华：《民事诉讼法要论》，北京大学出版社 2013 年版，第 424 页。

从进一步将再审事由具体化，明确向上一级人民法院申请再审和再审审查期限，完善检察机关法律监督的规定等方面对审判监督程序进行了修改和补充。2012年，我国对《民事诉讼法》再次修改。这次修改，在2008修改的基础上，从完善再审审级规定，完善申请再审检察建议或抗诉程序等方面进一步完善了我国的审判监督程序。到目前为止，我国已经确立了有限再审理念下的“三加一”路线图，即“法院纠错先行，检察监督在后”模式。

2. 特征

（1）再审程序是审级制度结构之外的程序。在审级制度结构内，当事人认为第一审裁判有错误的，可以通过上诉的方式声明不服，从而引起第二审程序，使自己的权利获得救济。而再审程序是一种事后救济程序，即法院裁判发生法律效力之后的补救程序，既不是第一、二审程序的持续和发展，也不是法院审理民事案件的必经程序。因此，再审程序不属于审级制度内的结构，不构成独立的审级，是不增加审级的具有特殊性质的审判程序，是程序之外的程序。

（2）再审程序是非正常程序。再审程序审理的对象是已经发生法律效力的判决、裁定、调解书。已经发生法律效力的判决具有实质上的确定力，即既判力。所以，在程序的启动原因方面，再审程序与一审、二审程序存在重大区别：第一审程序的启动原因是当事人之间因民事权利义务关系发生争议或者当事人的民事权益受到侵害，第二审程序的启动原因是当事人对第一审裁判不服，再审程序的启动原因是为了纠正生效裁判的错误和维护司法公正与权威。审级制度和再审程序的关系是既对立又统一的。再审程序可以补救裁判错误，同时它也可能损害审级制度本身所负载的终局性价值，但二者均致力于维护司法正当性和司法统一性，因而可以相互平衡和协调。再审程序必须自我约束，其途径一般通过设置再审程序的特定事由和将再审事由的审查程序法定化来实现，这里称之为内部约束；通过合理的审级制度保证司法统一性、公正性和终局性，以制约再审程序的发生，这里称其为外部制约。

（二）再审的客体

1.《民事诉讼法》关于再审客体的规定

再审客体，也即再审的审理对象。根据《民事诉讼法》第198条、第199条的规定，再审的客体只能是已经发生法律效力的判决、裁定、调解书。

2. 再审客体的排除

再审客体的排除是指民事诉讼法及其相关的司法解释明确规定的不能再审的客体。主要包括以下几个：

（1）适用非诉讼程序审理的案件。非讼案件也称为民事非争议案件，是指不具有民事权利义务之争但有必要由人民法院依法处理的民事案件。非诉讼程序，是指人民法院审理非诉讼案件所适用的程序。根据我国现行《民事诉讼法》的立法体例，适用非诉讼程序审理的案件主要包括适用特别程序审理的案件和适用督促程序、公示催告程序、破产程序审理的案件。其中，适用特别程序审理的案件包括选民资格案件、宣告失踪或者宣告死亡案件、认定公民无民事行为能力或者限制民事行为能力案件、认定财产无主案件、确认调解协议案件和实现担保物权案件（其中确认调解协议案件和实现担保物权案件是新《民事诉讼法》增加的内容）。相对于诉讼程序，非讼程序具有特别法的性质而优先适用，在非讼程序没有规定的情况下，则适用民事诉讼法规定。非讼程序适用于无实质民事权益争议的案件，不采两方抗辩的审理方式，可以不经实体审理直接对利害关系人的申请作出结论。因此，就非讼程序作出的生效裁判属性而言，一般认为该类裁判不具有实质既判力，但如其有执行内容，则可以成为执行依据。如果发现该类裁判在认定事实或适用法律方面确有错误，或者出现新情况、新事实，法院可以依照非讼程序予以撤销，重新作出裁判。适用非讼程序的案件一裁终结，没有上诉审救济，如其裁判错误的，《民事诉讼法》及《民诉法解释》则特设专门程序予以纠正。概言之：①对司法确认调解协议裁定和准许实现担保物权裁定，当事人或利害关系人有权在一定期限内提出异议；②宣告票据无效判决的利害关系人可以提起诉讼，要求撤销除权判决或确认其为合法持票人；③对宣告失踪、死亡，认定公民无民事行为能力、限制民事行为能力，认定无主财产案件的判决，有新的事实或当事人、利害关系人提出的异议成立的，法院作出新判决，撤销原判决；④支付令确有错误的，法院直接依职权撤销。基于此，《民诉法解释》第 380 条明确规定："适用特别程序、督促程序、公示催告程序、破产程序等非讼程序审理的案件，当事人不得申请再审。"

（2）依法不能上诉的裁定。在现行《民事诉讼法》所规定的十类裁定中，只有不予受理、驳回起诉、驳回管辖权异议的裁定能够上诉。除《民诉法解释》第 381 条规定的不予受理、驳回起诉的可以再审外，其他裁定均不能再审。

（3）已穷尽法律规定的救济途径的案件。《民诉法解释》第383条明确规定："当事人申请再审，有下列情形之一的，人民法院不予受理：（一）再审申请被驳回后再次提出申请的；（二）对再审判决、裁定提出申请的；（三）在人民检察院对当事人的申请作出不予提出再审检察建议或者抗诉决定后又提出申请的。前款第一项、第二项规定情形，人民法院应当告知当事人可以向人民检察院申请再审检察建议或者抗诉，但因人民检察院提出再审检察建议或者抗诉而再审作出的判决、裁定除外。"

（4）无法通过司法途径获得救济的案件。无法通过司法途径获得救济的案件主要是指已经发生法律效力的解除婚姻关系的判决。婚姻关系是一种人身关系。解除婚姻关系的判决只要发生法律效力，基于夫妻关系所产生的权利义务随之消失。而且，发生法律效力的解除婚姻关系的判决不仅涉及双方当事人身份的变更，还有可能涉及案外人，如任何一方再婚的新配偶的合法权益，必须维持判决的效力和稳定性。相反，如果原案的双方当事人希望重新建立婚姻关系，可以通过重新结婚等其他方式。因此，即便是原已经发生法律效力的解除婚姻关系的判决、调解书确有错误确有错误，也不能再审。为此，《民事诉讼法》第202条明确规定："当事人对已经发生法律效力的解除婚姻关系的判决、调解书，不得申请再审。"但是，对该类案件中，如果涉及财产分割的，《民诉法解释》第382条明确规定："当事人就离婚案件中的财产分割问题申请再审，如涉及判决中已分割的财产，人民法院应当依照民事诉讼法第二百条的规定进行审查，符合再审条件的，应当裁定再审；如涉及判决中未作处理的夫妻共同财产，应当告知当事人另行起诉。"

（三）再审程序的启动主体

1. 人民法院

《民事诉讼法》第198条规定："各级人民法院院长对本院已经发生法律效力的判决、裁定、调解书，发现确有错误，认为需要再审的，应当提交审判委员会讨论决定。最高人民法院对地方各级人民法院已经发生法律效力的判决、裁定、调解书，上级人民法院对下级人民法院已经发生法律效力的判决、裁定、调解书，发现确有错误的，有权提审或者指令下级人民法院再审。"该条的规定，赋予了人民法院系统内部启动再审程序的权力。具体包括：

（1）各级人民法院院长。各级人民法院院长对本院已经发生法律效力的判决、裁定、调解书，发现确有错误，认为需要再审的，应当提交审判委员会讨论决定再审。

（2）最高人民法院和上级人民法院。最高人民法院对地方各级人民法院已经发生法律效力的判决、裁定、调解书，上级人民法院对下级人民法院已经发生法律效力的判决、裁定、调解书，发现确有错误的，有权提审或者指令下级人民法院再审。

2. 当事人

当事人是诉讼的亲历者，裁判结果也直接关涉当事人的切身利益。《民事诉讼法》第199条规定："当事人对已经发生法律效力的判决、裁定，认为有错误的，可以向上一级人民法院申请再审；当事人一方人数众多或者当事人双方为公民的案件，也可以向原审人民法院申请再审。当事人申请再审的，不停止判决、裁定的执行。"第201条规定："当事人对已经发生法律效力的调解书，提出证据证明调解违反自愿原则或者调解协议的内容违反法律的，可以申请再审。经人民法院审查属实的，应当再审。"上述的规定，赋予了当事人对已经发生法律效力的判决、裁定、调解书申请再审的权利。但是，当事人申请再审，并不肯定、必然的启动再审的审判程序，是否再审，由人民法院审查决定。

3. 检察院

《民事诉讼法》第208条规定："最高人民检察院对各级人民法院已经发生法律效力的判决、裁定，上级人民检察院对下级人民法院已经发生法律效力的判决、裁定，发现有本法第二百条规定情形之一的，或者发现调解书损害国家利益、社会公共利益的，应当提出抗诉。地方各级人民检察院对同级人民法院已经发生法律效力的判决、裁定，发现有本法第二百条规定情形之一的，或者发现调解书损害国家利益、社会公共利益的，可以向同级人民法院提出检察建议，并报上级人民检察院备案；也可以提请上级人民检察院向同级人民法院提出抗诉。各级人民检察院对审判监督程序以外的其他审判程序中审判人员的违法行为，有权向同级人民法院提出检察建议。"该条的规定，是对《民事诉讼法》第14条"人民检察院有权对民事诉讼实行法律监督"即检察监督原则的落实，赋予了检察机关通过抗诉启动再审程序。同时，《民事诉讼法》第211条明确规定，人民检察院提出抗诉的案件，接受抗诉的人民法院应当自收到抗诉书之日起三十日内作出再审的裁定。据此，只要检察院提起抗诉，就肯定能启动再审程序。

通过以上对再审程序的启动主体的分析看，法院系统，无论是最高人民法院，上级人民法院，还是原审法院；检察院系统，无论是最高人民检察院，还是上级人民检察院，只要想启动再审程序，就能够肯定的、必然的启动再审程序。而对判决、裁定是否有错误最有发言权的当事人申请再审，只是法院发现错误的一个途径，并不能够肯定启动再审程序。同时，法院、检察院启动再审程序，从理论上还违反了不告不理的原则。这也是我国《民事诉讼法》关于再审程序的启动主体存在的问题。笔者认为，应取消法院依职权启动再审程序，限制检察院通过抗诉启动再审程序，强化当事人申请再审的权利，构建再审之诉。

（四）再审事由

再审事由，是指法院审查应否启动再审程序的理由和根据。设置再审程序的目的在于在一定条件下通过再次审理实现裁判的实体正义和程序正义。因此，再审事由的设置必须考虑再审制度的目的和价值。正确设置再审事由对于能否正确体现和反映再审制度的目的、价值具有十分重要的意义，是再审制度构建的关键所在。

1. 人民法院自行启动再审程序的事由

《民事诉讼法》第 198 条规定人民法院对本院已经发生法律效力的判决、裁定、调解书，发现确有错误应当提起再审，因此，“确有错误”是人民法院提起再审程序的再审事由，但是，对何谓“确有错误”却没有作出明确的界定。实践中一般有两种理解：一种是从法条字面的层面，可以认为人民法院依职权提起再审的再审事由为确有错误，至于何谓确有错误由法院解释。另一种理解是，确有错误作为再审事由的规定仅仅是抽象的概括性规定，其具体内容应当按照第 200 条的规定，即使是法院依职权提起诉讼也应当按照这些具体规定的事由。笔者认为，人民法院依职权自行启动再审程序本来就饱受诟病，受各方质疑。如果再审事由“确有错误”再由法院解释而没有确定的标准，这将使人民法院依职权启动再审程序变得更加不确定和随意。因此，笔者同意第二种理解，应将法院依职权提起再审的事由与当事人申请再审的事由和检察院抗诉的事由统一起来。

2. 当事人申请再审的事由

（1）当事人对裁判申请再审的事由。1991 年《民事诉讼法》第 179 条规定的当事人申请再审的事由是5种，即①有新的证据，足以推翻原判决、裁定的；②原判决、裁定认定事实的主要证据不足的；③原判决、裁定适用法律确有错误的；④人民法院违反法定程序，可能影响案件正确判决、裁定的；⑤审判人员在审理该案件时有贪污受贿，徇私舞弊，枉法裁判行为的。上述规定比较宽泛、模糊，实践中难以把握，是造成当事人申请再审难的一个主要原因。为切实解决当事人申请再审难，2007年10月28日，我国对《民事诉讼法》首次修改，本次修改的一大亮点就是将1991年《民事诉讼法》规定的再审事由从5种情形具体化为13种情形。同时，将“对违反法定程序可能影响案件正确判决、裁定的情形，或者审判人员在审理该案件时有贪污受贿，徇私舞弊，枉法裁判行为”作为第2款也明确规定为当事人申请再审的法定事由。2012年，我国对《民事诉讼法》再次修改。本次修改，删除了2007年《民事诉讼法》第179条中的第7项“违反法律规定，管辖错误的”，将第2款“对违反法定程序可能影响案件正确判决、裁定的情形，或者审判人员在审理该案件时有贪污受贿，徇私舞弊，枉法裁判行为的，人民法院应当再审”直接改为再审事由的第13项。这些法定化的事由，可操作性强，减少了随意性，扩大了当事人申请再审的诉权范围，不仅可以为当事人提供更准确明了的范围，也便于法院审查再审申请，对保障当事人申请再审的权利有重要的意义，对规范人民检察院的抗诉也有直接影响。

根据《民事诉讼法》第200条的规定，当事人对已经发生法律效力的裁判申请再审的事由包括以下方面：

一是有新的证据，足以推翻原判决、裁定的。1991年《民事诉讼法》虽将“有新的证据，足以推翻原判决、裁定的”作为当事人申请再审法定事由，但对何为“新的证据”没有明确界定，司法实践中难以把握。“新的证据”不仅异化为有些当事人证据突袭的法宝，降低了诉讼效率，提高了诉讼成本，而且损害了裁判的稳定性。最高人民法院总结司法实践中出现的问题，2011年出台了《关于民事诉讼证据的若干规定》，对当事人举证的期限、逾期举证的法律后果，作出了明确规定，从而正式确立了我国民事证据失权制度。尽管证据失权制度在我国民事诉讼中的合法性学术界尚有争论，但其在节约司法资源、提高诉讼效益、实现司法程序公正等方面的价值是不容置疑的。该《规定》按照证据失权制度的理论，对“新的证据”有了明确的界定，即“是指原审庭审结束后新发现的证据”，排除了生效裁判作出前当事人已经收集和掌握但没有提供的证据，这无疑是一个巨大的进步。但是，对原庭审结束前本身已经客观存在的证据，究竟是由于客观原因没能取得，还是由于主观原因没有发现，不加区别地同样可以导致再审，显然没有走出证据随时提出主义的老路，使举证时限制度失去意义，最终导致诉讼延迟，裁判的稳定性与司法的权威性得不到保证。2008 年《民事诉讼法》虽然仍将“有新的证据，足以推翻原判决、裁定的”作为当事人申请再审的法定事由，并同时增加为检察院抗诉的法定事由，但对“新证据”仍没有作出明确的界定。“对‘原审庭审结束后新发现的证据’如何取舍，这里有一个价值选择的问题。从实体正义的角度讲，‘新的证据’如果足以推翻原判决、裁定，应该作为再审的理由。但从程序正义的角度看，既然程序已经规定了证据失权，即使该证据是真实的，也因为没有证据效力，而不再具有法律上的意义。笔者认为，在我国目前的司法环境和人们的法治观念下，对‘原审庭审结束后新发现的证据’不宜一概否定，而应当区别对待。如果是由于当事人的主观原因，因疏忽或懈怠而未取得，不应当作为再审事由；如果提供‘新的证据’的一方当事人有充分的证据证明该‘新的证据’是由于客观原因，在原审庭审结束前不能或难以取得，则应当作为再审事由，启动再审程序。”〔1〕现行《民事诉讼法》继续将“有新的证据，足以推翻原判决、裁定的”明确规定为当事人申请再审的法定事由，并且通过《民诉法解释》第 388 条明确规定：“再审申请人证明其提交的新的证据符合下列情形之一的，可以认定逾期提供证据的理由成立：（一）在原审庭审结束前已经存在，因客观原因于庭审结束后才发现的；（二）在原审庭审结束前已经发现，但因客观原因无法取得或者在规定的期限内不能提供的；（三）在原审庭审结束后形成，无法据此另行提起诉讼的。再审申请人提交的证据在原审中已经提供，原审人民法院未组织质证且未作为裁判根据的，视为逾期提供证据的理由成立，但原审人民法院依照民事诉讼法第六十五条规定不予采纳的除外。”上述对“新证据”的界定意义重大，对规范当事人申请再审有极其重要的价值。

二是原判决、裁定认定的基本事实缺乏证据证明的。

三是原判决、裁定认定事实的主要证据是伪造的。作为定案的证据应当

---

〔1〕 肖进成：“对《中华人民共和国民事诉讼法修正案（草案）》的思考——兼论我国民事再审程序的完善”，载《新疆大学学报（哲学·人文社会科学汉文版）》2007 年第 6 期。

是客观存在的，这是证据最主要的特征——客观性。客观性是认定证据是否成为有效证据的最基本条件。实践中，有的当事人为了获得对自己有利的判决而伪造证据，通过非法手段制造虚假证据，凭空捏造证据。伪造证据的行为既会损害对方当事人的合法权益，又很可能导致法院因对事实认定错误而作出错误的裁判，属于严重的妨害民事诉讼的行为，理应受到法律规定的惩罚。但审理案件的法官如果没有客观地审查核实证据，就把它作为认定事实的根据，则这样的判决、裁定应当进行再审。

四是原判决、裁定认定事实的主要证据未经质证的。《民事诉讼法》第63条第2款明确规定："证据必须查证属实，才能作为认定事实的根据。"质证是对证据查证属实的必要手段，证据只有经过质证，才能查明证据的真伪，即只有经过质证，才能去伪存真。因此，《民诉法解释》第103条第1款明确规定："证据应当在法庭上出示，由当事人互相质证。未经当事人质证的证据，不得作为认定案件事实的根据。"当然，也不排除有的证据虽没经过质证也可能是真实的情况，但法律设立质证规则的目的是从程序上保证查明证据的真实性，违反了程序就有可能导致认定事实方面的错误。因此，如果判决、裁定认定事实的主要证据未经质证的，应是当事人申请再审的法定事由之一。

实践中，有的当事人由于种种原因，在质证阶段，对某个证据拒绝发表意见，或质证中未对证据发表质证意见，如果该证据被原判决、裁定作为主要证据而采纳的，根据《民诉法解释》第389条的规定，不属于《民事诉讼法》第200条第4项规定的未经质证的情形，不能作为申请再审的法定事由。

五是对审理案件需要的主要证据，当事人因客观原因不能自行收集，书面申请人民法院调查收集，人民法院未调查收集的。《民事诉讼法》第64条第1、2款明确规定："当事人对自己提出的主张，有责任提供证据。当事人及其诉讼代理人因客观原因不能自行收集的证据，或者人民法院认为审理案件需要的证据，人民法院应当调查收集。"因此，因客观原因不能自行收集的证据书面申请人民法院调查收集是当事人的权利，调查收集该证据是人民法院的责任。如果当事人书面提出申请但人民法院没有调查收集，是法院没有履行职责，应当是当事人申请再审的法定事由。对于何谓"当事人及其诉讼代理人因客观原因不能自行收集的证据"，《民诉法解释》第94条做了明确的界定，即包括以下情形：①证据由国家有关部门保存，当事人及其诉讼代理人无权查阅调取的；②涉及国家秘密、商业秘密或者个人隐私的；③当事人及其诉讼代理人因客观原因不能自行收集的其他证据。适用该条需注意以下两个问题：其一《民诉法解释》第 94 条第 2 款明确规定："当事人及其诉讼代理人因客观原因不能自行收集的证据，可以在举证期限届满前书面申请人民法院调查收集。"因此，对于因客观原因不能自行收集的证据，当事人及其诉讼代理人申请法院调取的时间一般应在举证期限届满前。其二根据《民诉法解释》第 95 条的规定，当事人申请调查收集的证据，应当与待证事实有关联、对证明待证事实有意义。如果当事人申请调查收集的证据，人民法院以与待证事实无关联、对证明待证事实无意义或者其他无调查收集必要为由未调查收集的，不应成为当事人申请再审的事由。

六是原判决、裁定适用法律确有错误的。根据《民诉法解释》第 390 条的规定，原判决、裁定适用法律确有错误的情形主要包括以下几种：①适用的法律与案件性质明显不符的；②确定民事责任明显违背当事人约定或者法律规定的；③适用已经失效或者尚未施行的法律的；④违反法律溯及力规定的；⑤违反法律适用规则的；⑥明显违背立法原意的。

七是审判组织的组成不合法或者依法应当回避的审判人员没有回避的。

八是无诉讼行为能力人未经法定代理人代为诉讼或者应当参加诉讼的当事人，因不能归责于本人或者其诉讼代理人的事由，未参加诉讼的。

九是违反法律规定，剥夺当事人辩论权利的。《民诉法解释》第 391 条明确规定："原审开庭过程中有下列情形之一的，应当认定为民事诉讼法第二百条第九项规定的剥夺当事人辩论权利：（一）不允许当事人发表辩论意见的；（二）应当开庭审理而未开庭审理的；（三）违反法律规定送达起诉状副本或者上诉状副本，致使当事人无法行使辩论权利的；（四）违法剥夺当事人辩论权利的其他情形。"

十是未经传票传唤，缺席判决的。

十一是原判决、裁定遗漏或者超出诉讼请求的。根据《民诉法解释》第 392 条的规定，这里的诉讼请求，包括一审诉讼请求、二审上诉请求，但当事人未对一审判决、裁定遗漏或者超出诉讼请求提起上诉的除外。

十二是据以作出原判决、裁定的法律文书被撤销或者变更的。根据《民诉法解释》第 393 条的规定，这里的法律文书包括：①发生法律效力的判决书、裁定书、调解书；②发生法律效力的仲裁裁决书；③具有强制执行效力的公证债权文书。

十三是审判人员审理该案件时有贪污受贿，徇私舞弊，枉法裁判行为的。根据《民诉法解释》第394条的规定，这里的审判人员审理该案件时有贪污受贿、徇私舞弊、枉法裁判行为，是指已经由生效刑事法律文书或者纪律处分决定所确认的行为。

（2）当事人对已经发生法律效力的调解书申请再审的事由。《民事诉讼法》第201条规定："当事人对已经发生法律效力的调解书，提出证据证明调解违反自愿原则或者调解协议的内容违反法律的，可以申请再审。经人民法院审查属实的，应当再审。"根据该条的规定，当事人对已经发生法律效力的调解书申请再审的事由是提出证据证明调解违反自愿原则或者调解协议的内容违反法律。

3. 检察院抗诉的事由

根据《民事诉讼法》第208条的规定，检察院抗诉的事由和当事人申请再审的事由相同，即《民事诉讼法》第200条规定的13种情形。

（五）当事人再审申请的提出、受理与审查

1. 当事人再审申请的提出

（1）再审申请人。根据《民事诉讼法》的规定，再审申请人是已经发生法律效力的判决、裁定、调解书的当事人。根据《民诉法解释》第375条的规定，当事人死亡或者终止的，其权利义务承继者可以根据《民事诉讼法》第199条、第201条的规定申请再审。

判决、调解书生效后，当事人将判决、调解书确认的债权转让，债权受让人对该判决、调解书不服申请再审的，人民法院不予受理。

（2）期限。2008年修改后的《民事诉讼法》明确规定：当事人申请再审，应当在判决、裁定发生法律效力后二年内提出。二年后据以作出原判决、裁定的法律文书被撤销或者变更，以及发现审判人员在审理该案件时有贪污受贿，徇私舞弊，枉法裁判行为的，自知道或者应当知道之日起3个月内提出。这里，生效裁判申请再审的时间为2年，时间过长，不利于法律关系的稳定，而对2年后据以作出原判决、裁定的法律文书被撤销或者变更，以及发现审判人员在审理该案件时有贪污受贿，徇私舞弊，枉法裁判行为的，自知道或者应当知道之日起2个月内提出的时间又过于紧张，且事由过窄，不利于当事人申请再审。为了强化生效判决的确定性，减少再审程序对正常司法秩序的冲击，现行《民事诉讼法》第 205 条明确规定："当事人申请再审，应当在判决、裁定发生法律效力后六个月内提出；有本法第二百条第一项、第三项、第十二项、第十三项规定情形的，自知道或者应当知道之日起六个月内提出。"

（3）应提交的材料。根据《民事诉讼法》第 203 条的规定，当事人申请再审应当提交的材料包括书面再审申请书及其他材料。《民诉法解释》第 377 条对此作出了进一步的明确界定。据此，当事人申请再审，应当提交下列材料：

第一，再审申请书，并按照被申请人和原审其他当事人的人数提交副本。根据《民诉法解释》第 378 条的规定，再审申请书应当记明下列事项：一是再审申请人与被申请人及原审其他当事人的基本信息；二是原审人民法院的名称，原审裁判文书案号；三是具体的再审请求；四是申请再审的法定情形及具体事实、理由。同时，再审申请书应当明确申请再审的人民法院，并由再审申请人签名、捺印或者盖章。

第二，再审申请人是自然人的，应当提交身份证明；再审申请人是法人或者其他组织的，应当提交营业执照、组织机构代码证书、法定代表人或者主要负责人身份证明书。委托他人代为申请的，应当提交授权委托书和代理人身份证明。

第三，原审判决书、裁定书、调解书。

第四，反映案件基本事实的主要证据及其他材料。

上述第二项、第三项、第四项规定的材料可以是与原件核对无异的复印件。

根据最高人民法院《关于受理审查民事申请再审案件的若干意见》（以下简称《再审意见》）（法发［2009］26 号）的规定，申请再审人提交再审申请书等材料的同时，应提交材料清单一式两份，并可附申请再审材料的电子文本，同时填写送达地址确认书。

申请再审人提交的再审申请书等材料不符合上述要求，或者有人身攻击等内容，可能引起矛盾激化的，人民法院应将材料退回申请再审人并告知其补充或改正。

2. 当事人申请再审的受理

（1）当事人申请再审的案件管辖。1991 年《民事诉讼法》第 178 条规定："当事人对已经发生法律效力的判决、裁定，认为有错误的，可以向原审人民法院或者上一级人民法院申请再审，但不停止判决、裁定的执行。"该条的规定，明确了当事人申请再审的法院包括原审法院和上一级法院。当事人向原审法院提出再审申请，一定程度上可能会方便当事人，也便于法院进行审查。实践中，有的当事人因为不信任原审法院，向上一级法院申请再审，上一级法院的做法一般是要求当事人向原审法院申请。如果当事人强硬要求向上一级法院申请，上一级法院也只是先接受申请，然后不作任何审查而将材料转交原审法院。"客观上，由原审法院改正自己的错误，无论能力或态度上都存在重大障碍；主观上，当事人对自己不服的生效判决交给原审法院重新审判无法产生信任感；而且，多重再审管辖权也造成上下级法院相互推诿和高成本低效率。"因此，2008 年《民事诉讼法》第 178 条明确规定："当事人对已经发生法律效力的判决、裁定，认为有错误的，可以向上一级人民法院申请再审，但不停止判决、裁定的执行。"该条的规定，保留了当事人可以向上一级人民法院申请再审、取消了可以向原审法院申请的规定，明确将申请再审管辖一律"上提一级"。"上提一级"代表多数申诉人的愿望，但也带来了上级法院任务量的巨大攀升，引发上级法院审查再审申请的质量危机等问题。考虑到"有的当事人不愿意到上一级法院申请再审，特别是地域跨度较大的边疆省区这种情况更为突出"，2012 年《民事诉讼法》进一步完善了申请再审管辖制度。第 199 条明确规定："当事人对已经发生法律效力的判决、裁定，认为有错误的，可以向上一级人民法院申请再审；当事人一方人数众多或者当事人双方为公民的案件，也可以向原审人民法院申请再审。当事人申请再审的，不停止判决、裁定的执行。"根据该条的规定，当事人申请再审，原则上向上一级人民法院提出，但对于一方当事人人数众多或者双方当事人为公民的案件，[1]也就是通称的两类案件，由当事人在原审法院或上一级法院中选择自己有利的法院申请再审。对于当事人一方人数众多或者当事人双方为公民的案件，当事人分别向原审人民法院和上一级人民法院申请再审且不能协商一致的，由原审人民法院受理（《民诉法解释》第 379 条）。

---

〔1〕 根据《民诉法解释》第 376 条的规定，《民事诉讼法》第 199 条规定的人数众多的一方当事人，包括公民、法人和其他组织。《民事诉讼法》第 199 条规定的当事人双方为公民的案件，是指原告和被告均为公民的案件。

（2）受理。《再审意见》第6条明确规定：“申请再审人提出的再审申请符合以下条件的，人民法院应当在5日内受理并向申请再审人发送受理通知书，同时向被申请人及原审其他当事人发送受理通知书、再审申请书副本及送达地址确认书：（一）申请再审人是生效裁判文书列明的当事人，或者符合法律和司法解释规定的案外人；（二）受理再审申请的法院是作出生效裁判法院的上一级法院；（三）申请再审的裁判属于法律和司法解释允许申请再审的生效裁判；（四）申请再审的事由属于民事诉讼法第一百七十九条规定的情形。再审申请不符合上述条件的，应当及时告知申请再审人。”

3. 审查

（1）审查组织。《再审意见》第10条的规定，人民法院受理申请再审案件后，应当组成合议庭进行审查。

（2）审查内容。人民法院审查申请再审案件，应当围绕申请再审事由是否成立进行，申请再审人未主张的事由不予审查。同时，人民法院审查申请再审案件，还应当审查当事人诉讼主体资格的变化情况。

（3）审查方式。人民法院审查申请再审案件，采取以下方式：

第一，审查当事人提交的再审申请书、书面意见等材料。

第二，审阅原审卷宗。人民法院决定调卷审查的，原审法院应当在收到调卷函后15日内按要求报送卷宗。调取原审卷宗的范围可根据审查工作需要决定。必要时，在保证真实的前提下，可要求原审法院以传真件、复印件、电子文档等方式及时报送相关卷宗材料。

第三，询问当事人。人民法院可根据审查工作需要询问一方或者双方当事人。

第四，组织当事人听证。根据《再审意见》第18条的规定，人民法院对以下列事由申请再审的案件，可以组织当事人进行听证：①有新的证据，足以推翻原判决、裁定的；②原判决、裁定认定的基本事实缺乏证据证明的；③原判决、裁定认定事实的主要证据是伪造的；④原判决、裁定适用法律确有错误的。合议庭决定听证的案件，应在听证5日前通知当事人。听证由审判长主持，围绕申请再审事由是否成立进行。申请再审人经传票传唤，无正当理由拒不参加询问、听证或未经许可中途退出的，裁定按撤回再审申请处理。被申请人及原审其他当事人不参加询问、听证或未经许可中途退出的，视为放弃在询问、听证过程中陈述意见的权利。

（4）审查后的处理。

第一，裁定驳回再审申请。人民法院经审查申请再审人提交的再审申请书、对方当事人提交的书面意见、原审裁判文书和证据等材料，足以确定申请再审事由不能成立的，可以径行裁定驳回再审申请。

对通过审查申请再审人提交的再审申请书、方当事人提交的书面意见、原审裁判文书和证据等材料等，并询问一方或者双方当事人、组织当事人进行听证后，足以确定申请再审事由不能成立的，可以径行裁定驳回再审申请。

对人民法院经审查认为再审申请超过《民事诉讼法》第205条规定期间的，裁定驳回申请。

人民法院在审查申请再审案件过程中，被申请人或者原审其他当事人提出符合条件的再审申请的，应当将其列为申请再审人，对于其申请再审事由一并审查，审查期限重新计算。经审查，各方申请再审人主张的再审事由均不成立的，一并裁定驳回。

驳回再审申请的裁定书，应当包括以下内容：①申请再审人、被申请人及原审其他当事人基本情况；②原审法院名称、申请再审的生效裁判文书名称、案号；③申请再审人主张的再审事由、被申请人的意见；④驳回再审申请的理由、法律依据；⑤裁定结果。裁定书由审判人员、书记员署名，加盖人民法院印章。

再审申请被裁定驳回后，申请再审人以相同理由再次申请再审的，不作为申请再审案件审查处理；申请再审人不服驳回其再审申请的裁定，向作出驳回裁定法院的上一级法院申请再审的，不作为申请再审案件审查处理。

第二，裁定指令原审法院再审。因当事人申请裁定再审的案件一般应当由裁定再审的人民法院审理。有下列情形之一的，最高人民法院、高级人民法院可以指令原审人民法院再审：①依据《民事诉讼法》第200条第4项、第5项或者第9项裁定再审的；②发生法律效力的判决、裁定、调解书是由第一审法院作出的；③当事人一方人数众多或者当事人双方为公民的；④经审判委员会讨论决定的其他情形。

人民检察院提出抗诉的案件，由接受抗诉的人民法院审理，具有《民事诉讼法》第200条第1至第5项规定情形之一的，可以指令原审人民法院再审。

第三，裁定提审。有下列情形之一的，应当提审：①原判决、裁定系经原审人民法院再审审理后作出的；②原判决、裁定系经原审人民法院审判委员会讨论作出的；③原审审判人员在审理该案件时有贪污受贿，徇私舞弊，枉法裁判行为的；④原审人民法院对该案无再审管辖权的；⑤需要统一法律适用或裁量权行使标准的；⑥其他不宜指令原审人民法院再审的情形。

根据《再审意见》第29条的规定，提审和指令再审的裁定书应当包括以下内容：①申请再审人、被申请人及原审其他当事人基本情况；②原审法院名称、申请再审的生效裁判文书名称、案号；③裁定再审的法律依据；④裁定结果。裁定书由院长署名，加盖人民法院印章。

第四，裁定再审。对于当事人一方人数众多或者当事人双方为公民的案件，申请人向原审法院申请再审的，原审法院经审查，依据《民事诉讼法》第200条第1款第1至第13项事由提起再审的，应作出再审裁定。首先，由本院院长提交审判委员会讨论。审判委员会经讨论认为需要再审的，作出对案件再审的决定。然后，由以原审法院的名义作出对案件进行再审和中止原判决执行的裁定。该裁定由院长签名并加盖人民法院的公章。

（5）审查过程中特殊情况的处理。

第一，审查过程中，申请再审人或者被申请人死亡或者终止的处理，按下列情形分别处理：①申请再审人有权利义务继受人且该权利义务继受人申请参加审查程序的，变更其为申请再审人；②被申请人有权利义务继受人的，变更其权利义务继受人为被申请人；③申请再审人无权利义务继受人或其权利义务继受人未申请参加审查程序的，裁定终结审查程序；④被申请人无权利义务继受人且无可供执行财产的，裁定终结审查程序。

第二，申请再审人在审查过程中撤回再审申请的，是否准许，由人民法院裁定。

第三，审查过程中，申请再审人、被申请人及原审其他当事人自愿达成和解协议，当事人申请人民法院出具调解书且能够确定申请再审事由成立的，人民法院应当裁定再审并制作调解书。

（6）审查期限。人民法院应当自受理再审申请之日起3个月内审查完毕，但鉴定期间等不计入审查期限。有特殊情况需要延长的，报经本院院长批准。

（六）再审案件的审理

1. 审理法院

（1）由原审法院审理。根据《民事诉讼法》的规定，由原审法院审理的包括以下几种情况：

第一，原审法院院长依据《民事诉讼法》第198条的规定，对本院已经发生法律效力的判决、裁定、调解书，发现确有错误，认为需要再审的，应当提交审判委员会讨论决定。审判委员会经讨论裁定再审的。

第二，当事人一方人数众多或者当事人双方为公民的案件，申请人向原审人民法院申请再审，原审法院经审查裁定再审的。

第三，案外人对驳回其执行异议的裁定不服，认为原判决、裁定、调解书内容错误损害其民事权益的，可以自执行异议裁定送达之日起6个月内，向作出原判决、裁定、调解书的人民法院申请再审，原审法院经审查裁定再审的。

第四，当事人申请再审的案件，最高人民法院、高级人民法院裁定再审并交原审法院再审的案件。在这里，如果原审法院是基层人民法院，则不能由原审法院审理。

第五，检察院抗诉的案件，受抗诉的人民法院裁定再审，并依据《民事诉讼法》第211条的规定，即有《民事诉讼法》第200条第1项至第5项规定情形之一的，交原审法院再审的。

（2）由最高人民法院、高级人民法院审理。无论是最高人民法院、高级人民法院依职权决定再审，还是因当事人申请再审，或检察院抗诉再审，只要是原审法院的上一级法院，最高人民法院、高级人民法院都可以提审。

2. 审判程序与审判组织

再审程序没有独立的审判程序，再审时，适用一、二审程序。

（1）如果再审审理法院是原审法院或与原审法院同级的人民法院，案件原本是第一审法院审结的，再审时仍按第一审程序进行审理，审理后作出的裁判属于未确定的裁判，当事人不服的，可以提起上诉。案件原来是第二审法院审结的，再审时仍按第二审程序进行审理，审理后作出的裁判为终审裁判，当事人不得再提起上诉。

（2）如果再审审理法院是上级人民法院或最高人民法院，则一律适用二审程序进行审理。

人民法院按照审判监督程序再审的案件，发生法律效力的判决、裁定是由第一审人民法院作出的，按照第一审程序审理，所作的判决、裁定，当事人可以上诉；发生法律效力的判决、裁定是由第二审人民法院作出的，按照第二审程序审理，所作的判决、裁定是发生法律效力的判决、裁定；上级人民法院按照审判监督程序提审的，按照第二审程序审理，所作的判决、裁定是发生法律效力的判决、裁定。

原审法院审理的，适用原一、二审程序。如果原审程序是一审程序，则按一审程序审理，按一审程序由审判员三人，或审判员、人民陪审员三人另行组成合议庭，所作出的判决、裁定能够提起上诉。如果原审程序的二审程序，则按二审程序审理，并按二审程序由审判员三人另行组成合议庭，所作出的判决、裁定不能提起上诉。

最高人民法院、高级人民法院提审的案件，无论原程序是一审还是二审，再审时，均适用二审程序。

3. 审理范围

《民诉法解释》第405条明确规定："人民法院审理再审案件应当围绕再审请求进行。当事人的再审请求超出原审诉讼请求的，不予审理；符合另案诉讼条件的，告知当事人可以另行起诉。被申请人及原审其他当事人在庭审辩论结束前提出的再审请求，符合民事诉讼法第二百零五条规定的，人民法院应当一并审理。人民法院经再审，发现已经发生法律效力的判决、裁定损害国家利益、社会公共利益、他人合法权益的，应当一并审理。"2015年3月15日实施的最高人民法院《关于民事审判监督程序严格依法适用指令再审和发回重审若干问题的规定》(以下简称《指令再审和发回重审规定》)(法释［2015］7号）第7条也明确规定："再审案件应当围绕申请人的再审请求进行审理和裁判。对方当事人在再审庭审辩论终结前也提出再审请求的，应一并审理和裁判。当事人的再审请求超出原审诉讼请求的不予审理，构成另案诉讼的应告知当事人可以提起新的诉讼。"该条的规定与《民诉法解释》第405条第2款虽然构成特殊与一般的关系，但二者的实质含义是一致的。上述规定，是再审审理范围的基础性规定。人民法院在审理再审案件时，根据再审程序启动主体的不同，确定审理范围。

（1）人民法院依职权启动再审案件的审理范围。由于法院依职权启动再审的标准是原审裁判"确有错误"，因此，此类再审案件的审理范围显然只能在原审诉讼请求的范围进行审理，审理的对象是整个原审生效裁判。

需要指出的是，2007年《民事诉讼法》修改以来，最高人民法院提出了促进"诉访分离"，分开对待。当事人对生效裁判不服，应当依法申请再审，对再审裁判仍不服，可以申请检察院抗诉，穷尽所有诉讼程序当事人仍然不服判，作为信访申诉对待，绝大多数案件就此依法终结诉讼程序，实践中仍有少数案件由于矛盾比较突出或者仍然确有错误，需要决定再审纠错的，法院便会援引《民事诉讼法》第198条之规定，依职权启动再审。此时进入再审后，再审法院仍需受到当事人申诉请求的限制，不宜全案审查。当然，如果法院经过审查认为，生效裁判损害国家利益、社会公共利益和他人合法权益的，依据《民诉法解释》第405条第3款规定则不受限制。

（2）当事人申请再审的审理范围。根据《民诉法解释》第405条和《指令再审和发回重审规定》第7条的规定，当事人申请再审案件的审理范围首先应围绕再审申请人的再审请求予以审理，再审请求的范围一般小于或者等于原一审诉讼请求，因此，再审法院在确定当事人申请再审案件审理范围时，首先要对比审查当事人的再审请求与原审诉讼请求，对于超出原审诉讼请求的再审请求，再审法院不予审理。同样，如果法院经过审查认为，生效裁判损害国家利益、社会公共利益和他人合法权益的，应当一并审理。

对于被申请人及原审其他当事人在庭审辩论结束前提出的再审请求，[1]只要符合《民事诉讼法》第205条规定的，人民法院应当一并审理。这里，实质上是省略了再审审查这个程序阶段，但这种处理方式是值得肯定的。再审作为诉讼程序内最后一道防线，具有终局性的特殊效果，再审应当尽可能地把各方当事人的合理诉求均加以综合性、彻底性解决，而不宜忽视被申请人的再审请求，如果机械认为只能对申请再审人的再审请求进行审理，则无法真正做到再审的终局性，势必导致被申请人又另行申请再审，而一并处理，不仅节省有限的司法资源，也有利于民事法律关系的稳定。

（3）检察机关抗诉或者检察建议启动再审案件的审理范围。基于检察机关对民事诉讼的法律监督权，《民事诉讼法》第209条确立了“法院纠错先行，检察抗诉断后”的顺位模式，避免再审启动路径的多头交叉混乱。根据该条规定，当法院驳回当事人的再审申请或者逾期未对再审申请作出裁定的

---

〔1〕 实践中有一种常见情形，一方当事人虽然不服原生效裁判，但基于诉讼成本等各种因素考虑而未申请再审，但原生效裁判可能基于对方当事人的申请进入再审，在再审程序中，再审被申请人担心再审可能打破原生效裁判形成的利益平衡故而也提出了相应再审请求，此时该如何处理，法律并无规定。这种情形类似于德日民事诉讼法中的附带上诉制度，即被上诉人本来未提起上诉，在上诉人上诉的程序中，借上诉人上诉的机会，顺便提出自己的上诉主张，请求法院一并审理。事实上，这是被申请人趁对方申请再审的机会把再审审理的范围向有利于自己的方面扩大。

或再审判决、裁定有明显错误的，当事人才可以向检察院申请民事抗诉。

民事诉讼本是等腰三角形结构，检察机关公权力介入民事诉讼使得民事诉讼程序构造更加复杂。当事人的再审申请未得到法院支持，转而向检察机关申诉，检察机关经审查认为符合再审条件，向法院提起抗诉。

对于因检察院抗诉再审案件的审理范围，最高人民法院《全国审判监督工作座谈会关于当前审判监督工作若干问题的纪要》第15条规定：抗诉案件的审理范围应围绕抗诉内容进行审理。抗诉内容与当事人申请再审理由不一致的，原则上应以检察机关的抗诉书为准，这是最高人民法院首次公开阐释抗诉案件审理范围，但当时并未明确区分再审申请理由与再审请求的关系。

2008年11月21日实施的最高人民法院《关于适用〈中华人民共和国民事诉讼法〉审判监督程序若干问题的解释》（以下简称《审监解释》）第33条规定："人民法院应当在具体的再审请求范围内或在抗诉支持当事人请求的范围内审理再审案件。当事人超出原审范围增加、变更诉讼请求的，不属于再审审理范围。但涉及国家利益、社会公共利益，或者当事人在原审诉讼中已经依法要求增加、变更诉讼请求，原审未予审理且客观上不能形成其他诉讼的除外。"根据该条的明确规定，检察机关抗诉的再审案件审理范围原则上应当在其民事抗诉书支持当事人请求的范围内审理。

最高人民法院2011年7月6日针对山东省高院就抗诉再审案件的审理范围请示作出的［2011］109号答复，《审监解释》第33条之所以限定抗诉再审案件的审理范围，是基于尊重当事人的程序选择权和尊重抗诉机关的法律监督权双重考虑。当事人申请抗诉，就应当沿着抗诉的渠道来处理，当事人的选择权导致了在进入再审后，其请求应受到抗诉书的限制。例如，在某建设工程施工合同纠纷中，申诉人请求被申诉人支付水电费、利息、化粪池等五个方面的工程款，但检察机关的抗诉书只对三个方面提出抗诉，对另外两个方面根本未提及，按照《审监解释》第33条之规定，再审法院应当围绕抗诉支持的三个方面进行再审。最高人民法院公报刊载的［2012］民抗字第24号案例也是持这种观点。据此，检察抗诉启动再审案件的审理范围应当受到检察机关抗诉意见所支持的再审请求与当事人原审诉讼请求的双重限制。目前，从中国裁判文书网上所能检索到的裁判文书来看，实务中基本都是采行这种观点。（如：［2008］闽民再终字第32号民事判决；［2012］民抗字第24号民事判决；［2014］鲁民监字第62号民事判决；［2015］长中民再重终字第

00190号民事判决；等）。通过上述解释，在检察机关抗诉支持的范围内进行审理看似范围清晰，但再审实践中还存在大量模糊不清的复杂情况：

第一，检察机关往往只是在抗诉书中提出具体的再审事由，并不直接表述支持当事人再审请求的范围，有时甚至仅基于程序性再审事由提出抗诉（例如，在某离婚后财产纠纷中，检察机关抗诉意见书仅提出原审判决超过诉讼请求判决，因程序违法请求启动再审，而当事人则对未超出诉讼请求的判决内容也提出再审改判请求，在检察机关未明确支持范围的情况下，如何确定再审范围）。

第二，当事人提出的再审事由未被抗诉书采纳或者抗诉书所采纳的再审事由和理由与当事人申诉意见不一致甚至相矛盾。

第三，当事人在再审审理过程中对抗诉所支持的请求进行补充、变更或放弃。当出现上述情形时，应如何界定“抗诉支持当事人请求的范围”，成为司法实务中的难题。在最高人民法院［2012］民抗字第24号案例中，检察机关抗诉具体理由认为合同有效，申诉人认为合同无效，对方当事人提出申诉人的观点不应纳入再审范围，最高人民法院认为申诉人“对合同效力认识所提出的理由和依据不同于抗诉所提出的理由和依据，并不意味其申诉请求未获得抗诉支持，申诉人的再审请求并未超出本案原审的审理范围”，故对于对方当事人的该抗辩未予支持。从该公报案例可以看出，司法实践中的做法是区分再审请求、再审事由、具体理由三者之间的区别与联系确定检察机关抗诉支持当事人请求的范围。这导致因法官对三者的理解不同而造成再审审理范围的确定缺乏可预见性，而且检察机关职权介入民事诉讼后，当其抗诉理由与申诉方相矛盾时更使法院左右为难。

针对实践中出现的上述问题，《民诉法解释》未再就检察机关抗诉案件的审理范围另行作出单独规定，最高人民法院修改后民事诉讼法贯彻实施工作领导小组编著的《民事诉讼法司法解释理解与适用》认为，《民诉法解释》第405条统一了各类再审案件的审理范围，即再审案件审理范围以再审请求为核心，只要不超出原审诉讼请求，所有与再审请求相关的事项都应予以审理，再审审理范围不再因再审启动主体不同而有所不同。

最高人民法院王朝辉法官撰文认为，《民诉法解释》第405条改变了《审监解释》第33条的内容，对于抗诉案件的再审范围，也尊重当事人的处分权，不再受检察机关抗诉意见限制。

最高人民法院高沈坚也撰文认为，将再审审理范围限定为当事人的再审请求更符合检察机关抗诉的职能作用，检察机关提起抗诉只是其认定原生效裁判存在法定的再审事由，并不关注具体的再审请求是否应该获得支持，抗诉书中一般只表述请求法院依法再审，而很少表述支持当事人的具体再审请求，故《审监解释》的相关规定不易把握，而且抗诉案件中，当事人可能有多个再审请求及理由，检察机关抗诉时可能会支持了不成立的请求和理由，而对可以成立的请求和理由没有支持，适用《审监解释》规定可能造成程序空转、有错不纠。

事实上，在《民诉法解释》出台之前，根据《民事诉讼法》第 209 条第 2 项之规定，如果人民法院逾期未对当事人的再审申请作出裁定，当事人可以向检察机关申请抗诉，如果检察机关提起抗诉，法院应当依法裁定再审，此时再审的审理范围该如何确定？对此，《审监解释》第 26 条成为很多法官将超出抗诉范围的当事人申诉请求纳入审理对象的重要依据，该条规定："人民法院审查再审申请期间，人民检察院对该案提出抗诉的，人民法院应依照民事诉讼法第一百八十八条的规定裁定再审。申请再审人提出的具体再审请求应纳入审理范围。"实践中，对于检察机关抗诉的民事案件庭审构造，通常也是先由检察机关发表抗诉意见，然后再由申诉人独立发表申诉意见，该申诉意见可能与抗诉意见相同，也可能在此基础上有所补充、增加、变更，但作为诉讼两造对抗主体的仍然是双方当事人而不是检察机关。据此，《民诉法解释》第 405 条遵循有限再审和最后审判的理念，再审审理范围回归当事人主义，以当事人的再审请求为核心，力图将再审审理范围覆盖当事人之间的所有争议，不再受检察机关抗诉意见所限，检察机关的抗诉只是启动再审程序，所有与当事人再审请求相关的事项都应予以审理。这种解释无疑更加符合民事诉讼的运作原理。

（4）再审发回重审案件的审理范围。根据最高人民法院 2015 年 2 月 16 日颁布实施的《指令再审和发回重审规定》第 8 条的规定，再审发回重审的案件，应当围绕当事人原诉讼请求进行审理。当事人申请变更、增加诉讼请求和提出反诉的，按照《民诉法解释》第 252 条的规定审查决定是否准许。当事人变更其在原审中的诉讼主张、质证及辩论意见的，应说明理由并提交相应的证据，理由不成立或证据不充分的，人民法院不予支持。

再审发回重审案件当事人能否变更、增加诉讼请求或者提出反诉取决于该类案件如何定性。一种观点认为，再审发回重审虽然已经撤销原审裁判，但基于程序不可逆的基本原理，其本质上还是再审案件，除非之前的审判程序严重违法，当事人在之前程序中的诉讼主张、质证及辩论意见必须受到禁止反言的约束，因此对当事人的诉讼请求予以限制；另一种观点认为，再审发回重审案件是全新的案件，应该适用普通一审程序，对当事人变更、增加诉讼请求、提出反诉都不应限制。2008 年《审监解释》采纳了第二种观点，该解释第 33 条第 2 款规定："经再审裁定撤销原判决，发回重审后，当事人增加诉讼请求的，人民法院依照民事诉讼法第一百二十六条的规定处理"。2007 年《民事诉讼法》第 126 条规定："原告增加诉讼请求，被告提出反诉，第三人提出与本案有关的诉讼请求，可以合并审理。"

但从《民诉法解释》的立法目的来看，再审发回重审案件本质上仍然是再审案件，而不是全新案件。故《民诉法解释》第 251 条和第 252 条对普通二审发回重审和再审发回重审进行了分别规定，并修正了《审监解释》第 33 条的规定，对再审发回重审案件的当事人申请变更、增加诉讼请求或者提出反诉进行了严格限定。

2015 年《指令再审和发回重审规定》第 8 条规定更是明确规定：再审发回重审的案件，应当围绕当事人原诉讼请求进行审理。当事人申请变更、增加诉讼请求和提出反诉的，按照《民诉法解释》第 252 条的规定审查决定是否准许。当事人变更其在原审中的诉讼主张、质证及辩论意见的，应说明理由并提交相应的证据，理由不成立或证据不充分的，人民法院不予支持。

《民诉法解释》第 252 条规定："再审裁定撤销原判决、裁定发回重审的案件，当事人申请变更、增加诉讼请求或者提出反诉，符合下列情形之一的，人民法院应当准许：（一）原审未合法传唤缺席判决，影响当事人行使诉讼权利的；（二）追加新的诉讼当事人的；（三）诉讼标的物灭失或者发生变化致使原诉讼请求无法实现的；（四）当事人申请变更、增加的诉讼请求或者提出的反诉，无法通过另诉解决的。"对于第（一）（二）类情形，因严重程序违法影响当事人诉讼权利行使，为保障当事人诉权，允许其变更、增加诉请或者反诉自不待言；对于第（三）类情形，因诉讼标的物灭失，原诉讼标的所指向的标的物已经法律上或者事实上（如返还原物纠纷中原物灭失）不能成为判决的内容和执行对象，允许当事人变更诉讼请求有利于纠纷的一次性解决；对于第（四）类情形，"无法通过另诉解决"，主要是指申请变更或增加的诉讼请求与原诉讼请求构成《民诉法解释》第247条所规定的“禁止重复起诉”，如果不允许当事人在本案中变更、增加或者反诉，将因禁止重复起诉而不被法院受理。

4. 审理方式

《民诉法解释》第403条明确规定：“人民法院审理再审案件应当组成合议庭开庭审理，但按照第二审程序审理，有特殊情况或者双方当事人已经通过其他方式充分表达意见，且书面同意不开庭审理的除外。符合缺席判决条件的，可以缺席判决。”

根据《民诉法解释》第404条的规定：“人民法院开庭审理再审案件，应当按照下列情形分别进行：（一）因当事人申请再审的，先由再审申请人陈述再审请求及理由，后由被申请人答辩、其他原审当事人发表意见；（二）因抗诉再审的，先由抗诉机关宣读抗诉书，再由申请抗诉的当事人陈述，后由被申请人答辩、其他原审当事人发表意见；（三）人民法院依职权再审，有申诉人的，先由申诉人陈述再审请求及理由，后由被申诉人答辩、其他原审当事人发表意见；（四）人民法院依职权再审，没有申诉人的，先由原审原告或者原审上诉人陈述，后由原审其他当事人发表意见。对前款第一项至第三项规定的情形，人民法院应当要求当事人明确其再审请求。”

（七）再审案件的裁判

1. 对判决、裁定的裁判

再审是为纠正已经发生法律效力的错误判决、裁定，依照审判监督程序，对案件重新进行的审理。通过对再审案件的审理，再审法院根据查明的事实正确适用法律对当事人之间权利义务关系作出裁断，并对原判决、裁定或者调解书在认定事实、适用法律、审理程序等方面是否正确与适当作出评价。就是再审案件的裁判。从形式上看，再审案件的裁判分为判决与裁定两种，从具体内容来看，可以分为以下几种：

（1）维持原判决、裁定的判决、裁定。经过再审，认为原判决、裁定认定事实清楚，适用法律正确，审判程序合法的，再审法院应当作出维持原判决、裁定的判决、裁定，以维护法制的权威与尊严，保护当事人的合法权益。

经过再审，认为原判决、裁定认定事实、适用法律虽有瑕疵，但裁判结果正确的，应当在再审判决、裁定中纠正瑕疵后予以维持。

（2）依法改判、撤销或变更原判决、裁定的判决、裁定。经过再审，认为原判决、裁定认定事实、适用法律错误，导致裁判结果错误的，应当依法改判、撤销或者变更。

（3）撤销原一、二审判决，驳回起诉的裁定。按照第二审程序再审的案件，人民法院经审理认为不符合民事诉讼法规定的起诉条件或者符合《民事诉讼法》第124条规定不予受理情形的，应当裁定撤销一、二审判决，驳回起诉。

（4）撤销原一、二审判决，发回原审人民法院重审[1]根据最高人民法院2015年2月16日颁布实施的《指令再审和发回重审规定》第5条的规定："人民法院按照第二审程序审理再审案件，发现第一审人民法院有下列严重违反法定程序情形之一的，可以依照民事诉讼法第一百七十条第一款第（四）项的规定，裁定撤销原判决，发回第一审人民法院重审：（一）原判决遗漏必须参加诉讼的当事人的；（二）无诉讼行为能力人未经法定代理人代为诉讼，或者应当参加诉讼的当事人，因不能归责于本人或者其诉讼代理人的事由，未参加诉讼的；（三）未经合法传唤缺席判决，或者违反法律规定剥夺当事人辩论权利的；（四）审判组织的组成不合法或者依法应当回避的审判人员没有回避的；（五）原判决、裁定遗漏诉讼请求的。"发回重审的，应当在裁定书中阐明发回重审的具体理由。

---

〔1〕按二审程序再审的案件在何种情况下可以发回重审，民事诉讼法及相关司法解释并未明确规定，参照二审程序的相关规定，当一审法院裁判认定基本事实不清或者存在严重程序违法的情形时，二审法院可以撤销一审判决，将案件发回一审法院重审。再审发回重审与按照一审程序再审不同，再审发回重审是再审法院将该案所作出的原所有裁判全部撤销，当事人之间的纠纷回到原点，原审当事人诉讼地位恢复，由一审法院对该案进行重新审理。对于再审发回重审问题，《民事诉讼法》《民诉法解释》都没有作出明确规定，只是规定发生法律效力的判决、裁定是由第二审法院作出的，再审时按照第二审程序审理。而根据《民事诉讼法》第170条第1款第4项的规定，原判决遗漏当事人或者违法缺席判决等严重违反法定程序的，裁定撤销原判决，发回原审人民法院重审。实践中，大量再审案件依据该条发回重审。不当发回重审的案件，增加了当事人的诉讼成本、浪费了司法资源；发回重审后又维持原结果，程序无效"空转"，不仅无助于息诉止争，而且会激化矛盾，增加当事人的不满情绪。为解决司法实践中存在的发回重审随意性较大的问题，最高人民法院将严格规范上级法院发回重审和指令再审的条件和次数作为人民法院"四五"改革的一项重点任务。《民诉法解释》第325条对"原判决遗漏当事人或者违法缺席判决等严重违反法定程序的，裁定撤销原判决"作出了明确的界定，即"（一）审判组织的组成不合法的；（二）应当回避的审判人员未回避的；（三）无诉讼行为能力人未经法定代理人代为诉讼的；（四）违法剥夺当事人辩论权利的。"2015年2月16日最高人民法院颁布实施的《指令再审和发回重审规定》（法释［2015］7号）第5条进一步通过严格规范民事再审案件发回重审的标准，来解决再审发回重审的"任性"问题，确保再审程序充分发挥依法纠错功能，及时有效维护各方当事人的合法权益，维护司法公正。

2. 对调解书再审的处理

《民诉法解释》第409条规定："人民法院对调解书裁定再审后，按照下列情形分别处理：（一）当事人提出的调解违反自愿原则的事由不成立，且调解书的内容不违反法律强制性规定的，裁定驳回再审申请；（二）人民检察院抗诉或者再审检察建议所主张的损害国家利益、社会公共利益的理由不成立的，裁定终结再审程序。前款规定情形，人民法院裁定中止执行的调解书需要继续执行的，自动恢复执行。"

（八）再审程序的终结

《民诉法解释》第406条规定："再审审理期间，有下列情形之一的，可以裁定终结再审程序：（一）再审申请人在再审期间撤回再审请求，人民法院准许的；（二）再审申请人经传票传唤，无正当理由拒不到庭的，或者未经法庭许可中途退庭，按撤回再审请求处理的；（三）人民检察院撤回抗诉的；（四）有本解释第四百零二条第一项至第四项规定情形的。因人民检察院提出抗诉裁定再审的案件，申请抗诉的当事人有前款规定的情形，且不损害国家利益、社会公共利益或者他人合法权益的，人民法院应当裁定终结再审程序。再审程序终结后，人民法院裁定中止执行的原生效判决自动恢复执行。"

二、本案评析

本案争议焦点是对于当事人无正当理由未提起上诉时是否还允许其再申请再审？

当事人申请再审，从程序上看，一般属于下列情形：一种是不服一审判决，提起上诉，二审判决驳回上诉，或二审判决虽依法改判，但未支持起全部上诉请求，申请再审；第二种是双方当事人均提起上诉，二审判决依法驳回上诉，或未全部支持其上诉请求，申请再审；第三种是对一审判决未提起上诉，但对方当事人提起上诉，二审判决依法改判，申请再审；第四种是对一审判决未提起上诉，但对方当事人提起上诉，二审判决驳回上诉维持原判决，申请再审；第五种是一审判决作出后，双方都是在法定上诉期限内均未提起上诉，一审判决生效后，申请再审。对属于上述第一、第二、第三种情形之一的，只要当事人在法定期间内申请再审，且具有《民事诉讼法》第200条所规定的情形之一的，人民法院应当再审，无论是实践中还是理论界均无争议。对属于上述第四、第五种情形申请再审的，人民法院是否应当审查，应否启动再审程序，由于《民事诉讼法》及其相关的司法解释没有明确规定，无论是理论界还是实务部门均有不同观点。有观点认为，我国再审程序遵循的是“实事求是，有错必纠”的理念，只要已经发生法律效率的判决存在作为，人民法院就应当启动再审程序予以纠正。而且，从关于当事人申请再审是否缴纳诉讼费用的立法思路上也能够得到答案。[1]

最高人民法院通过本案确立了裁判规定。《民事诉讼法》第 164 条第 1 款规定：“当事人不服地方人民法院第一审判决的，有权在判决书送达之日起十五日内向上一级人民法院提起上诉。”第 168 条规定：“第二审人民法院应当对上诉请求的有关事实和适用法律进行审查。”依据上述法律的规定，两审终审制是我国民事诉讼的基本制度。当事人如认为一审判决错误的，应当提起上诉，通过二审程序行使诉讼权利。即当事人首先应当选择民事诉讼审级制度设计内的常规救济程序，通过民事一审、二审程序寻求权利的救济。再审程序是针对生效判决可能出现的重要错误而赋予当事人的特别救济程序。如在穷尽了常规救济途径之后，当事人仍然认为生效裁判有错误的，其可以向人民法院申请再审。对于无正当理由未提起上诉且二审判决未改变一审判决对其权利义务判定的当事人，一般不应再为其提供特殊的救济机制，否则将变相鼓励或放纵不守诚信的当事人滥用再审程序，从而使得特殊程序异化为普通程序。这不仅是对诉讼权利的滥用和对司法资源的浪费，也有违两审终审制的基本原则。本案中，海南省第二中级人民法院作出［2015］海南二中民二重字第 2 号民事判决，判令庄园公司与华诺公司向农行金贸支行支付借

---

〔1〕 1989 年 7 月 12 日最高人民法院颁布，同年 9 月 1 日实施的《人民法院诉讼收费办法》规定，依照审判监督程序进行提审、再审的案件免交案件受理费。1992 年 7 月 14 日《最高人民法院关于适用〈中华人民共和国民事诉讼法〉若干问题的意见》（法发［1992］22 号）（已失效）第 137 条规定：人民法院依职权提起的再审案件和人民检察院抗诉的再审案件，当事人不需交纳诉讼费用。1999 年 7 月 28 日法发［1999］21 号《最高人民法院〈人民法院诉讼收费办法〉补充规定》（已失效）第 28 条明确规定：当事人对人民法院第一审判决或裁定未提出上诉，一审判决、裁定或调解书已经发生法律效力后，当事人又提出申请再审，人民法院经审查后决定再审的案件，依照《办法》有关规定交纳诉讼费用。自 2007 年 4 月 1 日起施行《诉讼费用交纳办法》第 9 条明确规定：“根据民事诉讼法和行政诉讼法规定的审判监督程序审理的案件，当事人不交纳案件受理费。但是，下列情形除外：（一）当事人有新的证据，足以推翻原判决、裁定，向人民法院申请再审，人民法院经审查决定再审的案件；（二）当事人对人民法院第一审判决或者裁定未提出上诉，第一审判决、裁定或者调解书发生法律效力后又申请再审，人民法院经审查决定再审的案件。”上述关于当事人申请再审是否缴纳诉讼费用的规定，从反向明确了当事人对人民法院第一审判决或者裁定未提出上诉，第一审判决、裁定或者调解书发生法律效力后又申请再审，只要符合条件，人民法院应当再审。

款利息。庄园公司未对此提起上诉，一般应视为其接受一审判决结果。此种情形下，海南省高级人民法院二审仅审查农行金贸支行的上诉请求，并作出相应判决，符合《民诉法解释》第 323 条“第二审人民法院应当围绕当事人的上诉请求进行审理。当事人没有提出请求的，不予审理，但一审判决违反法律禁止性规定，或者损害国家利益、社会公共利益、他人合法权益的除外”之规定。现庄园公司提出的再审请求，主张一审判决损害其合法权益，明显与其在本案一、二审诉讼期间行使处分权的行为相悖，且二审裁判结果为驳回农行金贸支行的上诉，维持原判决，即二审判决未改变一审判决对庄园公司权利义务的判定。故本院对庄园公司的申请再审事由依法不予审查。

笔者同意最高人民法院裁定书的观点，即当事人如认为一审判决错误的，应当提起上诉，通过二审程序行使诉讼权利。再审程序是针对生效判决可能出现的重要错误而赋予当事人的特别救济程序。如在穷尽了常规救济途径之后，当事人仍然认为生效裁判有错误的，其可以向人民法院申请再审。对于无正当理由未提起上诉且二审判决未改变一审判决对其权利义务判定的当事人，一般不应再为其提供特殊的救济机制。因此，如果再审申请人没有通过民事一审、二审程序寻求救济而直接申请再审时通常不会被受理，但如果案件本身确实存在有损司法公正和法律权威的情形，再审法院则会予以纠正。

案例十八

李某某恢复执行和解协议复议案

【案情】

案例索引：

一审：广州市番禺区人民法院［2009］番法执异议字第23号

二审：广州市中级人民法院［2010］穗中法执复议字第23号

李某某与赵某离婚纠纷一案，番禺法院于2003年6月20日作出［2003］番法民初字第1437号民事判决，其中第二项判决共同财产番禺区大石镇洛溪新城××道×栋×房屋一间及屋内家电家私等归赵某所有，第三项判决赵某应于判决发生法律效力之日起10日内给付李某某114 750元。广州中院2003年12月16日以［2003］穗中法民一终字第3311号民事判决维持上述判决。判决后，由于赵某拒不履行生效判决确定的义务，李某某于2004年1月5日向番禺法院申请强制执行，番禺法院依法立案，在执行过程中，李某某与赵某于2004年7月12日达成《执行和解协议》约定：赵某用位于广州市番禺区大石镇洛溪新城××道×栋×房屋及屋内物品一批以评估价78 175元抵偿给李某某，双方自行办理过户手续，费用由李某某负担；2004年7月前的物业管理费由赵某负担；李某某从2003年12月起至2004年7月按每月450元补偿给赵某7个月的住房费用；双方将全部债权债务抵偿后，赵某偿还35 131元给李某某，该款项在一周内付清。2004年8月26日，李某某向番禺法院出具一份《履行证明》，内容如下："赵某已将位于番禺区大石镇洛溪新城吉祥×××的房产以评估价抵偿给我。现已全部履行判决书上所确认的义务。"2004年8月27日，番禺法院以被执行人清偿欠款，履行生效法律文书所确定的义务为由执结本案。2004年8月，李某某与赵某开始同居生活，2004年9月27日再次登记结婚，并于2005年4月9日生育一女。2008年12月12日广州中院［2008］穗中法民一终字第825号民事判决准许双方离婚。2007年7月5日，李某某向番禺法院起诉，要求确认其与赵某达成的执行和解协议有效并判令赵某履行完毕尚未完成的协议义务。番禺法院［2007］番法立民初裁字第8号民事裁定书以李某某与赵某的纠纷应通过执行程序进行处理为由裁定对李某某的起诉不予受理。李某某不服上述裁定，向广州中院提起上诉，广州中院［2007］穗中法立民终字第1110号民事裁定书驳回李某某的上诉。2009年8月28日，李某某以赵某尚未完全履行生效法律文书为由向番禺法院申请恢复执行，番禺法院于同日立案执行。2009年9月7日，番禺法院作出［2003］番法执字第1437恢1-1号执行裁定书，查封赵某名下位于广州市番禺区大石镇洛溪新城××道×栋×房屋。2011年1月李某某向番禺法院起诉，请求确认赵某将涉案房屋（202房）过户到自己名下无效、请求判令赵某协助将该房办理为共同共有状态并判令赵某赔偿租金损失等。2011年2月21日番禺法院［2011］番法立民初裁字第5号民事裁定书以生效法律文书已就双方离婚纠纷及财产争议作出处理，双方的纠纷应通过执行程序进行处理为由裁定对其起诉不予受理。李某某不服该裁定，上诉至广州中院，广州中院［2011］穗中法立民终字第242号民事裁定书驳回李某某的上诉。

另查明，位于广州市番禺区大石镇洛溪新城××道×栋×房屋系赵某与李某某于1998年11月向开源房地产实业公司购买，原登记在两人名下，产权证号为：0210033×××。2009年8月4日赵某向番禺区房管局申请过户，2009年8月17日变更登记在赵某名下。

广州市番禺区人民法院于2010年1月17日作出［2009］番法执异议字第23号执行裁定：驳回异议人赵某的异议请求。赵某不服提出复议。广州市中级人民法院于2011年11月28日作出［2010］穗中法执复议字第23号执行裁定：驳回申请复议人赵某的复议申请。维持广州市番禺区人民法院于2010年1月17日作出的［2009］番法执异议字第23号执行裁定。

广州市中级人民法院认为：本案的执行依据是［2003］番法民初字第1437号民事判决和［2003］穗中法民一终字第3311号民事判决。依上述判决，赵某应于判决发生法律效力之日起10日内给付李某某114 750元，此后在本案执行过程中双方就判决确定的履行时间、方式进行协议变更，约定赵某用位于广州市番禺区大石镇洛溪新城××道×栋×房屋及屋内物品一批以评估价78 175元抵偿给李某某以及自协议签订之日起一周内偿还35 131元给李某某。虽然在该执行和解协议签订一个多月后李某某向执行法院出示一份《履行证明》说明赵某已将涉案房产抵偿给李某某，已全部履行判决书确认的义务，但是从事实上看，以房抵债应以房产权属变更登记为不动产转移的法律标志。而双方当事人协议以房抵债后，并未履行法律手续，赵某持原生效判决变更房屋产权登记，其行为显然已推翻了双方和解协议约定的还款方式和抵债约定，并认可生效判决的内容，故双方应按原生效判决确定的权利义务内容继续履行。鉴于本案所涉房产至今仍登记在赵某名下，赵某亦未向法院提供证据证明其履行了判决书所确定的付款义务，故赵某既未履行和解协议约定的以房屋及物品抵偿债务的义务，也未履行生效判决确定的付款义务，因此赵某的债务实质上未得到执行。最高人民法院《关于人民法院执行工作若干问题的规定（试行）》第 87 条规定："当事人之间达成的和解协议合法有效并已履行完毕的，人民法院作执行结案处理。"《民事诉讼法》第 207 条第 1 款第 2 项（现修改为《民事诉讼法》第 230 条第 1 款第 2 项）规定："一方当事人不履行和解协议的，人民法院可以根据对方当事人的申请，恢复对原生效法律文书的执行。"可见，执行和解结案的标准是双方履行完毕和解协议所约定的内容，因为在达成和解协议以后，可能还有和解协议得不到履行的情况，这种情况下债权人仍有申请恢复执行的权利。因此，执行和解协议必须完全履行完毕才能终结执行，本案在和解协议未得到履行的情况下本案申请执行人李某某可以向番禺法院申请继续执行原生效的民事判决书。综上所述，赵某提出本案已经执行完毕与事实不符，李某某依法可以申请恢复执行，番禺法院对本案恢复执行合理合法，赵某的复议申请不能成立，予以驳回。

【导读】

本案争议的焦点在于签订和解协议已作执行结案后能否再恢复执行。

一、基本知识——执行和解和执行终结

（一）执行和解

1. 执行和解概述

执行和解，又称民事执行和解，是指在民事执行程序中，执行当事人经自愿、平等协商，就申请执行人行使权利和被执行人履行义务的主体、期限、方式、内容等达成协议，一致同意中止执行程序，当事人自觉履行协议后，

原执行程序即告终结的法律程序和法律制度。和解的内容，可以是一方自愿放弃一部分或全部权利，也可以是一方满足另一方的要求，还可以是双方都作一些让步。和解虽然发生在双方当事人之间，是双方自己的事，但也要符合一定的条件，即这种和解必须基于双方当事人达成的和解协议，人民法院执行员应当将协议内容记入笔录，由双方签名或盖章。

2. 执行和解的法律特征

执行和解作为一项重要的民事执行制度，具有以下法律特征：

第一，自愿性，即执行和解是双方当事人在完全自愿的基础上达成的，是本着互谅互让、自愿处分的原则进行协商的，任何人（包括法院在内）都不能强迫当事人进行和解，在非自愿基础上或非当事人真实意思表示下达成的执行和解都是无效的。

第二，合法性，即和解协议的内容不得违反国家法律、法规和政策的强制性规定，不得损害国家、集体和其他人的合法利益，否则协议同样是无效的。

第三，灵活性，即和解协议的形式灵活，最高人民法院《关于人民法院执行工作若干问题的规定（试行）》（以下简称《执行规定》）第86条第2款规定："和解协议一般应当采取书面形式。执行人员应将和解协议副本附卷。无书面协议的，执行人员应将和解协议的内容记入笔录，并由双方当事人签名或盖章。"与《民事诉讼法》的规定相比较，多了一项书面要求，但这也只是将人们在执行中的普遍做法予以确认。《民事诉讼法》和《执行规定》都不苛求和解协议的形式，当事人口头协议的，执行人员将内容记入笔录，由双方当事人签名或盖章即可。

第四，非强制性，执行和解制度是私法中处分原则在民事执行程序中的具体体现。当和解协议履行完毕后，能够起到终结执行程序的作用。而当一方当事人不履行和解协议时，对方当事人所能得到的救济途径是向人民法院申请恢复执行原生效法律文书。法院也只能依据对方当事人的申请恢复对原生效法律文书的执行，而不能对该执行和解协议予以强制执行。

3. 关于执行和解的法律规定

我国立法关于执行和解的规定有：《民事诉讼法》第230条规定："在执行中，双方当事人自行和解达成协议的，执行员应当将协议内容记入笔录，由双方当事人签名或者盖章。申请执行人因受欺诈、胁迫与被执行人达成和解协议，或者当事人不履行和解协议的，人民法院可以根据当事人的申请，恢复对原生效法律文书的执行。”《执行规定》第 86 条第 1 款规定：“在执行中，双方当事人可以自愿达成和解协议，变更生效法律文书确定的履行义务主体、标的物及其数额、履行期限和履行方式。”第 87 条规定：“当事人之间达成的和解协议合法有效并已履行完毕的，人民法院作执行结案处理。”

执行和解是双方当事人的权利，也是当事人自行缓解矛盾的方式。在实践中，为了保护双方当事人的利益，在他们自行达成和解协议时，执行人员应该告知他们执行和解的法律后果，即如果一方当事人不按照执行和解确定的方式履行义务，另一方当事人必须在法定的申请执行期限内提出申请，要求恢复对原审法律文书的执行。同时，告知当事人，依照法律的规定，这种恢复原审法律文书的执行，必须依当事人的申请才能启动，法院不会，也不能依职权强行恢复。如果双方当事人达成执行和解协议后，被执行人不履行执行和解协议，且执行申请人没有在法定申请恢复执行原生效法律文书的申请执行期限内申请执行，那么，权利人的实体权利还是可以保护的。在这种情况下，权利人可以持执行和解协议，在不超过诉讼时效的期限内，另行通过诉讼程序解决。

（二）执行终结和终本执行

1. 执行终结

执行终结，是指在执行过程中，由于发生某种特殊情况，执行程序没有必要或不可能继续进行，从而结束执行程序。根据《民事诉讼法》第 257 条的规定：“有下列情形之一的，人民法院裁定终结执行：（一）申请人撤销申请的；（二）据以执行的法律文书被撤销的；（三）作为被执行人的公民死亡，无遗产可供执行，又无义务承担人的；（四）追索赡养费、扶养费、抚育费案件的权利人死亡的；（五）作为被执行人的公民因生活困难无力偿还借款，无收入来源，又丧失劳动能力的；（六）人民法院认为应当终结执行的其他情形。”

从上述规定看，当事人达成和解协议并不属于可以终结执行的情形。因此，如果在当事人达成和解协议的情况下要执行终结，必须满足执行完毕实现申请人权利的条件。《执行规定》第 87 条与此相对应，规定当事人之间达成的和解协议合法有效并已履行完毕的，人民法院才能作执行结案处理。《执行规定》第 108 条第 4 项进一步规定了执行结案的方式之一是“当事人之间达成执行和解协议并已履行完毕”。反之，如果当事人达成的和解协议并未得到履行，应当按照法律规定通过恢复执行原生效法律文书确定的义务来实现权利人的权益，而不能直接以和解协议作为执行终结的依据。

2. 终本执行

终本执行，即终结本次执行程序，一般是指人民法院在执行案件的过程中，在申请人不能提供被执行人可供执行的财产线索，且经法院查明被执行人暂无可供执行的财产，经穷尽其他执行手段仍无法执结案件，或者当事人双方自愿达成和解协议但又没有履行完毕的情况下，法院依职权或者依申请人申请，由人民法院依法裁定终结案件的本次执行程序的一种特殊制度。《民诉法解释》第519条的规定和最高人民法院《关于严格规范终结本次执行程序的规定（试行）》的通知都指向了“终结本次执行程序”。该形式最早确定是通过中央政法委、最高人民法院联合下发的《关于规范集中清理执行积案结案标准的通知》（2009年3月19日法发［2009］15号）的规定。

3. 执行终结与终本执行的相同点

（1）两者都是结案方式。根据最高人民法院《关于执行案件立案、结案若干问题的意见》（以下简称《执行立结案规定》）第14条，终本和终结执行都是执行实施类的6种结案方式之一。

（2）两者都没完全实现执行债权。与执行完毕不同，终本和终结执行都是非正常结案方式，裁判文书确定的申请执行人的权益都没有最终完全实现。

（3）两者都要送达终结裁定给申请人。不管是终本，还是终结执行，都属于“终结执行行为”，执行法院以这两种方式结案的，都应当制作裁定书送达给申请执行人。

（4）两者都存在恢复执行的可能。当申请执行的条件具备时，当被执行人恢复履行能力时，以终本和终结执行方式结案的申请人都可以向执行法院申请恢复执行，立案恢复执行时的案件类型代字都是“执恢字”。

（5）两者之间存在包含关系。终本是为了探索执行实践中大量无财产可供执行案件的推出机制，而将其从终结执行案件中单独剥离出而创设的一种制度。所以，从这个意义上来说，终本也可以说是一种特殊形式的终结执行。

（6）两者的救济途径一样。根据最高人民法院《关于对人民法院终结执行行为提出执行异议期限问题的批复》，当事人、利害关系人对这两种方式结案的终结裁定不服的，可依照《民事诉讼法》第225条规定，自收到终结执行法律文书之日起60日内提出，对终结执行行为提出异议；未收到法律文书的，应当自知道或者应当知道人民法院终结执行之日起60日内提出。

4. 执行终结与终本执行的区别点

（1）两者适用的情形不同。根据《执行立结案规定》第17条，适用终结执行有13种情形。根据《民诉法解释》第519条，终本适用只有一种情形：被执行人确实无财产可供执行。

（2）两者确立的法条依据不同。终结执行为《民事诉讼法》第257条所确立，终本为《民事诉讼法解释》第519条所创设。在使用时，“终本”二字有固定的含义，特指是终结本次执行程序的简称，而“终结执行”四字也有特定的含义，两者使用时不要相混淆。

（3）两者制度设计的目的不同。终结执行是因为正在进行的执行程序出现了不可能或没有必要继续进行的法定事由，法律规定法院可依职权裁定结案，而终本是为了探索执行实践中大量确实无财产可供执行案件的推出机制而创设出来的一种制度。

（4）两者适用的宽严程度不同。只要出现《执行立结案规定》第17条规定的13种情形时，执行法院可依职权直接作出终结执行的裁定。但终本适用时，为防止执行人员随意认定“无财产可供执行”案件，《执行立结案规定》第16条对“人民法院穷尽财产调查措施”规定了极其严格的认定条件，以避免损害申请执行人的正当权益。

（5）结案后是否继续查控财产不同。以终结执行的方式结案的，虽然申请人的权益没有实现或没有完全实现，但由于执行程序没有必要或不可能继续推进，恢复执行的可能性微乎其微，所以执行法院不会对终结执行案件的被执行人继续采取财产查控措施。以终本方式结案的，执行法院将对其单独管理，仍然在一段时间内继续查控被执行人的财产，并实现对恢复执行案件的动态管理。

综上所述，终结本次执行程序是司法文件规定的一种特殊终结制度，其产生的法律后果是执行程序暂时终结，暂时终结后根据情势变更可产生再次启动执行程序或不再启动执行程序的后果。终结执行程序，即执行终结，其表现在程序上的效力为执行终结的裁定一经生效，执行程序就宣告结束，以后也不再恢复，另一方面，其表现在实体上的效力，即人民法院不再以司法强制力迫使被执行人履行义务，也不再以执行程序保证权利人实现法律文书所确定的权利。

二、本案评析

本案产生争议的一个重要原因是李某某向法院出具了《履行证明》，而法院又据此将本案执行结案。从法律规定及解释学上分析，要解决该案争议问题，关键在于分析该和解协议履行情况如何。如果理解为该协议未完全履行，虽然李某某向法院出具了《履行证明》，仍可以恢复原判决的执行；如果理解为协议已履行完毕，则不能恢复原判决的执行。《民诉法解释》第 467 条规定“一方当事人不履行或者不完全履行在执行中双方自愿达成的和解协议，对方当事人申请执行原生效法律文书的，人民法院应当恢复执行，但和解协议已履行的部分应当扣除。和解协议已经履行完毕的，人民法院不予恢复执行”。但对于和解协议履行存在瑕疵如何处理未作出规定。在这种情形之下，我们只能依据法律的文义解释及体系解释进行分析，该条规定出现了“不履行”“不完全履行”“履行完毕”，以及“已履行的部分应当扣除”等词，据此依据法律解释学方法，可以认定本条规定的不完全履行应理解为部分履行，只有这样理解才能保证法律条文之间结构合理。此处的不完全履行，应有别于我国合同法中不完全履行中的瑕疵履行。

在本案中，虽然双方当事人赵某和李某某在执行过程中就判决确定的义务履行时间、方式进行变更并签订了执行和解协议，约定赵某用涉案房屋及屋内物品一批抵偿给李某某，在该执行和解协议签订一个多月后李某某向执行法院出示一份《履行证明》说明赵某已将涉案房产抵偿给李某某，已全部履行判决书确认的义务。但是，从本案事实看，涉案房屋自始至终并未过户到李某某名下。根据我国《物权法》的规定，房产权属变更登记为不动产转移的法律标志。虽然双方当事人协议以房抵债，但双方并未履行法律手续，也即双方并未履行和解协议。恰恰相反的是，赵某持原生效判决变更了房屋产权登记，这一变更行为显然已推翻了双方和解协议约定的还款方式和抵债约定，因此在其不履行和解协议的情况下，李某某依法有权申请法院恢复执行，双方应按原生效判决确定的权利义务内容继续履行。

因此，虽然从法律上讲，执行程序结案后已经不具备恢复执行的条件，不属于可以恢复执行的情形，但是如前所述，实践中存在着执行和解协议签订后不当执行结案的情况，在此种情况下不宜机械地以执行结案为界限，对所有作了执结手续的案件一律不予恢复执行，而应从案件事实出发，实事求是，严格按照法律规定对当事人是否履行完毕和解协议进行审查。对没有履行或者没有履行完毕和解协议的，即使作了执行结案手续，也应准许当事人恢复执行的申请，以保障权利人的合法权利。本案虽然曾执行结案，但涉案房产至今仍登记在赵某名下，赵某亦未向法院提供证据证明其履行了判决书所确定的付款义务，因此无论从和解协议约定的以房屋及物品抵偿债务的义务，还是从生效判决确定的付款义务看，赵某实质上均未履行相关义务。因此，本案在和解协议未得到履行的情况下申请执行人李某某可以向番禺法院申请继续执行原生效的民事判决书。

综上所述，笔者同意最高人民法院裁定书的观点，即执行和解结案的标准是双方履行完毕和解协议所约定的内容。执行和解协议必须完全履行完毕才能终结执行。在达成和解协议以后，即便申请执行人向执行法院出示一份《履行证明》说明被执行人已全部履行判决书确认的义务，执行法院也作执行结案处理，但申请执行人仍可能还存在和解协议得不到履行的情况，这种情况下债权人仍有申请恢复执行的权利。[1]

---

〔1〕 杜杰锋："当事人签订和解协议执行终结后能否恢复执行"，载华律网 http://www.66law.cn/domainblog/80316.aspx.